프랭클 실존분석과 로고데라피
DOCTOR and THE SOUL

빅터 E. 프랭클 지음/ 沈一燮 옮김

도서출판 한글

책머리에

프랭클이 죽음의 수용소에서 극적으로 살아나 고발한 글을 《극한상황 속의 인간심리분석》이라는 제목으로 펴낸 책을 읽은 독자는 큰 감명을 받았을 것으로 생각한다. 이 책 『실존분석과 로고데라피』는 그의 저서 《Doctor and The Soul》을 번역한 것이다.

Viktor E. Frankl은 빈에서 태어나 프로이트와 아들러의 정신의학을 공부하였고 빈대학 의학부 신경과, 빈시립병원 신경과를 창설하고 세계적으로 활약한 세기적 정신의학자이다. 그의 실존분석은 오늘날 심리학·교육학·철학·문학·사회학에 지대한 영향을 끼치고 있다.

그의 실존분석은 현대의학과 정신병리학의 한 축을 이루었으며 다른 학파를 포용하고 있다. L. 빈스방거의 실존분석과 프랭클의 그것과는 다른 점이 있다.

이 책에서 밝힌 그의 주장에 대하여 여러 이론(異論)도 있을 수 있겠지만 종래의 심리요법의 결점을 밝혀 그것을 보충함으로써 현대 정신의학에 도움을 준 것은 사실이다. 심리요법의 임상연구 과정에서 환자의 세계관적 문제에 대하여 이처럼 깊은 통찰을 한 예도 드물 것이다.

심리요법의 임상문제를 연구하는 사람이나 교육에 종사하는 사람, 철학의 영역이나 사회과학의 영역에서 인간 문제를 다루는 모든 장(場)에서 이 책은 참고가 될 것이다.

   이 책에 다루어진 인간상은 관념적이 아닌 진정한 뜻에서 현실적 존재론적이며 이면에는 유럽의 전통적 휴머니즘을 훌쩍 넘어서 있다.

   삶을 위하여, 사랑을 위하여, 죽음에 관해서 고뇌하는 모든 이들에게 이 책은 많은 빛을 밝혀 줄 것으로 확신한다.

목 차

제1장 심리요법에서 로고데라피(Logotherapy)로 ········· 11

제2장 정신분석에서 實存分析으로 ································· 42

제1절 일반적 실존분석 ·· 42
  1 삶의 의미 ·· 43
  2 죽음의 의미 ·· 86
  3 강제수용소의 인간 심리 상태 ······························ 122
  4 고뇌의 의미 ·· 134
  5 노동의 의미 ·· 147
  6 사랑의 의미 ·· 162

제2절 특수 실존분석 ·· 218
  1 불안신경증의 심리 ·· 220
  2 강박신경증의 심리 ·· 234
  3 우울증의 심리 ·· 259
  4 정신분열증의 심리 ·· 268

제3장 심리치료법으로서의 로고데라피 ·························· 280
제4장 심리적 고백에서 의학적 지도에로 ····················· 280

제1장

심리요법에서 로고데라피(Logotherapy)로

 지그문트 프로이트(S. Freud)와 알프레드 아들러(A. Adler)의 이름을 들지 않고 누가 감히 심리요법(心理療法)에 관하여 말할 수 있으며 심리요법이 문제될 때, 누가 그들의 정신분석(精神分析)과 개인심리학(個人心理學)에서 출발하지 않을 수 있겠는가.

 양자는 심리요법의 영역에서 독자적인 이론체계를 갖추고 있다고 할 수 있다. 프로이트나 아들러의 업적은 심리요법의 역사에서 빼놓을 수 없으며, 그들은 역사적(歷史的) 의미로도 큰 공로자라고 할 수 있다. 그러나 정신분석학과 개인심리학은 이미 지나간 역사에 속하여, 시대의 흐름과 더불어 낡은 것이 되어 가고 있다는 의미에서도 역사적이라고 할 수 있다.

 그것이 비록 정신분석과 개인심리학의 제 원칙을 극복하는 데에 부족한 점이 있다손 치더라도 이 분야를 연구함에 있어서 그 학설은 탐구의 기반이 되므로 누구에게나 필요하다.

 슈티켈은 그와 프로이트와의 관계에 대하여 다음과 같이 의미심장한 말을 했다.

"거인(巨人)의 어깨 위에 무동서 있는 작은 사람은 도리어 거인보다도 더 멀리 볼 수 있다"

전래 심리요법의 한계를 넘어서려는 시론(試論)이 있지만 그러기 위해서는 우선 그 한계를 분명히 할 필요가 있다. 그 한계를 넘어서는 것이 필요한가, 또한 그것이 우리의 힘으로 가능한가 하는 문제를 묻기 전에, 심리요법이 그러한 한계를 실제로 가지고 있다는 것을 우선 확인하지 않으면 안 될 것이다.

프로이트는 정신분석의 본질적인 업적을 츠위더 호(湖)의 육지화(陸地化)에 비교하고 있다. 즉 본래 물이었던 곳이 비옥한 토양이 된 것처럼 정신분석에 의하여 '에스(es)'가 있는 곳이 '자아(自我)'가 될 것이다. 즉 의식(意識)이 무의식을 대신할 것이며, '억압(抑壓)'이 해소(解消)되어, 무의식화(無意識化)되어 있던 것이 의식화(意識化)되지 않으면 안 된다. 따라서 정신분석에서는 무의식화의 과정(過程)으로서의 억압행위(抑壓行爲)의 결과를 역행(逆行)시켜보는 것이 중요하다. 우리는 항상 정신분석의 내부는 억압의 개념에 중심적인 의미가 주어져 있음을 볼 수 있다. 더구나 그것은 무의식적 '에스'에서 의식적인 자아의 제한이라는 의미에 있어서 더욱 그러하다.

따라서 정신분석은 신경증적인 증후 때문에 의식적 자아의 약체화(弱體化)를 보게 된다. 분석적 치료는 억압당한 체험 내용을 무의식으로부터 이끌어 내어 의식으로 돌리고 자아의 강력화(强力化)를 이루도록 노력하는 것이다.

정신분석에 있어서의 억압의 개념과 비슷하게 개인심리학에 있어서도 '타협(妥協)'의 개념이 주역(主役)을 맡고 있다. 타협에 있어서 신경증자는 스스로를 현실로부터 도피하려고 한다. 따라서 이 경우는 어느 누구를 무의식화하려고 시도하는 것이 아니라 바로 자신을 책임 없는 자로 만들려고 시도하는 것이다. 신경증의 증후는 개인심리학의 견지에서 본다면 (타협으로서) 협동체(Gemeinschaft)에 대한 환자의 무책임성을 자기 정당화하려는 시도이며, 이른바 질환합리화로서 자기 자신에 대한 정당화의 시도이다. 따라서 개인심리학적 치료는 신경증적 인간을 그의 증후에 대하여 책임을 지게 하여, 증후를 개인적인 책임권(責任圈)으로 끌어들여 자아권(自我圈)의 책임성의 증가를 확대하려는 의도를 가지고 있는 것이다.

따라서 이러한 신경증은 정신분석에 있어서는 결국 의식적(意識的) 자아의 협소화(狹小化)이며, 개인심리학에 있어서는 책임적(責任的)인 자아의 협소화를 나타내는 것이다. 양쪽 이론 모두가 학적 시야(學的視野)를 지나치게 제한(制限)하는 과오를 범하고 있다. 즉 '한쪽은 오로지 인간의 의식성에, 다른 한쪽은 오로지 인간의 책임성에' 제한하고 있다는 말이다.

그러나 인간 존재가 완전히 파악되지 않은 성찰(省察)에서 근원적 기반으로 눈을 돌린다면 바로 이들 의식성과 책임성이야말로 실존의 두 가지 근본적 사실을 이루는 것임이 분명해진다. 이 근본적 사실을 인간학적 기본 형식에서 말하자면 인간 존재는 의식적 존재와 책임성 존재를 의미한다고 할 수 있다. 정신분석도 개인심리학도 이렇게 해서 인간 존재의 각 일면만을, 즉 인간 실존의 각각 하나의 현실만을 보고 있다. 그러나 양쪽의 현실이 고루 집합되었을 때 비로소 인간의 참모습이 분명해지는 것이 아닐까. 정신분석 내지 개인심리학은 그 인간학적 출발점에 있어서 각기 하나의 근본적 태도를 취하고 있으나 그 대립은 오히려 서로 보충하고 있음을 알 수 있다. 이러한 이론적 분석에 기초한다면 심리요법의 영역 안에 있어서 두 가지의 대표적 학설은 정신사적우연(精神史的偶然)에서 발생한 것이 아니라 체계적 필연성(體系的必然性)으로 발생한 것임을 알 수 있다.

정신분석 및 개인심리학은 그 일방성으로 인간존재의 각 일면을 나타내고 있지만 의식성과 책임성이 서로 긴밀하게 종속(從屬)하고 있는가 하는 것은 인간의 언어에 있어서, 가령 도이치어뿐 아니라 프랑스어나 영어에 있어서도 '의식(Bewusstsein)'과 '양심(Gewissen)'(즉 책임에 극히 가까운 개념)에 대하여 유사한 공통의 어간(語幹)을 가지고 있다는 사실로 증명되고 있다. 다시 말하면 언어의 일체성은 존재의 일체성을 암시하고 있는 것이다.

의식성과 책임성이 인간존재의 전체성으로까지 결합된다고 하는 사실은 존재론적으로 이해된다. 이 목적을 위하여 모든 존재(Sein)는 본질적으로 어떤 형의 타자(他者, Anders-sein)라고 하는 것에서부터 출발한다. 즉 우리가 무엇이든 어떤 존재자를 다른 많은 존재자 중에서 이끌어 낼 때에는 그것이 어떤 의미에서 타(他)와 구별된다는 것에 의해서만 가능하다. 하나의 존재가 다른 존재와 관계되어 있음으로 해서 비로소 양자가 완전히 이루어지게 되는 것이다. 각자 타자로서의 존재자 사이의 관계는 어떤 의미에서는 존재자 자체보다 선행(先行)하고 있다. 존재는 타자로서의 타재이다. 즉 본래 그저 관계인 것 '이다'(ist). 따라서 다음과 같이 표현할 수 있다.

"모든 존재는 관계존재(Bezogen-sein)이다".

타자란 공존에 있어서의 타재이며, 계기(繼起)에 있어서의 타자일 수 있다. 그리고 의식이란 적어도 주체와 객체의 공존을 전제로 한다. 즉 공간차원(空間次元)에 있어서의 타자를 전제로 한다. 이에 대하여 책임성은 현재의 존재와 장래의 존재와의 분리를 전제로 한다. 즉 시간차원(時間次元)에 있어서의 타자를 전제로 한다. 요컨대 책임을 지는 자로서의 의지(意志)가 하나의 상태를 다른 상태로 변화시키려는 의미로서의 변화가 문제이다.

의식성 존재(意識性存在, Bewusst-sein)와 책임성 존재(責任性 存在, Verantwortlich-sein)라는 상대적 대개념(對概念)의 존재론적 연관성은 타자로서의 존재가 공존과 계기(繼起)라는 두 가능한 차원으로 나뉘는 것에 기초하고 있다. 그리고 이상과 같이 지적된 존재론적 사실에 기초한 인간학적 관점의 두 가능성이 있는데, 그 중 각각 하나만이 정신분석과 개인심리학에 의하여 파악될 수 있을 따름이다.

그러나 그 인간학적 관점, 즉 인간의 본질상(本質像) 그 차제에 관하여 정신분석과 개인심리학의 대립이 발견될 뿐 아니라, 또한 그 정신병리학적 관점에 있어서도, 즉 심리적으로 병들어 있는 인간에 대하여 이루어지는 인간상(人間像)에 관해서도 양자는 서로 보완적임이 지적된다. 정신분석은 결국 그 범성욕주의(汎性欲主義)에 있어서 다만 심적 장해의 성적 내용만을 인정하지만 원래 성욕은 리비도(Libido)라는 극히 광의로 해석되고 있다. 이 개념은 확대되어, 그 뿐 아니라 너무도 극단적으로 확장되어 결국 마지막에는 전혀 일반적으로 심적 에너지를 의미하게끔 되었다. 그러나 이러한 일반화는 무의미하다.

이와 유사한 것은 철학사상 유아론(唯我論, Solipsismus)에서 발견된다. 유아론에서도 하나의 관념, 심적 자아(心的自我)의 개념이 확대되어 마침내 모든 것이 '심적(心的)'이라고 취급되며, 그럴 경우 이 개념은 이미 심적인 것과 물리적인 것의 사이에는 아무런 대립도 존재하지 않기 때문이다. 마찬가지로 모든 것은 가상(假象)이며, 현상(現象)이며, 표상(表象)이라고 하는 유아론(唯我論)의 주장은 무의미한 것이다. 왜냐하면 진리와 현실 및 사물이 존재하지 않는다면 거기에 대립하는 개념도 근거가 없는 것이 되어 버리고 말기 때문이다.

정신분석이 심적인 에너지를 일방적으로 성욕(性慾)으로 한정한데 대하여, 즉 질적관점(質的觀點)에서의 한정, 다시 말해서 심적 노력의 내용을 편협하게 제한하는 우를 범하는 반면에 개인심리학은 그 정신병리학적 측면에서 형식적 관점에서의 제한을 하는 과오를 범하고 있다. 왜냐하면 개인심리학은 신경증적인 증후에서, 예컨대 타협이라든가 질환을 합리화하거나 정당화하는, 질환정당화를 위한 목적에 대한 단순한 수단만을 인정한다는 점에서 심적 노력의 진실성이라는 성격에 이의를 제기하고 있기 때문이다. 분명히 개인심리학은 적어도 내용적으로 성욕 이외에 아무 것도 인정하지 않는 정신분석의 과오에는 빠지지 않았다. 개인심리학은 권력의지(權力意志), 타당욕(妥當慾), 또는 협동체 감정(協同體感情)과 같은 여러 다른 내용이 존재함을 인정한다. 그러나 여러 가능한 내용을 더욱 풍부하게 지니고 있음에도 불구하고 일반 심리현상, 특히 직접적으로 표현되는 신경증적 현상의 성격이 의문시되고 있는 점에서 현상적인 심적 현실이 은폐되어 있는 것이다. 〈이 과오를 정신분석은 피하고 있다. 정신분석은 확실히 질환획득(疾患獲得)이라고도 불리는 '이차성의 질환동기(二次性의 疾患動機)'를 알고 있었다. 그 뿐 아니라 신경증적인 증후가 일차적으로, 즉 신경증적인 목적에서의 수단으로서의 사용, 오용(誤用), 보다 앞서 진실된 표현으로 나타나는 참된 심적 노력을 결코 잊지는 않고 있다.〉

따라서, 정신분석과 개인심리학이 어떻게 그 일방적인 입장에서 필연적으로 서로 자기 만족을 시키고 있는가를 볼 수 있다. 그들 양쪽은 모두가 제마다의 입장에서 현실의 일면만을 보고 있고 모두가 그 한계성 안에서는 옳게 보인다. 그러나 양자의 계기가 상호

보완하여 하나가 될 때 비로소 심적사상(心的事象)의 완전한 모습을 볼 수 있는 것이다. 왜냐하면 일방적 견해에 의하면 현실의 사태는(정신분석에 반하여) 성적(性的)인 심적 요구 외에 다른 내용도 있고, 신경증적인 증후에 이를 수 있으며(개인심리학에 반하여) 신경증적인 증후는 목적에 대한 수단일 뿐 아니라, 또한(적어도 일차적으로는) 극히 다양한 심적 요구를 나타내기 때문이다.

이것은 정신병리학적인 사고양식이 문화심리학적인 여러 대상으로 확대되고 응용되는 경우에는 극히 심각한 일이라고 생각된다. 예컨대 억압된 성적 욕구가 어떤 예술적 창조나 종교적 체험의 기반이 된다는 것과 같은, 정신분석에서 이따금 제기되는 주장은 옳지 않다. 그리고 많은 개인심리학자가 그러한 체험과 상상(想像)을 어떤 진실한 것, 본원적(本源的)인 것을 보이지 않고, 흔히 세계 생활에서의 퇴피(退避), 또는 그와 유사한 무엇에서의 부정적 경향 등, 목적에 대한 수단을 나타내는 데 불과하다고 생각하는 것도 옳지 않다. 그러한 견해는 인간상(人間像)을 왜곡하고, 인간의 성격(Character)만을 인간학의 대상으로 삼는 것과 같다. 이미 막스 쉘러는 엄격한 주석(註釋)에서, 개인심리학은 본래 어떤 고정된 인간형, 즉 노력가 타입에 대해서만 말할 수 있음을 지적했다.

위의 말은 지나치게 엄격한 비판 같지만, 개인심리학은 일반적 견해에 의하면 그것이 다음과 같은 점을 간과(看過)하고 있는 듯하다. 그 첫째는 도덕적 타당성을 향한 노력이라 할 수 있고, 그 둘째는 적지 않은 사람들이 단순한 패기(覇氣) 이상의 보다 격렬한 것으로 몰릴 수 있는 것, 즉 지상적 명예로는 만족할 수 없어 어떤 형태로든지 스스로를 영원화 하려는 것을 깊이 추구하는 노력에 돌릴 수 있다는 점 등이다. 심층심리학(深層心理學)이라는 표현이 말해 주듯이, 심리요법의 내부에 있어서도 인간의 실존을 그 높이에서도 봐야 할 때가 아닐까 하고 자문하지 않을 수 없다. 즉 신체적인 단계로 의식적인 파악의 손을 뻗쳐갈 뿐 아니라, 심적인 단계를 넘어 정신적인 영역을 근본적으로 자기에게 끌어들이는 것이 문제가 아닐까.

종래의 심리요법은 인간의 정신적 현실성을 지극히 조금밖에는 나타내지 않았다. 예컨대 정신분석학과 개인심리학 사이의 뚜렷한 대립, 즉 전자는 심적 현실을 인과성(因果性)의 카테고리로 보는 것에 대하여, 후자의 시야에는 목적성의 카테고리가 지배하고 있다는 주장이다. 이 경우 목적성은 어떤 형태로든 보다 높은 카테고리를 나타내고, 이런 의미에서는 개인심리학은 정신분석에 비하여 심리요법의 보다 높은 발전, 그 역사에 있어서 하나의 진보를 의미하는 것은 부정할 수 없다.

그러나 이 진전은 한층 더 높은 차원에서 보완해야 문제 앞에 이르렀다는 것을 의미한다. 전술한 두 카테고리로 가능한 카테고리적 관점의 영역은 이미 다했는가, 아니면 필연(müssen. 인과성(因果性)에서의)과 의욕(Wollen, 심적 목적성에 따라서의)에 다시 당위(sollen)라는 새로운 카테고리가 더해질 것인가를 자문하지 않으면 안 된다.

이러한 고찰은 일견 실생활에서 먼 것처럼 느껴질지 모르나 그것은 그렇지 않다. 특히 의사, 적어도 심리요법 담당자에게 있어서는 그렇지 않다. 그는 결국 어떤 모양으로든 환자에게서 가장 가능한 한의 것을 찾아내려고 하지 않겠는가. '가능한 한'이라 함은 환자의 비밀에 관해서가 아니라 인간적 가치에 관해서이다.

이 경우 잊어서 안 될 것은, 모든 심리요법의 격률(格律)이라 할 수 있는 괴테의 말이다

"잘못된 것을 알면서 그대로 받아들이는 것은 마치 그에게 같은 잘못을 계속하도록 도와주는 것과 같다."

인간학적 관점이나 정신병리학적 카테고리에서 뿐 아니라, 심리요법상의 궁극적 목적에 관해서도 정신분석과 개인심리학은 다른 태도를 취하고 있지만 그것은 순수한 대립이 아니라 오히려 일종의 발전 단계(段階)임을 알 수 있다. 즉 정신분석의 기반에 의식적 또는 무의식적으로, 확언되는 것은 드물지라도 항상 내재적으로 품고 있는 세계관적 목적설정(目的設定)을 고찰하여 보자. 정신분석은 신경증의 사람을 무엇에 이르게 하려는 것일까. 정신분석이 제창하는 목적은 한쪽의 무의식의 제 욕구와 다른 한쪽의 현실의 제 요청과의 사이에 타협을 시키는 데에 있다. 그것은 개인에게 외계에 적응하기 위하여, 때때로— 참을 수 없는 여러 가지 충동포기(衝動抛棄)를 촉구하는 현실과 화해할 것을 그 충동성에 강요하는 것이다.

그에 대하여 개인심리학의 목적은 보다 광범위하다. 단순한 적응이라는 것을 넘어서 환자에게 용기를 가지고 현실에 대응할 것을 요구한다. 즉 그것은 '예스' 쪽에서의 필연에 자아 쪽에서의 의욕을 대치(對置)시키는 것이다. 그러나 이 목적의 성취가 아직 완전하지 못하므로 더 높은 차원으로 나아가기를 촉구해야 할 필요가 있는 것이 아니냐고 자문하지 않을 수 없다. 바꾸어 말해 신체적 심리적 정신적으로 완전하고 참다운 '인간'이 되어 사람을 신뢰하며, 신뢰하면서 고뇌하는 환자를 그 본래의 상태로 유도하려 면 적응과 형성의 카테고리인 제3의 카테고리가 첨가되어야 하지 않을까 하는 문제가 제기된다. 그 마지막 카테고리는 충족(Fulfillment)의 카테고리가 아닐까 싶다. 즉 한 사람의 외면적 생활의 형성과 내면적 충족과의 사이에는 본질적인 상위(相違)가 있는 것이다. 생활의 형성이 외연적(外延的) 크기라면, 생활의 충족은 백터적(Vector) 크기이다. 즉 개개인의 인격 앞에 놓여지고, 주어지고, 부과된 가치 가능성에 근거한 것이며, 이 가능성의 현실화가 인생에 있어서는 중요한 것이다.

이 상위점을 명확히 설명하기 위하여 한 청년을 예로 들어 본다. 그는 가난한 환경에서 자랐으나 그 환경에 직응하는 것으로 만족할 수 있었다. 그런 그에게 환경을 바꾸어 주고 그의 의지를 돌려, 보다 좋은 직업을 갖기 위한 공부를 할 수 있게 만들어 주어 그는 자기 적성과 기호(嗜好)에 따라 의사가 됐다. 그래서 경제적으로 부자가 되어 외적 풍요를 누리는 사람이 되었다. 그러나 이 사람의 천부적 성품과 참된 삶의 목표는 그것이 아니었다. 그는 자의 아니게 부귀를 누리는 의학이라는 특수 영역에 있다. 이 경우 그는 혜택받은 삶과 외적 성취에도 불구하고 내적 충족은 이루지 못한 것이 된다.

아무리 풍요롭고 외견상 행복해 보일 만큼 큰집과 값비싼 자동차를 타고 사치스런 가운데 산다고 해도 그 사람은 자기의 본질을 깊이 생각한다면 잘못된 인생을 살고 있다고 인정하지 않을 수 없을 것이다. 그리하여 외적인 부(富)보다는 자기 본래의 사명에 충실히 살고 있는 다른 사람의 모습을 보며 헤펠이 '나인 인간이 내가 되어진 인간에게 슬프게 인사한다'라고 한 말을 그도 고백하지 않을 수 없을 것이다.

그러나 반대로 이 사람이 빛나는 외면적 성공과 생활의 부(富)를 포기하고, 본래의 천부적 기호에 따라 주어진 영역에 틀어박혀, 그가 성취했을 것이라고 여겨지는 환경에 산다고 할 때 과연 그는 거기서 인생의 의미와 내면적인 '충족'을 완전히 누리고 있다고 볼 수 있을까?

이런 의미에서 세상적 부를 포기하고 본래 자기에게 주어진 천부적 기호에 따라 그 나름으로 성공하여 사는 사람이 돋보이는 것은 열악한 환경에 뿌리를 내리고 사는 어떤 '작은' 지방 의학자가 대도시에서 성공한 그의 동료들보다 '위대'하게 여겨지는 것과 같다. 그리고 과학도로서 열악한 처지에서 연구에만 몰두하는 어떤 이론가는 '세상 한복판'에서 잘살기 위해 싸우고 있는 어떤 사람들보다도 높은 차원에 있다고 할 수 있다. 왜냐하면 그들이 비록 과학이라는 넓은 분야 가운데 전선의 극히 작은 일부를 담당하고 있을는지 모르나, 그는 거기서 그만이 할 수 있는 유일한 일을 하고 있으며 그 독자성에서 타인과 바꿀 수 없기 때문이다. 그는 자기의 위치를 발견한 것이며 그것을 완수하고 동시에 그 자신을 충족시키는 것이다.

쉽게 말하자면 그것을 연역적(演繹的)으로 심리요법의 학적영역에 있어서의 채워야 할 빈자리라고 명칭할 수 있는 것에 도달한 것이 아닐까. 즉 인간에게 주어진 충족을 기다리는 빈자리에 있다는 것을 증명한 것이 된다는 말이다. 말하자면 '외디푸스 콤플렉스(Oedipis Complex)'와 열등감의 피안(彼岸)에서 일하는 것 같은, 더 일반적으로 말하자면, 여러 충동의 역학(力學)의 피안에서 일하는 것 같은, 심리요법상의 어떤 조작에 의한 종래의 심리요법의 보충의 필요성을 나타낸 것이 아닐까. 따라서 이 충동 역학의 배후에, 신경증적인 인간의 심리적 고뇌의 배후에, 그의 정신적인 고투(苦鬪)를 돌봐주는 어떤 심리요법이 결여되어 있는 것이다. 즉 '정신직인 것에서'의 어떤 심리요법이 문제로 남아 있게 되는 것이다.

신체적인 증후의 배후에서 심리적인 원인을 볼 수 있을 때, 즉 그 심리적 발생의 기제(機制)를 발견했을 때, 심리요법의 탄생의 종이 울렸다. 이제야말로 다시 최후의 일보를 앞으로 내디뎌, 심인적(心因的)인 것의 배후에, 신경증의 충동의 역학을 넘어서 인간을 그 정신적인 곤고(困苦)에서 관찰하여, 또한 거기서부터 돕는 것이 중요하게 되었다. 이 경우 의사가 환자의 문제성을 짊어진 치료 태도를 갖는 것을 발견하지 못한 것은 아니다. 그 문제성이란 결국 요구된 '정신적인 것으로부터의 심리요법'의 영역에 한 발 내디딘 순간에 의사의 전정신적 태도(全精神的 態度), 그의 구체적인 세계관적 지위가 표면화되는 것을 말한다. 그 전까지는 단순히 의학적 행위 속에 숨겨져 있었던 것이다. 그러면서도 여러 의학적 행위의 기초는 처음부터 어둠 속에 놓여 있는 건강가치의 긍정이라는 형태에서 일지만, 치료학의 궁극의 규범으로서의 이 가치의 승인은 여러 문제성에서 떨어져 있다. 왜냐하면 의사는 항상 건강상의 중요 사항을 준수하도록 명령하는 사회적 위탁의 수임자이기 때문이다.

이에 대하여 우리가 요구한 심리요법의 확대, 즉 환자의 심리적 처지에 정신적 차원을 도입하는 것은 곤란함과 위험성을 내포하고 있는 것이다. 의사의 개인적인 세계관을 그의 환자에게 떠넘겨 버리는 위험에 대하여 우리는 더 논의하지 않으면 안 된다. 그러한 세계관을 옮겨 주는 것을 완전히 피할 수 있느냐 하는 문제와 동시에, 우리가 요구한 심리요법의 고차원적 보충이라는 근본적인 가능성의 문제가 해결되지 않으면 안 될 것이다. 이것이 문제로 남아 있는 한 '정신적인 것으로부터의 심리요법'이라는 요청은 단순히 미해결의 문제로 남게 될 것이다.

이 심리요법 자체는 그 이론적인 필연성의 연역(演繹)을 넘어 그 가능성을 나타내며, 정신적인 것을(심리적인 것뿐만 아니라) 의사의 처지 속에 끌어들이는 것이 원칙적으로 정당함을 증명할 수 있을 때 비로소 존재하는 것이다. 우리는 단순한 심리요법을 비판한 것이지만, 그 틀 속에서 한계를 넘지 않도록 하기 위해서는 심리요법의 내부에 있어서의 평가의 가능성을 밝히지 않으면 안 된다.

그러나 이 계획에 착수하기 전에(본서의 마지막 장(章)에 들어 있지만…) 여러 의학적 행위에서 건강가치(健康價値)가 실제로 존재함을 밝혔기 때문에, 다음으로 평가(評價)의 필요성을 취급하고자 한다. 더구나 그 이론의 필요성이 아니라… (이에 대하여는 이미 논술되어 있다)… 그 실제적 필요성에 대해서이다.

사실 경험은 전에 연역적(演繹的)으로 구한 것을 확인해 준다. 즉 정신적인 것의 심리요법의 부재를 지적해 주고 있다. 실제로 심리요법의 임상가(臨床家)는 매일, 매시, 일상적인 임상에서, 그 진료 시간의 구체적인 각 상황에서, 세계관적인 제 문제와 대결하도록 되어 있다. 그 문제들에 대해서는, 이제까지의 '단순한' 심리요법에서 임상가에게 무기로 넘겨준 모든 것은 쓸모가 없는 것이다.

어떠한 심리요법 임상가에도 심리요법의 실시과정 중에서 자주 이렇게 인생의 의미에 대한 문제가 노출되는가를 알고 있다. 인생의 의미에 관한 한 환자의 회의나 세계관적인 절망이, 심리학직으로는 이러저러한 형태로 발전해 왔다는 것을 우리가 아는 것만으로는 그리 쓸모가 없다. 그리고 열등감을 그 정신적 고뇌의 근원으로서 환자에게 증명해 줄 수 있었다고 해도, 그리고 또한 환자의 염세적인(pessimistic) 인생관을 어떤 콤플렉스로 돌리는 것이 가능하다고 생각해도 더 나아가 그렇게 믿게 했다고 해도 현실적으로 그는 아무런 본질적인 것을 말하고 있는 게 아니다. 또한 그렇게 해서 문제의 핵심에 접근한 것도 아니다. 그 점에서는 심리요법을 실시하지 않고 신체적인 처치나 처방전을 쓰는 의사와 하등 다른 점이 없다.

모든 임상가가 그렇지는 않더라도, 어떤 임상가는 환자의 사춘기(思春期)의 세계고(世界苦)를 버터 바른 빵을 더 먹고 몸이 좋아지고 체중이 늘면 그런 '쓸데없는' 고민은 없어지게 마련이다 라고 충고하는 것으로 만족해 버리고 또한 환자도 만족하리라 믿을지도 모른다. 그런가하면 다른 의사는 덮어놓고 비소요법(砒素療法)을 시도할지도 모른다. 다시 다른 의사는 당황하여 '어떤 것이 만들어지리라 생각되기 때문에(ut aliquid fieri videatur)' 무엇인가를 처방하는 것만으로 한정할지도 모른다.

얼마나 많은 진정제가 치료에 무슨 효과가 있을까 하는 기대 속에 허비(虛費)되었을까. 이에 대하여 옛 격언 '약으로 말고 정신으로 고쳐라(medical mental, non medical mental)'는 말이 얼마나 현명한 격언인가.

여기서 문제되는 것은…… 환자의 정신적 고뇌나 세계관적 고투(苦鬪)에 접한 환자에게 의사는 빗나간 해답을 주고 있는데 그것은 흔히 의식적 과학성의 '자세(姿勢) 아래' 행하여지는 것이다.

여기서 필요한 것은 환자와 문답하고 토론하기 위한 적절한 수단인 정신적 무기를 갖추는 일이다. 신경증 인간이 주장해 오는 것은 그가 세계관적인 고찰에서 가지고 있을 모든 것의 내재비평(內在批評)인 것이다. 그 주장에 대하여 반대 이론을 제시할 만한 철저한 대비를 하지 않으면 안 된다. 그리고 생물학적인 영역이나 사회학적인 영역에서 그 근거를 취하여 듣기 좋은 이질적 논증은 피해야 할 것이다.

명확히 세계관적인 질문에서 상정(想定)되는 병적인 배경을 지적해도, 또는 철학적인 고뇌가 병적인 결과를 가져왔다고 주장해도 이러한 논리를 이길 수는 없다. 그것은 내재비평(內在批評)을 피하는 것이며, 그 질문의 정신적 평면을 외면하는 것이며, 정신적 태도를 위한 싸움을 정신적 무기로 싸워 이기려고 하지 않는 것이다. 따라서 인식비판적(認識批判的)인 정확성을 가진 의사는 정신적으로 고뇌하는 인간의 절망에 대하여, 예컨대 단순히 비소요법(砒素療法)의 사용을 거부하는 것이다. 그는 오히려 정신적인 것으로 정위(定位)된 심리요법이라는 수단으로 환자에게 정신적으로 의지하게 하여 정신적인 정박(碇泊)을 가능케 하려고 시도할 것이다.

이것은 우리가 소위 전형적으로 신경증적인 세계관을 다룰 때에 특히 적합한 것이다. 왜냐하면 환자가 그의 세계가 옳다면, 그 때 심리요법적인 방법으로 그것을 극복하려고 한다면, 그에게 부정한 일을 하는 것이 된다. 그것은 한 신경증자의 세계관마저 그렇다고 해서 결코 '신경증적'이라 해서 거절해야 할 것은 아니기 때문이다. 다음으로 만약 환자의 그 세계관이 옳지 않다면, 그의 세계관을 정정(訂正)하기 위해서는 근본적으로 다른 방법을, 즉 심리요법이 아닌 방법이 필요하게 된다.

따라서 위의 설명을 다음과 같이 정리할 수 있다. 즉 만약 환자가 옳다면 심리요법은 불필요하며(왜냐하면 바른 세계관을 고칠 필요가 없으니까) 또한 만약 환자가 옳지 않다면 심리요법은 불가능하다. 왜냐하면 옳지 못한 세계관을 심리요법으로 정정(訂正)할 수는 없기 때문이다. 그리하여 모든 정신적인 것에 대한 종래의 심리요법은 불충분한 것임이 밝혀진 것이다. 그리고 종래의 심리요법은 다만 불충분할 뿐 아니라, 또한 정신적인 것에 대한 권한도 갖고 있지 않은 것이다. 그것은 이미 논술한 바와 같이, 심적 현실의 전체성에 대하여 불충분함이 명백할 뿐 아니라, 정신적인 현실의 자립성에 대해서도 권한이 없는 것이다. 이 권한이 없다는 것은 세계관에 대한 심리요법의 시도에서 처음 밝혀진 것이 아니라, 이미 그러한 심리요법에 의하여 상정(想定)된, '세계관의 정신병리학'에서 밝혀지게 되는 것이다.

사실 그러한 세계관의 정신병리학이라는 것은 존재하지 않으며, 또한 존재할 수도 없는 것이다. 왜냐하면 정신적인 창조 그 자체는 심리학적으로 환산할 수 없기 때문이다. 즉 정신적인 것과 심리적인 것과는 서로 통할 수 없는 면을 갖고 있기 때문이다. 어떤 세계관의 형상의 내용은 결코 그것을 만든 사람의 심리적 근원의 주형(鑄型)에서 도출(導出)되는 것이 아니기 때문이다.

어느 일정한 세계관을 만들어 낸 사람을 심리적인 관점에서 본다면 병적이었다는 사실에서, 정신적 형상으로서의 그의 세계관이 잘못 되었다고 추측할 수 없는 것은 당연하다. 임상적으로도 한 신경증자의 염세주의(pessimism), 회의론(懷疑論) 또는 숙명론(宿命論)이 어떻게 생성되었는지를 알았다 하더라도, 그것은 조금 유용(有用)했을 뿐이며, 환자를 바로 돕지 못했던 것이다. 설혹 환자가 어떻게 그러한 페시미즘 등을 불필요하게 가지고 있는가를 그에게 인식시켰다손 치더라도, 다시 그의 세계관 자체가 불가한 것이며, 논리적으로 얼마나 무리한 것인가를 그에게 밝혀주지 않으면 안 된다.

우리는 그 세계관을 논파(論破)하지 않으면 안 된다. 그때 비로소 우리는 그의 '이데올로기'의 '심리적 발생'을 취급하여, 그것을 그의 개인적인 생활사(生活史)에서 이해하려고 하는 일에 착수하게 된다. 따라서 '세계관의 정신병리학' 또는 심리요법이라는 것은 존재하지 않는 것이며, 겨우 존재할 수 잇는 것은 세계를 보는 사람, 즉 그 마음속에서 세계관을 만들 수 있는 구체적인 인간의 정신병리학 내지 심리요법이 있을 뿐이다.

그러나 그러한 정신병리학이 어떤 세계관의 정 부정(正, 不正)의 판단을 내릴 자격은 처음부터 없다. 결코 징신병리학은 어떤 한 철학에 관하여 옳고 그름을 말할 수 없기 때문이다. 다만 그 진술은 어떤 한 사람의 철학의 성격에 타당할 따름이다. 거기에 적합한 건강— 질환이라는 카테고리는 언제나 인간에게만 응용할 수 있는 것이고, 결코 그 업적에는 응용할 수 없는 것이다. 따라서 한 인간에 관한 정신병리학적인 서술은, 어떤 세계관의 옳고 그름에 관한 철학적 검증에 대신할 수도 없거니와, 그것으로 마칠 수도 없는 것이다.

어떤 세계관의 소유자의 심리적 건강 내지 질환은 이 세계관의 정신적 옳음이나 그름을 입증도 못하지만, 반대도 못한다. 설혹 진행 마비의 환자가 주장하는 것일지라도, 2에 2를 곱하면 4인 것이다. 계산에 틀림이 있다면 검산(檢算)으로 밝힐 수 있는 것이지, 정신의학적 조작으로는 아니다. 진행마비가 있는 것에서 계산의 틀림을 추측하는 것이 아니라 반대로 계산의 틀림이 증명되어서 진행마비를 추측하는 것이다. 따라서 정신적인 내용에 있어서는, 어떻게 그것이 심리적으로 생겼느냐라던가, 그것이 심리적으로 병적인 프로세스(Process)의 산물인가 아닌가, 하는 것은 원칙적으로는 중요한 일은 아닌 것이다.

이 문제에서 중요한 것은 결국 심리주의의 문제이다. 즉 심리주의란 하나의 행위의 심리적 발생에서 그 정신적인 내용의 타당성을 추론하려는 사이비 과학적 조작인 것이다. 그것은 처음부터 실패할 것을 미리 알고 있는 시도이다. 왜냐하면 객관적으로 정신적인 창조물은 그러한 이질적인 파악에서 벗어나기 때문이다. 모든 정신적인 것의 자기법칙성은 결코 부정되어서는 안 된다. 예컨대 신의 개념은 강력한 자연력에 대한 원시인의 불안에서 생겼다는 사실―그것이 사실인지 아닌지는 모르지만―에서 신적인 것이 존재하는가 안 하는가를 논쟁하는 것은, 인식론적(認識論的)으로 허락되지 않으며, 또한 철학적인 딜레탕티즘(Dilettantism)에 불과하다. 가령 한 예술가가 어떤 병적인 심리상태에서 한 작품을 만들었다는 그 창조의 예술적 가치, 비가치를 추론하려는 것도 마찬가지다. 설혹 때마침, 본래는 참 정신적 업적이나 문화적 현상이 이차적으로 그 본질과는 먼 동기나 관심에 소용된다 할지라도, 즉 개인적, 사회적으로 남용될지라도…… 다만 그런 사실이 있다 할지라도 그 정신적 형상(形象)의 가치 그 자체는 조금도 문제되지 않는다. 예술적 창조나 종교적 체험이 개인적 신경증적 또는 문화적 데카당스(Décadence)의 목적에 이용되는, 일어날 수 있는 일에 직면하여 그 내적인 타당성이나 그 본래의 가치를 간과(看過)한다고 하는, 말하자면 아기를 목욕물과 함께 쏟아 버리는 것과 같은 것을 의미한다.

그런 판단을 하는 사람은 학을 두고 '나는 학이 없는 줄 알았다'는 사람과 같다. 왜냐하면 학의 모양을 말하자면 이차적으로 유명한 옛 이야기에 사용되고 있어서, 그런 새는 실제로는 없는 것으로 여기고 살아왔기 때문이다.

이와 같이 말하지만, 정신적인 창조가 심리학적으로나 생물학적으로 또는 사회학적으로 제약(制約)되어 있음은 말할 나위도 없다. 그러나 그것은 '제약되어 있다'는 의미에서이고, 심리학적 생물학적 사회학적으로 '잡아 일으켜져 있다'는 의미에서가 아니다. 베르다(Wälder)가 올바로 지적한 것처럼 개별적으로 정신적인 형상(形象)이나 문화적 현상(現象)의 이러한 제약성을 너무 치우치거나 지나침이 일으키는 '과오의 근원'을 보여주고 있지만 정신적인 업적의 본질적인 내용을 설명하는 것은 아니라는 것을 정당하게 지적하고 있다(모든 이러한 '설명'의 시도는 한 인간의 표현영역(表現領域)과 한 일의 표출영역(表出領域)과를 혼동하고 있다). 그리고 개인적인 세계상의 형성에 관하여 이미 쉘러(Scheller)가 말했듯이 어떤 인간의 성격학적 상위(性格學的 框童), 그의 전(全) 개성이 다만 그의 세계상(像)의 선택에 영향하는 한에서만 그의 세계상에 작용함을 나타내고 있다. 따라서 쉘러는 이 제약(制約)하는 모멘트 '선택적(elective)'이라 부르고 '체질적(體質的, constitutive)'이라고 부르지 않았다. 이는 그 인간이 세계를 보는데 있어, 왜 그 개인적 양식(樣式)을 가지고 있는가를 양해시키는 데 불과하다.

그러나 그것은 설사 일리는 있다 할지라도 각기의 관점에서 다양한 세계가 무엇을 나타내고 있느냐 하는 것을 '설명'할 수는 없다. 여러 가지 시야(視野)의 특수성, 여러 가지 세계상의 일면성(一面性)은 실은 본질과 가치의 세계의 객관성과 절대성을 전제로 하고 있는 것이다. 천문학적인 관찰의 오류나 제약성이 있는 것은 천문학자의 '개인적 시차(時差)에서 나타나는 것 같은' …… 그러한 주관성을 넘어서, 예컨대 시리우스(sirius)성(星)이 실제로 존재하는 것을 아무도 의심하지는 않는다. 그리고 대기(大氣)의 층을 광성이 통과함으로써 별의 관찰이 어느 정도 방해되느냐 하는 것은 천문학의 본질적인, 말하자면 일의적(一義的)인 문제가 아니라, 지엽적인 문제의 하나이며, 단순히 기술적인 문제에 불과할 것이다. 마찬가지로 어떤 사람의 구체적인 세계관을 그 개인적인 심리학적(또는 정신병리학적) 구조로 비판하는 것은 부적절하며 효과적인 것이 아니다. 오히려 그 세계관의 내적인 진리에 대해 똑바로 비판하는 것만이 적절한 것이다.

그러나 어떤 세계관 유형(類型)과 어떤 성격 유형과의 사이에 무엇인가 가까운 관계가 있는 듯한 인상이 있는 것도 사실이다. 확실히 한쪽에는 어떤 세계관과 또 한쪽에는 병적인 성격과의 사이에 일종의 의미의 대응(對應)이 있다. 아마 전체성으로서의 인간의 본질이 구성된 생물학적, 심리학적, 논리학적 각 영역 내지 신체적, 심리적, 정신적 각 영역을 통한 대응과 같은 것도 있을 수 있다.

이 전체성은 인간의 단계적 존재구조를 피라미드에 비유한다면 그 각 단계를 통하는, 즉 인간존재 구조의 여러 층을 통하는 통일적인 축(軸)의 존재로 성립되는 것이다. 그러면서도 전체적 통일성을 완전한 모습으로 파악할 수는 없다. 그것은 오히려 영원한 과제이며, 층(層)과 층의 일치를 증명하기 위해서는 새로운 연구를 해야 할 것이다. 그리고 어떤 경우에도 그것을 경솔히 믿어서, '건강'하니까 '진실'이고, '병적'이니까 '거짓'이라고 해서는 안 된다.

따라서 적어도 발견한다는 견지에서 종래대로 심리요법 그 자체는 여러 가지 세계관의 문제에 권한을 갖고 있지 않다는 입장을 취하지 않으면 안 될 것이다. 왜냐하면 이미 '건강' 및 '질환'의 범위 안에서 수행하는 심리요법은 진리 내용의 문제나 정신적 창작의 타당성의 문제에 대해서는 별로 유용하지 않기 때문이다. 심리요법이 단순히 이 점에 관하여 어떠한 판단을 내린다면, 그 순간에 심리주의의 오류에 빠지게 될 것이기 때문이다.

종래의 심리요법의 심리주의적인 경향(傾向)을 극복하고, 배제하려 한다면, 그 때, 종래의 심리요법을 어떤 새로운 조작(操作)으로 보충하는 일이 중요하게 된다. 철학사 안에서 심리주의가 논리주의에 의하여 비판적으로 극복됨과 같이, 심리요법 안에서 심리주의도(논리주의에 상응하여) 로고데라피(Logotherapy)로 극복하지 않으면 안 된다. 우리의 '정신적인 것의 심리요법'에 부과된 사명은 그러한 로고데라피에 부여되어 있다. 그 사명은 협의의 심리요법을 보충하고, 우리가 처음 논리적으로 연역(演繹)하고, 임상적으로 입증한 저 허점을 채우는 것이다. 부적절한 비판이나 이질적인 이론으로 심리주의적인 것에 빠져드는 일 없이 세계관 문제의 내적인 논의 때문에 심리적으로 고뇌하는 인간의 정신적 고난을 곧바로 토론하는 것을, 로고데라피에서 비로소 방법론적으로 자격을 갖는 것이다.

따라서 로고데라피는 심리요법을 대신할 수 있는 것도 아니고, 대신할 것도 아니라, 심리요법을 보충할 수 있는 것이며, 보충해야 할 것이다(그것도 다만 일정한 케이스에 있어서 뿐이다). 로고데라피가 의욕하는 것은(사실적으로는 의식되는 일이 적으며) 대부분은 무의식적으로 행해지고 있다. 그러나 자격문제(Qualification)로서 로고데라피가 어느 정도까지 행할 수 있느냐 하는 문제의 해결에 노력하지 않으면 안 되는 것이다.

이것을 분명히 하기 위해서, 방법론적인 연구로 발견된 견지에서, 로고데라피적인 성격을 사이코데라피(psychotherapy)적인 성분에서 일단 분리하지 않으면 안 된다. 그러나 이 경우, 양쪽의 성분이 심리요법적 이상에서는 확실히 의사의 행위 전체 속에 연관 융합되고 있음을 결코 잊어서는 안 된다.

결국 사이코데라피 내지 로고데라피의 대상 즉, 인간에 있어서의 심리적인 것과 정신적인 것은 단지 분석적인 견지에서 서로 분리되어 있는 것이며 전체적 인간 실존의 실제적인 일체성에 있어서는 서로 분리될 수 없게 생생하게 결합되어 있는 것이다.

그러나 이 경우에도 근본적으로는 여전히 정신적인 것이 심리적인 것과 구별되어야 한다. 그럼에도 불구하고 심리주의의 오류는 마음대로 한 평면을 다른 평면과 혼동하는 점에 있는 것이다. 따라서 이 경우 정신적인 것의 독자적인 법칙성은 무시되고, 그 무시는 당연히 '질적 변질'이 행해지는 결과가 된다. 그것을 심리요법적인 행위의 영역에서 피하는 것 및 심리요법 안에서 심리주의를 최종적으로 극복하는 것, 이것이 우리에게 요구된 로고데라피의 의도이며 미래의 관심사이다.

이 장(章)을 끝맺음에 있어 심리주의를 심리주의 그 자체에 대한 무기로 삼아, 심리주의를 공격해 보려 한다. 말하자면 창을 거꾸로 하여, 그 창끝을 심리주의 자체에로 하게 할 필요가 있다. 즉 심리주의의 심리적 발생을 조사하고, 그 밑에 가로놓여진 동기를 살펴보자는 것이다. 따라서 무엇이 그 밑에 숨겨져 있는 근본 태도이며, 무엇이 비밀한 경향이냐고 묻는다면, 다음과 같이 대답할 것이다. 즉 그것은 가치를 깎아 내리는 경향이다. 즉 심리적 행동과정(그것은 심리주의 자체에 의하여 잘 평가되어 있다)의 정신적 내용의 가치를 절하시키려는 경향이 있다는 말이다. 이 경향으로 해서 심리주의는 늘 정신적인 것의 가면을 벗기려 하며, 무리하게 폭로하려 하며, 항상 본질적이 아닌 신경증적인, 또는 문화병리학적인 동기를 찾으려 한다.

종교적 예술적 그리고 학문적 영역에서의 타당성의 문제를 그는 내용적 영역에서 정신분석적인 의미의 콤플렉스이건, 개인심리학적 의미의 열등감이건 간에 행동의 영역으로 도피함으로써 피해 버리는 것이다. 그리하여 심리주의는 결국 풍부한 인식적 소여(所與)와 정신적인 과제로부터의 도피이며, 따라서 인간의 현실성과 가능성에서의 도피인 것이다.

이 심리주의는 도처에서 가면 이외의 아무 것도 보지 못한다. 그리고 그 가면의 배후에 깔려 있는 신경증적인 동기만을 인정하는 것이다. 모든 것은 그에게 진실하지 않은 것, 본래적이 아닌 것으로 생각하는 것이다. 그리하여 예술은 '결국' 생활 또는 사랑에서의 도피에 '불과'하며, 종교는 자연의 폭력에 대한 원시인의 공포에 '불과'하다고 믿게 하려는 것이다. 정신적인 창조성 일반도 이렇게 보면 리비도의 '단순한' 승화, 내지는 다만 열등감의 보상, 또는 자기유지 경향(自己維持 傾向)의 수단일 뿐이다. 위대한 정신적 창조자들도 그런 경우에는 신경증자 또는 정신질병 인격자로 처리되고 마는 것이다. 즉 그렇게 '폭로하는' 심리주의에 의한 '가면 벗기기' 뒤에, 사람은 서슴없이 괴테도 '본래는' 한 정신병자에 불과하였다'고 말할 수 있는 것이다. 이 사고양식은 아무런 본래적인 것을 보지 않고, 아무 것도 인정하려 하지 않는 것이다. 어떤 것이 어떤 경우에 가면이며, 또는 목적에 대한 수단이었다고 해서, 그것이 항상 가면뿐이며 목적에 대한 수단뿐일까. 직접적인 것, 진실한 것, 본원적인 것은 존재할 수 없는 것일까. 개인 심리학은 용기를 설명하지만, 그것은 겸허함을 잊고 있는 것처럼 생각된다. 즉 세계에 있어서의 정신적 창조에 대해 겸손히 인정하며, 그 본질과 가치가 심리학적 평면에서 그렇게 간단하게 심리주의적으로 투영(投影)되지는 않는 정신적인 것에 대한 겸허함이다. 그리고 겸허함이란, 그것이 진실이라면 적어도 용기와 같이 내적인 강함의 표시인 것이다.

결국 '가면을 벗기는' 심리요법의 문제는 판단이 아니라 '판결'인 것이다. 그러나 그가 자기 자신의 모습을 정직하게 들어낸다면, 그가 세계관적 및 학적 영역에서의 가치의 제 문제를 회피하고 있음이 분명해진다. 예컨대 한 정신분석 학자는 어떤 작은 서클에서 학분석 토론에 임하여, 어느 임상심리학자의 비정신분석인 견해를 그의 '콤플렉스'로서 처치하여 버리려고 하였다. 또한 비정신분석적인 방법으로 치유한 많은 '케이스'를 제시받았을 때, 그는 이 심리치료적인 효과를 그들 환자의 '증후'라고 평가하였다. 이러한 제멋대로의 양식(樣式)으로 여러 실제적인 토론이나 학문적인 논란에서 벗어나려고 하였다. 실로 심리주의는 그렇게 해서 가치를 떨어뜨리는 경향으로 보인다. 그리고 이러한 연구 방향은 하나의 사상(事象)의 성격을 인식하려는 노력으로 그치고 마는 것이다. 그리하여 심리주의는 우리가 보는 바로는 한층 광범한 사조(思潮)의 한 부분현상(部分現象)인 듯이 생각된다. 즉 19세기에서 20세기에 걸쳐 인간상(像)은 인간의 많은 제약성과 이 제약성에 대한 인간의 무력(無力)이 강조되는 것에 의해서 심히 분열되었다. 즉 생물학적인 것, 심리학적인 것, 사회학적인 것에 인간이 어떻게 속박되어 있는가를 잘 보여주고 있는 것이다. 이 모든 제약성에 대한 인간 본래의 자유, 자연에 대한 정신의 자유(그것이 비로소 인간의 본질을 형성하는 것이지만)는 간과(看過)해 버린 것이다. 그리하여 심리주의와 함께, 생물학주의(Biologism), 사회학주의(Socialogism)가 존재하게 되었다. 그것은 모두 마찬가지로 단편적인 인간상만을 수립하고 있다.

따라서 정신사적으로 그러한 자연주의적인 견지에 대한 반동이 일어나, 인간존재의 기본적인 사실, 즉 자연적인 제약의 소여(所與)에 대한 인간의 자유성의 고려(顧慮)가 다시 강조된 것도 조금도 이상한 일이 아니다. 의식적 존재라는 인간의 근본적 사실은 적어도 심리주의에 의하여 부정되지는 않았을지라도, 한편으로는 등한시되어 온 책임적 존재라는 근본적 사실이 다시 학적 시야의 중심점으로 밀려든 것도 이상하지 않다. 즉 실존철학은 인간의 실존을 독자(獨自)의 존재양식으로 밝히는 데 큰 역할을 다하였다. 그리하여 야스퍼스(K. Jaspers)는 인간의 존재를 '결단하는 존재'라 부르고 단순히 '있는' 것이 아니라, '그 있음' 즉 본질적인 존재를 결단하는 것이라 하였다. 꼭 밝혀 말할 수는 없지만, 자연히 양해되어 있던 시대가 여기에 밝혀지고, 비로소 인간의 행동 일반의 윤리적 판단이 가능하게 되었던 것이다.

왜냐하면 인간이 자연적인 소여(所與)에 대항하며, '스스로 태도를 결단' 할 때, 즉 인간이 생물학적인 것(예컨대 민족), 사회학적인 것(예컨대 계급), 심리학적인 것(예컨대 성격학적 유형(類型)의 제약에 매여 맹종(盲從)하던 것을 중지할 때, 비로소 도덕적인 판단의 가능성이 시작되는 것이다. 일상적으로 사용되는 공적(功績)이라든가 죄나 책임이라는 개념은 상술(上述)한 제약을 다만 운명적인 소여로 받아들이는 대신, 그 안에 운명과 생활의 형성의 과제를 보고 어떤 태도를 취하는, 본래적으로 인간적인 능력의 승인에서 이루어진다. 예컨대 어떤 한 민족에 속한다는 것은, 그것만으로는 공적도 죄도 아니다. 죄는 예컨대 한 국민의 특별한 자질을 촉진시키지 못했거나, 국민적인 문화 가치가 쓸모 없는 것처럼 될 때 비로소 시작되는 것이다. 한편 공적도 그 민족의 어떤 성격학적인 약점이 그 민족 성원에 의하여 의식적인 자기 교육으로 극복되는 곳에 존재한다.

그러나 얼마나 많은 인간이 그 민족의 성격적인 약점을 그들 자신의 인격의 성격적인 약점이라 핑계 대는 과오를 저지르고 있을까. 젊은 시절의 듀마의 일화(逸話:Dumas file)에 다음과 같은 것이 있다.

어느 지위 높은 귀부인이 하루는 듀마에게 말했다. "자네 부친께서 몸가짐이 좋지 않으셨던 것은 참으로 한심한 일이야." 그랬더니 듀마 청년은 "아닙니다, 왕비전하(王妃殿下). 아버님은 저의 모범은 못 되시지만 핑계는 됩니다." 했다.

물론 자식이 아버지를 경고의 본으로 삼았더라면 좋았을 것이다. 그러나 얼마나 많은 사람들이 그 국민적인 성격상의 장점을 각자가 자유로운 결단이 불가능한 것에 대하여 그저 자만하는 오류에 빠져 있는가. 각자가 쌓은 개인적 교양의 공적이 아니라, 자부심을 위해 아무런 책임도 감당하지 않는다면 공적도 죄도 없는 것이다.

이 해석은 결국 고대 그리스 철학자 이래의 서구적 사고(思考)의 기초이며, 특히 그리스도교의 등장 이래 분명해진 것이다. 이교적(理敎的)인 사고와 명확하게 의식적으로 대립하여, 이 관점에 의하면 인간은 자유로 결단하고, 책임지고 행동할 수 있을 때 비로소 윤리적 평가를 받을 수 있는 것이며, 그가 자유로운 결단이 불가능한 것에 대해서는 도덕적인 책임이 없게 되는 것이다.

우리는 처음에 로고데라피의 필요성을 논리적으로 연역하고, 이어 '정신적인 것의 심리요법'의 필요성을 임상적으로 밝히려고 하였다. 전자의 경우에는, 협의(狹義)의 심리요법은 완전한 것이 아님을 밝히고, 후자의 경우에는 그것이 모든 정신적인 것에 대한 권한 없이 심리주의에 빠지는 오류를 밝혔다. 다음에서는 의식적인 '정신적인 것의 심리요법'으로서의 로고데라피의 임상적인 가능성을 증명하고, 마지막 장에서 그 이론적인 가능성을 증명하려고 한 것이다. 즉 이미 다른 문제, '의사의 세계관적인 영향을 근본적으로 피할 수는 있을까' 하는 문제에 답하지 않으면 안 된다. 다음 장에서 취급할 '정신적인 것의 심리요법'의 기술적 문제에 대해서는 이미 전술(前述)한 것에서 중요한 것이 밝혀져 있다고 본다. 왜냐하면 인간의 실존의 본질적 근거에 대한 고려(顧慮)가, 즉 인간의 실존의 기반으로서의 책임성 존재에의 고려가 필요하다는 것을 반복하여 밝히려 하였다. 그리하여 우리는 로고데라피를 실마리로 하여, 심리요법이 실존분석으로, 즉 책임적 존재를 향한 인간 존재의 분석으로 전환해야 함을 이해해야 할 것이다.

제2장

정신분석에서 실존분석으로

제1절 일반적 실존분석

심리요법은, 그 정신분석의 세세한 기법(技法)으로는 심리적인 것의 의식화에 비중을 둔다. 그에 대하여 로고데라피는 정신적인 것의 의식화에 힘쓴다. 그리하여 실존분석으로서의 그 세밀한 기법에서, 그것은 특히 책임성을(인간 실존의 본질적 근거로서) 인간에게 의식시키려는 데 힘쓰는 것이다. 그리하여 필연적으로, 다시 말하자면 인간의 실존적 책임성을 강화하는 것이다. 왜냐하면 인간 존재가 전술한 것처럼 의식 존재와 책임 존재라면 실존분석은 온전히 본래적으로 본질적 책임의 의식화를 향하게 되기 때문이다. 따라서 로고데라피가 '정신적인 것의' 심리요법이라면, 실존분석은 '책임성 의식의 정신적' 심리요법이다.

1 삶의 의미

　책임이란 항상 어떤 의무에 대한 책임이라는 것이다. 인간의 의무는 다만 어떤 '의미'에서, 즉 어떤 인간의 생명의 구체적인 의미에서 이해되는 것이다. 따라서 인간의 생명 내지 인생의 의미에 관한 문제가 이 장의 처음에 놓이고, 또한 항상 그 중심문제이어야 한다. 사실 이 문제는 정신적으로 고투(苦鬪)하는 자로서 마음을 앓고 있는 사람이, 가장 자주 의사에게 부닥쳐 오는 문제의 하나이다. 실로 의사가 이 문제를 화제로 삼는 게 아니라, 환자가 그 정신적인 고뇌의 문제로 의사를 괴롭히는 것이다.

　생명(인생)의 의미에 관한 물음은 설사 그것이 설명되지 않고 불분명하게밖에는 말할 수 없지만, 본래적으로 인간적인 물음이라는 특색을 가지고 있다. 따라서 생명의 의미를 문제삼는다는 것 그 자체로는 결코 인간에게 있어 병적인 것이나 편협된 표현은 아니다. 그것은 오히려 인간존재의 본래의 표현 그 자체이며, 바로 인간에게 있어서 가장 인간적인 것의 표현이 된다. 왜냐하면 확실히 우리는 꿀벌이나 개미와 같은 사회 조직을 닮은, 어떤 의미로는 인간의 사회를 능가하기조차 하는 듯한 고도의 사회적 조직을 가진 생물을 생각할 수는 있다. 그러나 어떤 생물이 그 자체의 존재의 의미에 관하여 의문을 제기하며, 그 자체의 존재를 문제시한다는 것을 상상할 수는 없기 때문이다. 언어능력이나 개념적 사고(概念的 思

考) 또는 직립보행(直立步行)보다도, 그 존재의 의미를 묻는다는 이 사실이야말로 인간과 동물과의 본질적인 차이의 규준으로서 한층 중요한 것이다.

이 의미 문제야말로 극단적인 경우에 있어서는 한 인간을 압도해 버리는 경우도 있을 수 있다. 특히 청년기에 자주 발견되는 것이어서, 인간존재의 본질적인 문제성이 정신적으로 성숙해 가는 고민하는 이들에게 나타나는 문제이다.

어느 자연과학 교사가 수업 중에, 유기체(有機體)의 생명은, 인간의 생명도 결국은 하나의 산화과정(酸化過程), 즉 연소과정(燃燒過程)에 '불과하다'고 득의(得意) 양양하게 설명하였더니, 한 학생이 일어서서 질문하였다. "대체, 그렇다면 인생은 무슨 의미를 가지고 있습니까?" 이 학생은 인간이 책상 위에 서서 마지막까지 타버리는 촛불과는 다른 존재 양식으로 실존하고 있다는 것을 정확하게도 이해하고 있었던 것이다. 인생을 촛불 같은 존재라고 한 마르튼(하이데거의 Vorhanden-sein)는 인생을 연소과정으로 보았는지도 모른다. 그러나 인간 자신은 본질적으로 다른 존재형식을 가지고 있는 것이다. 인간존재는 무엇보다도 본질적으로 역사적 존재이다. 그리고 동물적 존재와는 다르게 항상 어떤 역사적 공간 안에 놓여 있는 것이며 빈스왕거(L. Binswanger)의 말대로 '구조화' 공간(構造化 空間;a 'structure' space), 즉 그 좌표계(座標系)에서 인간은 벗어날 수 없는 것이다. 그리고 이 관계의 체계는 항상, 명백치 않지만 어떤 표현할 수 없는 의미로써 규정되어 있는 것 같다.

따라서 개미떼의 영위(營爲)를 목적 추구적(目的追求的)이라고 부를 수 있을지는 몰라도 의미로 차(滿) 있다고 할 수는 없다. 의미의 카테고리 결여뿐만 아니라 '역사적'이라 할 수 있는 것도 결여되어 있다. '개미의 국가'에는 어떤 '역사'도 없기 때문이다.

엘빈 스트라우스(elvin strauss)는 그 저서 《사상(事象)과 체험(*Geschehnis unt erlebnis*)》에서 인간의 생명의 현실에서(따라서 정신증자의 경우에서) 즉 스트라우스가 '생성 현실성(生成現實性;Werdewirklichkeit)'이라고 부르는 것에서 역사적인 시간인자(時間因子)가 결여될 수 없음을 밝혔다. 인간이(특히 신경증에 있어서) 이 생성현실성을 '변형(變型)하는' 경우에 있어서도 그러하다. 이 변형의 한 형식을 나타내는 것은 슈트라우스가 '현재적(presentist)' 실존이라고 하는 본래의 인간존재양식의 결여를 초래한다. '현재적' 존재란 스트라우스에 의하면 모든 미래지향성을 포기하고 있는 인생에의 태도를 말한다. 즉 그것은 과거에도 근거하지 않고, 장래를 가리키지도 않고, 오히려 역사 없는 단순한 현재에 관계하려는 태도이다. 그것은 일종의 미적 취미(美的 趣味)의 신경증적인 도피를 하는 것을 볼 수 있다. 예컨대 어떤 신경증환자가 예술적인 심미나 지나친 자연탐닉(自然耽溺) 속으로 도피하는 것이다. 이 경우 그 사람은 어떤 의미로는 자기를 잊고 있는 것이며, 이 순간에 그의 존재의 개인적 역사적 의미에서 요청되는 모든 의무의 피안(彼岸)에 살고 있는 한에서는 의무를 망각하고 있다고 할 수 있다. 그리하여 많은 신경증자는 흔히 '생존의 싸움에서 떠나서 '고독한 섬 위에서' 생활하며, 하루 종일 양지에 누워 있고 싶어한다. 이것은 동물에게는 어울릴지 모르지만, 그러한 인간은 그 자기망각성(自己忘却性)에서 장기간, 즉 존재의 모든 '디도니소스적(Dionysiac)' 순간 이성으로 그러한 생활이 인간적이며, 인간에 어울리면, 인간 자체를 지탱할 수 있다고 잘못 생각하고 있다. 평균적인 그리고 윤리적 규준의 의미로 정상적(正常的)인 인간은 다만 어느 시간만, 그리고 어느 정도까지만 현재적인 태도를 가질 수 있다. 그는 의식적으로 한때만 엄격한 생활에 등을 돌리고, 고의로 한 자기 망각성, 즉 그의 '축제'의 도취 가운데, 잠깐만이라도 너무도 무거운 본질적인 책임의 중압에서 피하려고 하는 것이다.

적어도 서구 인간상은 본래 그가 창조적으로 현실화해야 할 제 가치의 명령 아래 항상 놓여져 있는 것이다. 이러한 인간관은 자기 자신의 활동에 도취되고 마비되는 수도 있다. 이런 종류의 인간을 쉘러(M. Scheller)는 그 '부르주아'에 관한 논문에서 말하고 있지만, 그러한 인간 타입은 가치현실의 수단을 위해 최종목적(가치 자체)을 망각하게 된 것이다. 한 주간 긴장해서 일하고 일요일에는 (그의 의식에 떠오르는 그들의 생활의 공허함, 황량함, 내용 없음에 직면하여) 우울해지던가, 아니면 정신적인 면에서는 일종의 진공 상태를 메우기 위하여 무엇엔가 도취상태로 도피하는 사람들이 이런 타입에 속하는 것이다.(日曜 神經症).

생명의 의미에 관한 물음은 청년기에 전형적으로 일어날 뿐 아니라, 때로는 운명에서, 예컨대 어떤 근거에서 마음을 흔드는 체험에 의하여 일어나는 것이다. 성숙기에 있어서 생명의 의미에의 물음이 본래 아무런 병태적(病態的)인 것이 아닌 것처럼, 생명내용을 구하여 싸우고 있는 인간의 모든 심리적인 고뇌와 정신적인 싸움도 역시 병리적인 것이 아니다. 따라서 심리요법이 로고데라피 내지 그 형식으로서 실존분석으로 확대되는 경우, 임상적인 의미는 병적인 것은 아니지만 철학적 문제로 고뇌하는 인간을 다루는 것은 매우 중요한 일이라 할 수 있다.

그러나 임상적인 증후가 비록 정신병질인격(精神病質人格)에 의해 나타나는 경우에도, 때로는 로고데라피가 환자에게 견고한 정신적 의지(依支)를 줄 수 있는 것이다. 그러한 의지는 건강한 정상인에게는 그다지 필요치 않지만, 심리적으로 불안정한 사람에게는 그의 불안정성을 도와주기 위하여 극히 필요한 것이다. 어떠한 경우에도 한 인간의 정신적 문제성을 '증후'로서 처리되어서는 안 된다. 어떤 경우에도 그것은(오스왈트 슈와루츠가 '증후'의 안티테제로서 사용한 말을 빌린다면) '업적'인 것이며, 어떤 경우에는 환자가 이미 이룬 업적이며, 또한 어떤 경우에는 우리가 그를 도와 이루게 하지 않으면 안 되는 업적이다. 특히 이것은 내인적(內因的)인 여러 이유에서(정신병질 인격자와 같은) 심적 성질의 불안정한 균형상태 안에 있는 것이 아니라, 전혀 외인적(外因的)인 이유에서 그 심적 균형을 잃은 사람들에게 적합한 것이다. 이러한 류의 사람들에 속하는 것은, 예컨대 그가 이제까지의 생애를 바쳐 돌봐준 사랑하는 근친자(近親者)를 잃은 뒤에, 불안정하여져 자기의 금후의 생활이 다시 의미를 갖느냐 못 갖느냐 하는 의문을 갖게 된 인간 같은 것이다. 그러한 순간에 그 존재의 의미성에 대한 신앙이 동요하기 시작한 인간은 가련한 것이다. 그는 도덕적 여력이 없이 서 있는 것이며, 생명을 무조건으로 긍정하는 세계관을 지탱하는 정신적인 힘이(설혹 분명히 의식되거나 표현되지 않더라도) 그러한 인간에게는 결여되어 있는 것이다. 그 생애의 곤란한 시기에라도 운명의 타격을 '받아들여', 그 '운명의 힘'을 자기의 힘으로 삼을 수 없는 것이다. 그리하여 일종의 도덕적 해체, 즉 운명의 폭력에 대한 도덕적인 힘의 단념(斷念)이 생기는 것이다.

생명을 긍정하는 세계관적인 태도에 얼마나 중요한 의미가 주어졌는가, 그리고 얼마나 깊이 그것이 생물학적인 것에까지 영향을 주는 것인가, 장수(長壽)의 개연적(蓋然的)인 이유에 관한 대규모의 통계적 조사에서, 그 사람들이 하나같이 '쾌활한', 생명을 긍정하는 인생관을 가지고 있는 것으로도 알 수 있다. 심리학적인 영역에서도 세계관적인 태도는 극히 중심적인 의의를 가지고 있어서, 세계관은 어떠한 경우에도 인간을 '관통'하고 있으며, 그 생명의 부정적인 근본태도를 숨기려고 노력하는 우울병자에 있어서도 전혀 은닉되지는 못한다. 숨겨진 생명의 권태는 그것에 대한 정신의학적인 진찰 방법에 따라 곧 발견된다.

만약 어떤 우울병자가 자살 기도를 은닉하고 있다는 의심이 있다면, 다음 같은 검사법이 적절할 것이다. 우선 환자에게 자살할 생각이 있는가 여부를 묻던가 앞서 말한 자살 기도를 여전히 하고 있는가 여부를 묻는다. 이 물음에 그는 여하튼 부정할 것이다. 그러면 다시 참으로 자살 의도가 없는가 또는 그 의도가 그저 숨기고 있는가의 감별진단(鑑別診斷)이 되는 다음 질문을 할 것이다. 설혹 아무리 이 질문이 가혹하게 들릴지라도 '왜' 당신은 벌써부터 자살 의도를 갖고 있지 않았는가를 묻는다. 그러면 자살 의도가 없거나 이미 그것을 떨쳐버린 우울병자는, 곧 자기는 주위 사람들을 고려하지 않을 수 없다든지, 일해야 한다는 등의 대답을 할 것이다. 그러나 자살 의도를 숨기고 있는 우울병자는 이 질문을 받으면 즉시 어떤 전형적인 당황한 상태에 빠지는 것이다. 그는 가장한 생명 긍정에 대한 힐문(詰問)이 제기될 때 당황하는 것이다.

그러한 환자는 그 경우 극히 특징 있는 방법으로 화제(話題)를 벗어나, 불쑥 상투적으로 퇴원(退院)하겠다고 노골적으로 대들 것이다. 이렇게 그 사람은, 생명 긍정 내지 생존을 존속시킬 문제에 대한 힐문에 스스로를 지키지 못함이 분명하다. 만약 참으로 생명 긍정이 그의 사고(思考)에 속해 있다면 그는 당연히 자살 기도에 지배되지 않을 것이며, 그때 그는 은닉해야 할 아무 것도 없을 것이다.

생명의 의미에 관한 질문은 지극히 다양한 뜻을 함축하고 있다. 따라서 아래 서술에 앞서 우리는 여러 가지 객관적 사상(事象)의 의미, 예컨대 이 세상 전체의 '목적'의 의미를 다루거나, 우리가 직면하는 운명 자체의 의미를 다루는 등의 질문은 일단 보류함이 좋다. 왜냐하면 이런 문제에 대한 질문은 본래 신앙의 세계에 유보

(留保)되어 있는 것이기 때문이다. 따라서 섭리를 믿는 종교적 인간에게는 아무런 문제성도 없을 것이다. 그 이외의 인간에게는 상술한 문제는 우선 인식 비판적으로 검증되지 않으면 안 될 것이다. 우리는 세계 전체의 의미를 묻는 것이 허락되는지 어떤지, 즉 이 물음 자체가 의미 있는지 어떤지를 검증해야 할 것이다. 본래 우리는 어느 부분적 사상(事象)의 의미만을 묻는 것이 되며, 세계 사상(事象)의 '목적'을 물을 수는 없는 것이다. 목적의 카테고리는 목적이 그것을 '가지고 있는' 것의 외부에 존재하는 한에 있어서 초월적이다. 따라서 우리는 겨우 세계 전체의 의미를 한계개념(限界概念)의 형태로 파악할 수 있는데 불과할 것이다. 그리하여 이 의미를 아마 초의미(超意味)라 부를 수 있을 것이다. 즉 전체의 의미는 잡을 수 없고, 잡을 수 있는 것 이상이라는 뜻이 담겨져 있다. 그러므로 이 개념은 칸트의 이성의 공준(公準)과 유사하다. 그것은 사고필연성(思考必然性)과 동시에 사고불능성을 나타내고 있으며, 신앙만이 이 모든 것을 극복할 수 있는 이율배반(二律背反)인 것이다.

이미 파스칼은, 가지는 나무 전체의 의미를 포착할 수는 없다고 하였다. 그리고 최근의 생물학적인 환경론에서도 모든 생물이 그 종족적인 환경에 폐쇄되어 있기 때문에 타파할 수 없음을 밝혔다. 설사 인간이 이 점에 있어서 예외적인 지위를 차지하고, 세계공개적(Weltoffen)이며, 환경 이상의 것을 가지며, '세계를 소유하고 있다'고 하여도, 그의 '세계'의 피안(彼岸)에는 아무런 초세계(超世界)도 존재하지 않는다고 누가 감히 말할 수 있으랴. 오히려 이 세계에 있어서 인간의 항상성(恒常性)은 거짓에 불과하며, 다만 동물에 비하여 인간은 자연의 세계에서보다 높은 위치에 있음에 불과하다고 생각해도 좋지 않을까 한다. 즉 인간의 세계 내존재(世界內存在;하이데거)라는 말도 결국 동물의 환경과 같은 것을 말하고 있지 않을까. 그러나 동물이 그의 환경에서 탈출하여 그 이상의 인간의 세계를 이해할 수 없는 것처럼, 인간도 신앙의 예감에서나, 깨닫기 어려운 계시(啓示)에서나, 초세계(超世界)를 명확히 포착할 수는 없을 것이다.

아무리 길들여진 동물이라 해도 인간이 그를 부리는 목적을 알 수 없다. 인간은 그 생명이 어떤 '최종 목적'을 가지며, 어떤 '초세계' 전체를 가지고 있음을 어떻게 알 수 있으랴. 니콜라이 할트만은 인간의 자유와 책임은 그에게 숨겨져 있는 고차원의 목적성과 모순된다고 주장하고 있으나, 이 견해는 부적당하다고 생각된다. 할트만(N. Hartmann) 자신도, 인간의 자유는 '의존성에도 구애되지 않는 자유'이며, 정신적 자유는 자연법칙성보다 우위에 있으며, 저차원의 존재 층에 '의지'하여 있음에도 불구하고 '자율적'인, 보다 높은 '존재층'에 있음을 인정하고 있는 것이다. 우리 견해로는 인간의 자유의 세계와 그것을 덮고 있는 고차원의 세계와의 사이에는 유사한 관계가 있다고 생각된다. 그 결과 인간은 심리라고도 할 수 있는 것이 그를 인도함에도 불구하고 자유의지를 가지고 있는 것이다. 마찬가지로 길들여진 동물로 그 동물적 본능을 그의 목적에 이용하는 인간에게 부려지고 있지만, 여전히 본능에 따라 살고 있는 것이다.

우리가 동물의 '환경'(Vide Uexhüll)과 인간의 환경과의 사이의 관계처럼 비슷하게 여긴 인간의 세계와 초세계와의 관계를 슐라이히(Schleich)는 가장 명확히 그리고 아름답게 다음과 같이 표현하였다.

'하나님은 가능성의 오르간 앞에 앉아, 세계를 작곡하였다. 우리 불쌍한 인간들은 그저 인간의 소리(Vox humana)만을 들을 뿐인데, 그것조차 얼마나 아름다운가. 전체는 얼마나 굉장한 것일까.'

초의미(超意味)에의 신앙이⋯ 설혹 한계개념(限界槪念)으로서이건, 종교적인 섭리로서 이해되건, 또는 종교적 섭리로서 이해되건⋯ 현저한 심리요법, 정신 위생적 의의를 가지고 있는 것은 자명한 일이다. 그것은 창조적이며 내적인 강함을 더하는 것이다. 그러한 신앙에 있어서는 어떤 것도 의미 없는 것은 하나도 없다. 어떤 것도 그에게는 '무익'한 것이라고는 생각되지 않으며, '어떤 행위도 기록되지 않을 수 없다'(Wildgang). 이 관점에서 본다면 세계에는 윤리적인 의미에서의 정신적인 에너지의 불멸의 법칙이라고도 할 수 있는 것이 있다. 즉 위대한 사상(思想)은 설혹 그것이 알려지지 않은 채 끝나, '무덤 속에 가지고 갈지라도' 결코 멸망하는 일은 있을 수 없는 것이다. 인간의 내지 생활사는 그의 생애에 있어서 설혹 비극적이건, 알려지지 않고, 극적인 데가 없더라도 결코 '쓸데없이' 지나가고 있는 것은 결코 아니다.

한 인간의 산 '로망'은 일찍이 기록된 어떤 로망보다도 비교되지 않을 만큼 위대하고도 창조적인 업적인 것이다. 각자는 한 인간으로서 생명의 내용이나 그 충실함이 어디엔가 보존되어 있으며, 해겔적인 이중의 의미로 '지양(止揚)'되어 있음을 어떤 형태로든 인식하고 있다. 그러므로 시간은, 지나간 생명의 의미와 가치를 조금도 바꿀 수 없다.

과거의 상태라는 것도 일종의 존재이며, 어쩌면 그것이 더 확실한 존재일 수도 있다. 그리고 생명에 있어서의 모든 노력은 어떠한 관점에서는 언제나 가능적인 것으로서 현실 속에 들어오는 것으로 생각된다. 과거는 지나간 시간이라고는 하지만, 모든 시간의 개입에서 떠나 영원히 확실하다고 할 수 있다.

이상은 세계 전체의 의미에 관한 문제를 취급했으나, 원점으로 돌아와, 환자에 의하여 제출된 그들의 개인적인 생명의 의미에 관한 물음을 다루기로 한다. 우선 많은 환자가 이 문제를 논의할 경우에 곧 잘하는 둘러대는 말을 취급해 보고자 한다. 그 둘러대는 말은 어김없이 윤리적 니힐리즘으로 통하는 다음과 같은 단순한 주장이다. 즉 생명의 모든 의미는 본래 오직 쾌락이라고 주장하는 것이다. 이 주장은, 모든 인간적인 행위가 결국 행복에의 노력으로 지배되며, 모든 심리적인 행위는 다만 쾌락원리에 따라 규정되고 있다는, 가장된 사실에 논거를 두고 있다. 전정신생활에서의 쾌감원리의 지배적인 현상을 설명하는 이 논리는 주지하는 바와 같이 정신분석에 의해서도 주장되어 있다.

정신분석의 이른바 현실원리(現實原理)는 쾌락원리에 결코 대립하는 것은 아니고, 쾌락원리의 단순한 확대이며 거기에 봉사하는 것이다. 우리 견해로는 쾌락원리는 아무래도 심리학적인 인공물(人工物)인 것이다. 현실에 있어서의 쾌감은 일반적으로는 우리의 모든 욕구의 목적이 아니라, 그 충족의 결과인 것이다. 이 사실은 이미 칸트가 지적하고 있는 바이다. 그리고 이른바 쾌락주의의 윤리학에 관하여 쉘러는 윤리적인 행위에 앞서 쾌락이 목적으로서 떠돌고 있는 게 아니라, 오히려 윤리적인 행위의 등에 업혀 오는 것이라고 했다. 확실히 특수한 상태나 사정에 있어서는 쾌락은 사실 의지 행위의 목적인 경우도 있을 것이다.

그러나 그것은 윤리적인 관점에서는 처음부터 선행(善行)은 아니고 바라새적 행위인 것이다. 그러한 특수한 점을 고려 밖에 두는 것은, 쾌락원리는 모든 심적 활동성의 본질적 지향적인 성질을 무시하고 있는 것이다. 다시 말하면 일반적으로 인간은 쾌감을 추구하는 것이라기보다는 추구하고 있을 따름이다. 인간의 의욕의 제 대상(諸對象)은 제각기 다양한데, 쾌감은 윤리적으로 가치(價値) 있는 행위에 있어서도, 윤리적으로 가치에 반하는 행위에 있어서도 같다고 할 것이다. 그런데서 쾌감원리를 승인하는 것은 도덕적인 점에서는 인간의 가능한 목적설정의 평균화를 가져옴을 알 수 있다. 왜냐하면 이 관점에 있어서는 사람은 무엇을 하든 전혀 같은 것이다. 즉 가난한 사람들에게 재물을 나누어주는 것은 미식(美食)의 향락을 위해 금전을 쓰는 것과 같이 불만 제거를 위한 것이 될 수 있는 것이다. 이러한 태도는 인간에 있어서 모든 도덕적인 감동의 가치를 깎아 내리는 것이 된다. 그러나 현실적으로는, 가령 동정의 마음을 일으키는 도덕성은 불쾌감의 제거라는 소국적인 의미를 갖는 행위보다 앞서 있는 것이다. 왜냐하면 어떤 인간에게 동정심을 일으키는 같은 사실에 대해서도 다른 사람은 사디즘적으로 사람의 불행을 즐기며, 그것에서 적극적인 쾌감을 느끼는 것도 생각할 수 있기 때문이다.

만약 한 권의 책을 읽을 때 거기서 오로지 쾌감을 얻기 위해서라면 차라리 독서보다는 오히려 좋은 음식에 돈을 쓰는 편이 훨씬 합리적이라고 할 수 있을 것이다. 현실에 있어서는 생명의 쾌, 불쾌는 직접적으로는 그다지 중요하지 않다. 극장 관객에게는 그가 희극을 보든 비극을 보든 그것이 본질적인 것은 아니고, 중요한 것은 연출되고 있는 내용인 것이다. 그리고 무대에서 연출되는 어떤 비극적인 사건을 보는 것으로 인해 관객의 마음에 일어나는 불쾌감이 바로 극장에 가는 근본 목적이라고는 아무도 말할 수 없을 것이다. 만일 그렇다면 모든 관객은 가장된 어떤 마조히스트라 여겨지지 않을 수 없기 때문이다.

만약 단순한 쾌감 속에서 모든 생명의 의미를 찾으려 한다면, 생명은 결국 무의미한 것이 아닐 수 없게 된다. 쾌감이란 하나의 상태이기 때문이다. 그리고 유물론자는… 쾌락주의는 흔히 유물론과 병존하고 있지만… 쾌락은 뇌세포(腦細胞)에서 일어나는 어떤 과정에 불과하다고 말할 것이다. 과연 그런 과정에 도달하기 위하여 인간은 살며, 체험하며, 괴로워하며, 행위하지 않으면 안 되는 것일까. 사형수가 집행 몇 시간 전에 최후의 식사 메뉴를 선택할 수 있다고 가정해 보자. 그는 죽음 앞에서 음식 맛이 무슨 의미가 있느냐고 반문할 것이다. 유기체(有機體)가 몇 시간 후에는 시체가 될 마당에 죽음 직전에 음식이 주는 쾌감을 맛보는 것과 맛보지 않고 죽는 것과 무엇이 다르겠는가. 죽는 사람에게는 누구나 어떤 쾌감도 무의미한 것이다. 절망적인 인생관을 가진 사람은 살아야 한다는 생명의 의미에 대하여 의문을 제기한다. 자살미수로 입원한 어떤 환자는 다음과 같이 경험을 말했다.

"나는 자살하기 위해 도심에서 멀리 떨어진 교외로 가려 했습니다. 그런데 마침 전차가 끊어져 택시로 가지 않으면 안 되게 되었습니다. 그때 나는 이렇게 중얼거렸습니다. '택시로 가자면 수 마르크가 들겠구나.' 나는 갑자기 돈이 아깝다고 생각했습니다. 그 순간 쓴웃음이 나왔습니다. 죽겠다는 사람이 몇 마르크를 아끼려 했으니 말입니다"

이 환자의 의식은 일반적으로 공통성이 있다고 생각할 수 있을 것이다. 경험 부족으로 '인간은 세상의 즐거움'을 위에서 살 뿐이라고 생각하는 사람에게는 러시아의 어느 실험심리학자의 통계를 보여줄 필요가 있다. 그 통계에 의하면 정상적인 인간은 매일 쾌감보다는 비교할 수 없으리만큼 많은 불쾌감을 체험하고 있다는 것을 지적하고 있다. 쾌감(Lust) 원리라는 것이 실제의 인생관에서 뿐 아니라 이론에 있어서도 얼마나 불충분한 것인가는 다음의 일상 체험에서도 분명하게 나타난다. 즉 우리가 어떤 사람에게, 왜 그가 우리에게 의의 있는 어떤 일을 하지 않는가 물었을 때, 그가 '이유' 를 다음과 같이 말했다 하자. "나에게는 의욕(Lust)이 안 나서…." 라고. 그러면 대개는 그 대답이 불충분하다고 여길 것이다. 사실 이 대답은 대답답지 못하다. 어떤 행위의 의미를 인정하든 안 하든 간에 그 논증에 의욕이 있다, 없다, 쾌(Lust), 불쾌(Unlust)로 대답하는 것은 옳지 못하다.

프로이트가, 그의 '쾌락원리의 피안'에서 외친 것처럼, 즉 유기적인 것에서 무기적인 것의 정적으로 돌아가려는 일반적 경향이 사실이었다 해도, 도덕적 공준(公準)으로서의 쾌락원리를 지지하기 어려운 것은 조금도 변함이 없다. 프로이트는 이 주장으로 모든 쾌락에의 욕구와, 그가 죽음에의 충동이라 하는 것과의 친근성을 증명할 수 있다고 생각한 것이다. 그러한 심리학적 생물학적 근본경향을 설명한다면, 그것은 오히려 모든 존재영역에서의 긴장을 해제하려 작용하는, 아마도 보편적인 균형원리에까지 환원할 수 있을 것이다. 물리학에 있어서는 최후 우주의 종말상태로서의 엔트로피(entropy)의 학설에 있어서 비슷한 말을 하고 있다. 심리적으로 그것에 대응하는 것으로는 열반(涅槃)을 들 수 있을 것이다. 모든 불쾌감에서 해방됨에 따른 모든 심리적 긴장의 해세는 그 경우, 대우주적인 엔트로피에 대한 소우주적인 등가물(等價物)이며, 열반은 '내면에서 보인' 엔트로피로 볼 수 있을 것이다. 한편 균형원리 자체는 모든 존재를 개별적 존재, 타재로서 유지하려는 개별원리(個別原理)라는 대립자를 보이고 있다. 이미 그러한 대립자가 존재하는 데서 보편적 원리나 어떤 우주적 경향이 발견됐다고 해도 윤리적인 점에서는 아무런 긴장과 갈등이 없음을 알 수 있다. 왜냐하면 객관적인 사상(事象)은 주체적으로는(도덕적 주체에 대해서는) 어떤 경우에도 구속적이 아니기 때문이다.

이 모든 원리나 경향과 일치해야 한다고 누가 말하는가. 그게 아니라 윤리적 문제는 우리가 그러한 경향을(비록 그것을 자기의 심리적 사상 어디에서 발견하든) 휘어잡을 수 있느냐 없느냐 하는 데서 시작된다. 더욱이 본래의 도덕적 사명은 그러한 내적 외적 폭력의 지배에 대항하는 데 있지 않을까 싶다.

어쩌면 인간은 일방적인 자연주의적 교육에 의하여, 이른바 엄밀한 자연과학적 연구의 결과인 물리학적 세계에 대해 너무 지나친 존경심을 가지고 있는 것 같다. 지구에 종말이 예고 없이 닥쳐온다 할지라도, 다음 세대를 위한 많은 노력이 무의미하다고 여겨 그것을 외면할 것인가.

두 말 할 것 없이 단순하고도 직접적인 우리의 '내적 경험'은 아름다운 일몰(日沒)을 바라보는 자연의 기쁨이 태양계의 천문학적인 종말의 관념보다 '더 현실적'인 것이 아닐까. 인간 존재가 책임적 존재라는 것은 무엇인가가 직접 우리의 경험에 주어지고 있는 것이리라.

"가장 확실한 것(Das Gewisseste)은 양심(Das Gewissen)이다." 라고 누군가가 말했다. 기쁨이라는 체험의 생리학적 '본질'이 이러저러한 물리학적 과정이라고 아무리 설득할지라도 고상한 예술을 음미하며 청순한 사랑과 행복을 체험하는 인간은 생명의 의미에 차 있음을 확신하고 있는 것이다.

그러나 기쁨은 그 자체가 의미를 가지고 있을 때에만 생명을 의미로 가득 채울 수 있다. 그러나 보다 좁은 의미의 기쁨은 기쁨 자체 속에는 존재하지 않으며, 실제로 그 의미는 기쁨의 외부에 있는 것이다. 왜냐하면 기쁨은 항상 어떤 대상을 지향하기 때문이다. 이미 쉘러(M. Scheller)는 이미 비지향적 감정, '상태적' 감정이라고 한 쾌감과는 달리, 기쁨이 지향적 감정이라는 것을 지적했다. 쉘러는 이 상위(相違)가 이미 일상 어법에 나타나 있음을 지적하고 있다. 즉 '쾌(快)'는 어떤 것에 '의한(wegen)' 것이지만, 기쁨은 어떤 것에 '관한(über)'[über에는 어떤 것을 '넘어서'라는 뜻이 함축되어 있다-역주] 것이다.

여기서 엘빈 스트라우스(Strauss)가 말한 '현재적' 생활양식이라는 개념이 상기된다. 이 체험양식에서 인간은 대상의 영역…가치의 영역도 이것이지만…에 도달하지 않고, 쾌의 상태성 안에(예로 도취 속에) 정체하고 있는 것이다. 가치의 감정에 찬 지향이 비로소 인간의 참 '기쁨'을 가져오는 것이다. 이제야 우리는 왜 기쁨이 결코 자기 목적일 수 없는가를 깨닫게 한다. 즉 기쁨 자체는 기쁨으로서 지향될 수 없는 것이다. 기쁨은 가치 인식적인 행위의 실행에서만 즉 가치 파악의 지향적인 행위의 실행에서만 존재하는 것이다.

키에르케고르는 이를 "행복에의 문은 스스로 밖을 향해 연다"고 아름답게 표현하고 있다. 이 문을 억지로 밀어젖히려는 자에게는 문은 닫혀지는 것이다. 억지로 행복하게 되려는 자에게는 이미 그것으로 행복에의 길은 막혀 버린다. 그리하여 인간의 생명에 있어서의 '궁극적인 것'이라 불리기도 하는 행복에의 모든 노력은 결국 그 자체로서 이미 불가능한 것을 알게 된다.

가치의 세계는 객관적인 대상의 초월적인 세계이다. 왜냐하면 가치는 그것을 지향하는 행위에 대하여 필연적으로 초월적이기 때문이다. 인식행위의 대상이 그 행위의 외부에 놓여 있음과 같이, 가치는 자체에로 향한 가치 인식적인 행위를 넘어서 있는 것이다. 현상학(現象學)은 지향적 행위에 있어서의 대상의 초월적인 성격이 내용적으로 항상 동시에 주어짐을 보나. 내가 빛나고 있는 등불을 볼 때, 나는 등불과 함께 내가 눈을 감건 등을 돌리건 등불이 거기 있다는 사실은 분명하다.

어떤 현실적인 대상을 인식하는 경우에는, 나 또한 누가 그 대상을 사실적으로 인식하느냐 못하느냐 하는 것과 관계없이, 내가 그 현실성을 승인하고 있다는 의미가 이미 포함되어 있다. 같은 말을 가치인식의 대상에 대해서도 말할 수 있다. 내가 어떤 가치를 파악했을 때, 그 가치가 절대적인 가치로서, 즉 내가 그것을 향하건 향하지 않건 관계없이, 그 자체로서 존재함이 내재적으로 파악되고 있는 것이다.

이것은 다음의 예로 명백해진다. 여기 한 남자가 있어서, 그의 애인의 미적인 매력으로 인해 그가 성적으로 흥분하고 있는 한 그에게 미적 가치는 '주어져' 있다. 한편 그의 성적 흥분이 가라앉으면 그 모든 미적 가치가 감퇴됨을 깨달았다고 하자, 그는 그 때부터 미적 가치는 실제로는 전혀 존재하지 않으며, 관능에 의한 감각성의 현혹에 불과하다. 아무런 절대적 객관적인 가치를 가리키지 않고 오히려 상대적으로 나름대로의 그의 충동성의 상태에 근거하고 있다고 추론했다고 하자. 그러나 이 추론은 잘못 돼 있다. 확실히 주관적인 상태는 어떤 가치를 인정하기 위한 조건이며, 주체의 어떤 태도가 가치 파악에 필요한 매개일 수 있음이 확실하다. 하지만 이것은 절대적인 가치의 객관성을 배제하는 것이라기보다는 그것을 전제로 하는 것이다.

미적 윤리적 가치는 인식의 대상과 같이 그 파악을 위해서는 적합한 행위를 요구한다. 그러나 동시에 이들 가치를 지향하는 행위에 대한 가치의 초월성이 파악되며, 동시에 그 절대성 및 객관성이 파악되는 것이다. 우리의 가치는 우리의 세계상과 마찬가지로 항상 세계의 한 단면을 보이는 데 불과하며, 우리는 일정한 시야(視野)에 구속되어 있다고 한 사실도 그것을 조금도 변경할 수 없다.

일반적으로 모든 당위(當爲)는 인간에게 '여기 지금' '해야 할' 구체성에 주어져 있는 것이다. 그리고 절대적 객관적인 가치는 구체적인 의무가 되며, 나날의 요청과 개인적인 사명 가운데 드러나는 것이다. 이 사명의 배후에 있는 가치는 아마 그 사명을 통해서만 지향될 것이다. 모든 구체적인 당위가 귀착되는 전체성은 구체적인 것의 시야에 매여 있는 인간에게는 결코 가시적인 것이 되지 못한다고 할 수 있다.

　어떠한 인간의 인격도 그의 독자성을 나타내며, 개개인간의 생활의 어떤 장면도 일회적(一回的)인 것을 나타내고 있다. 이 독자성과 일회성에 한 인간의 각각의 구체적 사명이 관련되어 있는 것이다. 각자의 인간은 각기의 순간에 오직 하나의 사명을 가질 수 있다. 그러나 이 유일회성(唯一回性)이야말로 이 사명의 절대성을 웅변하는 것이다.

　가치의 세계는 확실히 전부가 아니라 어느 시야에서 볼 수 있는 것이다. 그러나 가기의 입장에는 유일의 바른 시야가 상응하고 있는 것이다. 따라서 시야라고 하는 상대성에도 '불구하고'가 아니라, 바로 시야라는 상대성 '때문에' 하나의 절대적인 것으로 되는 것이다.

　우리는 이상과 같이, 환자에 의하여 표명되는 근본적인 가치에의 회의론에 대하여 필요한 반증을 전개하여, 동시에 윤리적 니힐리즘에 대하여 그 예봉을 꺾으려 시도하였다. 그러나 다시 가치의 세계의 풍요함을 충분히 드러내야 할 필요가 있다. 하나의 가치군(價値群)의 현실화에 임한다면, 다른 가치군으로(가치현실의 가능성이 거기에 존재하는 경우) 전환할 수 있을 만큼 인간이 충분한 '탄력적'인 것을 요구받는다. 인생은 이 점에 관하여 인간에게 주어진 기회에의 탄력 있는 적응을 요구하는 것이다.

　한 환자가 자기의 일(직업)은 아무 가치가 없기 때문에 자기 생명 또한 아무 의미도 없는 것이라고 주장하는 말을 들었다. 그런 사람에게는 무엇보다도 인간이 어떤 직업을 가지고 무엇을 하는가가 중요한 것이 아니라, 본질적인 것은 어떻게 하고 있으며 그에게 주어진 역할이 실제로 얼마나 가치가 있는가를 먼저 지적해 주지 않으면 안 된다. 따라서 그 활동반경(活動半徑)이 얼마나 넓은가가 중요한 것이 아니라 그에게 주어진 사명권(圈)을 얼마나 채우고 있는가가 중요하다는 것을 인식시켜 주어야 한다. 직업과 가정이 주는 사명을 성실히 지켜 가는 단순하고 평범한 인간이 수백 만 명의 운명을 펜 끝 하나로 좌지우지하는 양심 없는 거물 정치가보다 위대하고 선입견 없이 바르게 판단하고 '평범한' 생활에 자족하는 사람은 많은 환자의 생명을 책임지고 있으면서도 수술에 그 임무를 충분히 의식하지 못하는 외과의보다 한층 고귀한 것이다.

창조 활동에서 현실화되는 '창조적 가치'라 불리는 가치 외에, 체험에서 현실화되는 '체험 가치'가 있다. 그 세계를 수용하는 데 있어서는 자연이나 예술의 미를 받아들임으로써 그것이 현실화되는 것이다. 언제나 인간의 생명에 줄 수 있는 풍부한 의미가 과소평가되어서는 안 된다. 인간의 실존에 있어서의 일정한 순간의 현실적인 의미가 활동에 의해서가 아니라, 단순히 체험 속에 넘칠 수 있다는 것을 의심하는 사람은 다음처럼 생각해 보는 것이 좋다.

음악을 사랑하는 한 사람이 콘서트 홀에 앉아, 그가 좋아하는 교향악의 인상적인 선율이 울러 퍼져, 가장 순수한 아름다움에 도취되어 두려울 만큼 강한 감정에 휩싸이는 체험을 했다면 그는 그 순간의 체험만으로도 이미 산 보람을 느꼈다고 할 수 있을 것이다.

설사 일순간이었다 하더라도… 그 일순의 감격이 한 생애의 기쁨으로 새로운 삶의 소망을 주는 것이다. 마치 산맥의 높이가 골짜기에서 측정되는 것이 아니라 최정상에서 측정되는 것처럼 인생에 있어서도 그 의미성에 관해서는 최고의 감정이 결정적인 것이며, 짧은 일순이 뒤에 생각하면 전생애에 의미를 부여한다는 것을 알 수 있다. 높은 알프스산에 올라 저녁 노을을 바라보며 등골이 시리도록 자연미의 극치에 취한 인간에게, …그러한 체험 뒤에도 생명이 과연 무의미한 것이라고 생각하느냐고 물어 본다면 그는 어떤 대답을 할 것인가.

그러나 인간에게는 가능한 가치의 제 3의 카테고리가 더 있는 것으로 본다. 생명은 창조적으로 완전하지도 않고, 체험이 풍부하지도 않으며 근본적으로는 아직 미진한 의미가 있을 수 있기 때문이다. 즉 인간에게는 생명의 제한에 대하여 현실적으로 어떤 태도를 취할 것인가 하는 제 3의 중요한 가치군(群)이 있는 것이다. 그 가능성의 농도와 압축에 대하여 인간이 어떠한 태도를 취하는가 하는 그 가운데에 새로운 독자적인 가치의 영역이 열리는 것이며, 그것은 확실히 최고의 가치에 속한다고 본다. 그리하여 일견, 현실로 창조 가치 및 체험 가치에 극히 빈약한 존재조차도, 가치를 실현할 최후의 위대한 기회를 가지고 있는 것이다. 이 가치를 태도가치(態度價値)라 부른다. 그것은 인간이 변화시킬 수 없는 운명에 대하여 어떠한 의미 있는 태도를 갖느냐 하는 것이 이 경우에 중요한 문제이기 때문이다.

따라서 그러한 가치를 실현화하는 가능성은 한 인간이 운명에 대하여 그것을 받아들일 수밖에 없는 경우에 생긴다. 즉 어떻게 그것을 견디며, 어떻게 그것을 십자가로 감당하느냐 하는 것이 문제인 것이다. 예를 들면 고뇌 속에서의 용기, 몰락이나 실패에서도 더욱 나타나는 고귀한 품위(品位) 등이다. 태도가치를 가능한 가치의 카테고리의 영역으로 끌어들인다면 인간의 실존은 본래 어떠한 현실에서도 무의미하지 않음이 분명해진다. 즉 인간의 생명은 그 의미를 '극한까지' 보존하기 때문이다.

　따라서 인간이 숨쉬고 있는 한, 그리고 그가 의식하고 있는 한 인간은 가치에 대하여, 적어도 태도가치에 대하여 책임을 지고 있는 것이다. 인간은 의식성 존재를 가지고 있는 한, 책임성 존재를 가지고 있다. 가치를 실현화하는 그의 의무는 완성이 그 존재의 최후의 순간까지 놓치지 않는다. 가치실현의 완성이 아무리 제한되더라도, 태도가치를 실현화하는 것은 계속 가능하다. 그리하여 인간 존재는 의식성 존재와 책임성 존재라는, 우리의 출발점인 명제(命題)의 도덕적인 타당성도 분명해지는 것이다.

　인생에게는 시시각각 이 가치군(群), 저 가치군으로 향하는 기회가 현란하게 교차하고 있다. 어떤 경우에 생명은 장소 가치를 실현화하는 것을 요구하며, 다른 경우에는 체험 가치의 카테고리로 향하는 것을 요구하는 것이다. 어떤 때는 세계를 행위로써 보다 풍요하게 해야 하며, 다른 경우에는 체험으로써 스스로를 보다 풍요하게 해야 한다.

인간에 대한 시간의 요구는 어떤 때는 행위로써 넘치고, 다른 때는 체험가능성에 헌신함으로써 넘치게 할 수 있다. 따라서 기쁨에 대해서도 인간은 '의무 지워져' 있을 수 있다. 그 의미로는 당연히 음미해야 할 자연의 굉장한 아름다움에 접하여 이것을 무시하는 것은, 그 순간 어떤 형태로 말하자면 '의무를 잊고 있다'고도 할 수 있다.

상술(上述)한 세 가치의 카테고리의 가능성이, 거의 극적인 순서로 실현화된 한 환자의 최후의 생활사를 묘사해 보자. 그 환자는 수술 불능한 무거운 척수종양(脊髓腫瘍)으로 입원하고 있는 청년인데, 직업적인 활동은 이미 오랫동안 불가능하였다. 마비현상이 그의 활동 능력을 막고 있었다. 따라서 그는 창조 가치를 실현화할 기회가 없었다. 그러나 이런 상황에서도 체험 가치의 세계가 그에게 열려 있었다. 그는 다른 환자들과 정신적으로 두터운 대화를 나누며— 동시에 그들에게 용기와 위로를 주고— 많은 양서를 읽고, 특히 라디오로 좋은 음악을 열심히 듣곤 했다.

그런 그가 어느 날부터 레시버도 귀에 걸 수 없고 손에 마비가 와서 책을 잡을 수도 없게 악화되었다. 그러나 이때 그는 제 2의 생활로 전환하였다. 그는 이전부터 이미 창조 가치에서 체험 가치로 물러서야 했으며, 다시 태도 가치로 향하도록 강요되었다(그러나 그는 다른 환자를 위하여 좋은 충고자가 되어 주었고 모범을 보였기 때문에 그를 달리 볼 수도 있을 것이다. 그는 용감하게 자기의 고통을 견디어내고 있었기 때문이다). 죽기 전날(그는 죽음을 예견했지만) 당직 의사가 자기에게 적시에 몰핀 주사를 놓도록 되어 있음을 알았다. 그는 오후 회진 시간에 의사에게 주사를 저녁에 놓아줄 것을 부탁했다. 의사가 그 때문에 잠자리에서 일어나지 않게 하기 위하여 마음을 쓴 것이다.

죽음에 임박한 환자에게서, 그의 존재의 최후의 순간까지 의미를 채우는 기회를, 즉 태도 가치의 실현의 기회를 빼앗을 권리를 우리가 가지고 있는가 하는 것이다. 인간의 죽음은 그것이 죽음인 한 본래 전혀 그의 생명에 속해 있는 것이며, 이 생명을 하나의 의미 있는 전체성 그것으로 비로소 완성하는 것이다.

그러나 안락사(安樂死)에 대한 문제가 남아 있다. 극심한 죽음의 고통을 약물로 완화하는 것은 안락사와는 달라서 아무런 논의의 대상이 안 된다. 안락사 문제는 소생시킬 수 없는 사람에 대하여 생명의 말살을 법률적으로 공인하려는 시도의 하나이다.

이에 대하여 먼저 다음 사항이 재고되지 않으면 안 된다. 즉 의사는 인간의 생명의 가치나 비가치를 심판하기 위하여 부름 받은 자가 아니라는 것이다. 그는 다만 할 수 있는 데까지 도우며, 필요한 때에 고통을 줄이며, 앓는 자를 고치며, 고칠 수 없으면 할 수 있는 데까지 간호하는 것을 인간 사회에서 위임받은 것이다. 만약 환자나 보호자가 위임받은 의사가 자기 사명을 철저하게 지키는 것을 믿지 못한다면 사회적 신뢰는 무너지고 마는 것이다.

이 원칙적 태도는 불치의 신체적 질환뿐 아니라, 불치의 정신병의 경우에도 예외는 없다. 왜냐하면 불치라는 정신병이, 실제로 언제까지나 불치라고 여겨지지 않으면 안 된다고 누구도 장담할 수 없기 때문이다. 특히 불치로 여겨지는 정신병의 진단은 주관적인 것이어서, 환자의 존재, 비존재에 관한 판단이 내려지리만큼 객관적으로 확실한 것이 아님을 잊어서는 안 된다.

한 예를 들겠다. 한 남자가 만 5년 동안 혼미상태로 침대에 누워 다리 근육이 위축된 채 움직이지 못했다. 그리고 인공영양을 공급받지 않으면 안 되었다. 정신병원을 견학 오는 의사들에게 보일 때마다 전형적으로 하는 질문이, 이런 인간은 차라리 죽게 하는 편이 좋지 않겠느냐는 것이었다.

그러나 미래는 이 질문에 대하여 명쾌한 대답을 주었다. 어느 날 이 환자가 밥을 달라며 침대에서 일어나려고 했다. 그렇게 깨어난 그는 보행훈련을 하고 마지막에는 위축된 다리의 근육이 풀려 그를 다시 일어서게 하였다. 수주 후 그는 퇴원하였다. 그리고 곧 어떤 고등학교에서 그가 병들기 전에 여행했던 기억을 살려 강연을 하였다. 그 후 그는 친한 정신 의학자의 서클에서 와병시의 체험을 보고하였다.

그가 소생하리라고는 생각지 못하고 그를 잘 보살피지 않았던 몇몇 간호원에게는 유감스러운 일이었지만 그는 소생하여 자기 체험담을 발표하였던 것이다.

그러나 다음과 같이 이론을 제기할 수도 있다. 즉 정신병 환자는 자신에 관해 아무것도 알 수가 없는 것이다. 그러므로 의사는 그가 병들어 의식을 잃었을 때 그를 죽게 했어야 한다. 만약 그가 정신 착란으로 스스로 자기 결함을 몰랐다면 모르되 그렇지 않았다면 그는 스스로 목숨을 끊었을 것이라고 생각되기 때문이다.

그러나 의사는 이와 다른 입장에 있지 않으면 안 된다. 의사는 환자의 의지와 생명권의 보호를 위해 봉사하고 시료(施療)해야 하며, 그에게서 의지와 권리를 빼앗아서는 안 된다.

이런 경우를 당한 한 젊은 의사의 이야기는 큰 교훈을 준다. 그는 흑색 육종(黑色肉腫)에 걸렸음을 알고 스스로 불치병이라는 진단을 내리고 있었다. 그런 그에게 동료 의사들이 그렇지 않다고 설득하려고, 그의 오줌을 다른 환자의 것과 바꾸어 오줌의 반응이 음성이라고 속이려 하였으나 허사였다. 그는 이미 밤중에 몰래 검사실로 들어가, 스스로 검사했던 것이다.

병세가 진행됨에 따라 사람들은 그가 자살할까봐 두려워하였다. 그러나 그는 자기가 믿던 진단을 의심하기 시작했다. 그리하여 간장으로 병이 번졌을 때, 그는 위험하지 않은 단순한 간장질환(肝臟疾患)이라고 자기 진단을 하게 되었다. 결국 그는 '바로 닥친 최후의 순간에 타오르는 생명의 의지'를 가지고 의식적으로 스스로를 속이고 있었던 것이다.

생명의 의지는 존중하지 않으면 안 된다. 그러므로 어떤 이데올로기로도 인간의 생명을 빼앗아서는 안 되는 것이다.

그러나 다음과 같은 반론도 나온다. 즉 불치의 정신병 환자, 특히 생태적인 정신적 저능자는 인간 사회에 경제적인 부담만 주는 비생산적 무용지물이다. 그들을 반드시 보호해야 하는가? 이에 대해 어떻게 대답할 것인가. 현실적으로 휠체어를 겨우 끌고 다니면서도 어떤 시설을 지키는 백치(白痴)는 그것으로도 그저 하루 하루를 보내고 있는 노인보다는 '생산적'이다. 그러나 노인들을 비생산적이라 하여 죽이자고 한다면 사회적 유익만을 고집하는 사람도 거부할 것이다.

가까이 사랑하던 사람은 어떤 이유에서든 다른 사람으로 바뀌칠 수도 버릴 수도 없는 것이다. 그가 설령 생명만 붙은 채 전혀 수동적인 인간이라 할지라도 한 생명의 의의만은 부인할 수 없기 때문이다. 또 정신적으로 발육이 늦은 지진아일수록 그 무력성 때문에 양친의 각별한 사랑으로 보호를 받고 다른 사람들도 너그럽게 감싸주는 것이 인심이다.

구할 수 있을 때 구해야 한다는 의사의 천부적 의무는 생명을 스스로 포기하려고 하는 중환자에게도 예외는 아니다. 생명을 구해야 한다는 의무는 의사에게서 절대 떠나서는 안 된다. 의사는 종종 스스로 선택한 자살자를 운명에 맡길 것인가 아니면 행위로 옮긴 자살자의 의지에 맞설 것인가 하는 문제에 부닥치게 된다. 이 경우 자살을 시도한 자에게 치료를 포기하고 그의 운명에 맡기고 자유로이 그 길을 가게 둔다면 그 의사는 운명론자라고 질책 받을는지도 모른다. 그러나 그에 대하여 이렇게 답할 사람도 있으리라.

삶에 권태를 느낀 사람이 자살을 기도할 때 그를 죽음에 이르도록 죽음은 '운명'이라고 방관하려 한다면 의사는 처방을 늦춘다던가 어떤 수단이나 방법도 택할 수 있을 것이다. 그러나 죽지 않고 생명이 붙어 있고 아직 시간의 여유가 있다면 의사는 곧 의사로서의 시술을 하지 않으면 안 되며, 어떤 이유로도 개인적 세계관적 판단에 의하여 자의적으로 인간 생명의 존폐를 심판하여서는 안 된다.

지금까지는 자살 문제를 권외자(圈外者)로서의 의사의 입장에서 언급했지만, 다음은 이 문제를 내부로부터, 즉 삶에 권태를 느끼는 인간의 입장에서 생각하여 보고 동시에 그 동기의 내적 정당성에 대해서도 검증하여 보기로 한다.

이른바 청산자살(淸算自殺)이라는 것이 문제가 된다. 그것은 인간이 다만 그 생애를 청산하려고 결행하는 자살이다. 쾌락의 청산으로서의 청산자살이 어떤 경우에도 부정적인 평가를 받지 않으면 안 되는 것은, 이미 '생명의 의미로서의 쾌감'의 문제를 다룰 때에 언급되었다. 여기서는 이미 이 이상 삶을 계속할 필요가 없다는 생명 가치의 청산은 역시 부정되어야 할 것인가 하는 문제를 생각해 보지 않을 수 없다.

인간이 생명의 청산을 객관성을 가지고 행할 수 있는 문제인지 의심스럽다. 극한 상황에서 피할 길이 없을 때는 자살만이 유일한 길이라고 생각하는 사람의 주장이 이에 해당한다. 아무리 이 주장이 강한 확신에 근거한다 하더라도 이 확신에는 주관적 사고가 따랐다고 보아지며 아무도 이 확신이 객관적으로 정당하다고 인정할 수는 없는 것이다.

어떤 문제든 해결할 수 없는 것이라고 판단하고 자살해 버리면 자신은 영원히 그 역경을 당하지 않아도 된다. 때로는 그러한 자살이 의식적으로 행하여진 희생으로 인정되어 이론적으로는 참으로 순수하게 윤리적인 행위로 인정하는 문제도 고려된다. 그러나 자살 동기는 대부분 자기 포기와 무책임한 도피심리에서 발생한다. 자살자의 입장에서 보면 다른 방법이 없는 것처럼 보이긴 하지만 찾으면 다른 해결 방법도 있는 것이다. 그러므로 자살은 결코 윤리적으로 용납되지 않는다. 그리고 속죄(贖罪)로도 인정받지 못한다. 그것은 태도가치의 실현화의 의미에서 자기의 고뇌에서 정신적으로 성숙하는 것을 불가능하게 했을 뿐 아니라 타인에게 저지른 잘못을 어떻게 해서든지 보상하려는 양심을 버렸기 때문이다. 자살은 자기가 당한 불행이나 저지른 부정을 세상에서 은폐하고 과거로 돌리려는 행위이다. 자살자는 결국 자기를 세계에서 내쫓는 꼴이 되고 만다.

다음으로 자살의 동기가 병적인 심리상태에 기인하는 경우를 생각해 볼 수 있다. 정밀한 정신의학적 검사를 한다면 정신병리학적인 원인이 어떤 것인가를 알 수 있겠지만 무엇보다 중요한 자살의 동기는 생명을 경시하고 무조건적인 의미성에 대하여 싫증을 느낀 사람에게 나타나는 중상이라는 것을 확인하는 것에 지나지 못한다. 그것은 내재비판과 즉격적인 논박에 의해서, 즉 로고데라피의 방법에 의해 나타난다. 자살의 동기인 생명에의 권태는 하나의 감정이며, 감정은 논증할 수 있는 것이 아니라는 것이 특히 지적되어야 할 점이다. 윤리적으로 볼 때 그러한 권태에 빠지게 되는 것이 문제이다(결국 단순한 생활감정 그 자체는 도덕적인 견지에서 본다면, 의미 있는 생존을 계속하는데 대한 아무런 논증도 되지 못하는 것이다).

예컨대 어떤 학술탐험대 대원들이 탐험 도중 입을 모아 '너무나 힘들어 더는 못하겠다'고 성명을 냈다고 하자. 그것으로 탐험이 중단될 수 있을까. 또 "대부분의 대원이 죽은 것처럼 늘어져 있습니다……" 라고 했다고 해도 마찬가지로 대원은 의미 있는 일을 하고 있는 것이다. 그들이 괴로움에 지치기는 했어도 학술탐험 자체를 무의미하게 하지 않았고 자기 생명을 무의미하게 버리지도 않았기 때문이다. 만약 그들이 역경을 이기지 못하여 자살을 했다면 그것은 무의미한 죽음이 되겠지만 실제로 힘에 겨워 자의 아니게 죽었다면 그것은 영웅적인 죽음이 되는 것이다.

자살 동기가 정신병리학적 근거가 증명되지 않는 경우나 협의(俠義)의 심리요법을 쓸 수 없는 경우에는 로고데라피 방법을 선택할 수 있다. 로고데라피와 협의의 심리요법의 다른 점은 다음의 예에서 잘 구분할 수 있다.

한 자살 미수자가 종합병원 정신신경과에 입원했다. 그는 자살을 기도하다가 다른 사람에 의해 입원하게 되었고 입원 뒤에도 공공연하게 자기는 자살하려다가 미수에 그쳤다고 자인하고 있었다. 그를 맡은 신경과 과장은 회진을 하면서 "이 환자는 심리적으로 특별한 이상이 없다"라고 했다. 그 말은 일견 논리적으로 이론(異論)의 여지가 없는 듯이 보였다.

환자 자신도 인간은 누구나 자유를 누릴 수 있으며 생명에 관하여, 즉 자기의 존재, 비존재에 관하여 결단할 자유도 가지고 있다는 것을 주장하였다. 그리고 확신에 찬 설득력 있는 말로 아무런 심리적 질환도 없는 자기에게 사람들이 자유를 박탈했다고 강력하게 항의하였다. 그 말을 의미 있게 들은 신경 과장은 결국 '심리적 이상 없음'이란 진단을 환자 기록 카드에 기입하고, 그 '비환자'를 퇴원시키기로 결정하였다.

그 때 한 의사가 반대 의사를 피력했다. '심리적으로는 건강할지 모르나 정신적으로는 이상이 있는 환자입니다. 이 사람과 대화할 수 있도록 해 주십시오' 하고 청했다. 그리고 그는 놀라울 정도로 짧은 시간에, 인간의 자유는 '……에서의 자유'가 아니라 '……에의 자유'인 것, 즉 책임을 감당하는 것에의 자유인 것을 이 사람에게 밝힐 수 있었다. 결국 이 대화에서 자살을 긍정하려는 모든 논리적인 거짓 이유가 실존분석적으로, 로고데라피의 방법으로 반박되었던 것이다. 의사와 그 '환자'와의 사이에 본질적인 세계관적인 대결은 퇴원까지의 극히 짧은 시간 사이에, 환자가 삶을 계속할 것을 긍정할 정도로 성공하였다. 이 대화는 로고데라피적인 단계를 가지고 있었을 뿐 아니라, 좁은 의미의 심리요법적인 단계가 있었던 것이며, 그것은 자살을 결심한 심리학적인 배경을 파헤친 것이었다. 그리하여 동기의 하나로서 그를 항상 괄시한 사회에 복수하려는 심리가 작용하고 있었다는 점이 밝혀졌다.

그 결과 이제는 이 사람이 자기가 한 인간으로 얼마나 그 자신이 가치 있고 얼마나 그의 생활이 의미에 차 있는가를 타인에게 보이려고 결심하기에 이르렀던 것이다. 그가 실토한 바에 의하면, 그는 경제적인 곤궁이 자살의 이유가 아니라, 오히려 '어떤 생명 내용을 찾는 것' 그리고 '공허감에서 구원되는 것'이 그 동기였다.

이제까지 책임을 받아들이는 자유에 대하여 논하였다. 자유 자체는 '책임'을 전제로 하는 것이다. 따라서 생활의 책임에서의 극단적인 도피에 있어서도, 즉 자살이라는 생명으로부터의 도피에 있어서도 인간은 그 책임에서 피할 수 없음을 알아야 한다. 왜냐하면 이 행위를— 그것이 '자유로운 죽음'이라 불려지는 것도 이유가 없지는 않으나— 인간은 자유 안에서 행하는 것이다(본래 책임 능력을 전제로 해서이지만). 그러나 그는 그가 도피하려는 것에서 떨어질 수가 없다. 책임이 그를 놔주지 않기 때문이다. 그는 어떤 형태로든 그의 책임에서 벗어나지 못하는 것이다. 한편 그가 구하는 것, 즉 문제의 해결은 그에게 주어지지 않는 것이다.

자살을 결심한 사람에게, 자살이 아무 문제도 해결할 수 없다는 것을 무엇보다도 먼저 일깨워 주지 않으면 안 된다. 자살은 마치 어렵게 된 장기판에서 말을 팽개쳐 버리는 사람과 같다는 것을 분명히 가르쳐 줄 필요가 있다. 말을 팽개치는 것으로 장기가 결판나지 않는 것처럼, 인생도 생명을 포기하는 것으로써는 아무런 문제도 해결되지 않는 것이다. 그리고 장기의 규칙을 지키지 않은 것처럼 자살을 택한 사람도 인간의 규칙을 배반하는 것이다. 그리고 어떤 값을 치르고라도 이기라고 요구하는 것보다는, 싸움을 결코 포기하지 말 것을 독려하는 것이다.

자살의 동기가 되는 심리적 정신적 요소 외에 또 다른 신체적 사회적인 계기가 있다. 그러므로 삶의 권태에 대한 심리요법 및 로고데라피 외에 신체적 사회적 치료요법이 가능하다. 신체적인 요법으로는 약물에 의한 지속수면(持續睡眠)을 취하게 하여 삶에 지친 자의 자살을 막는 것이다. 그것은 임기응변적 해결법이므로 당사자가 그것으로 자살하려던 마음을 뿌리째 바꾸지는 못한다.

또 사회적인 동기에서 오는 자살 문제를 예방할 방도가 확실하게 있는 것도 아니다. 예컨대 자살의 위험이 있는 인간을 감시하고 격리해 봤댔자 충분한 효과를 거두기는 어렵다. 자살을 결심한 사람의 기도를 없애기 위하여 모든 불행의 근거를 제거시킬 수는 없는 것이며 또 배제할 수도 없다. 실연한 남성에게 여성을 주며, 경제적 빈곤자에게 직업을 준다고 해결되지 않는다.

무엇보다 그들이 어떤 이유로 가질 수 없었던 것 없이도 삶을 영위할 수 있을 뿐 아니라, 그들이 인생의 의미를 삶 속에서 발견하고 불행을 내적으로 극복하고, 운명의 시련을 이기고 건전한 정신으로 성장하도록 돕고 지도하는 데 성공하지 않으면 안 된다. 그래서 삶의 권태를 철저히 극복할 수 있는 치료 방법은 로고데라피뿐이다.

이 방법은 환자에게 알버트 슈바이처가 '삶에의 외경(畏敬)'이라 부른 감정을 갖게 하는 것이다. 환자에게 어떤 의욕과 삶의 목적을 가지고 살아야 할 것인가를 발견케 하며 생명에 대한 가치와 존엄성을 인식하게 해야 한다. 니체는 '살아야 할 이유'를 아는 사람은 모두가 '어떻게 견디어야 하는가를 안다' 라고 했다.

인생의 사명을 알자면 심리요법적, 정신위생적 가치를 이해해야 한다. 사람이 어떤 확고한 사명감을 가지고 있다는 의식만큼 외적 역경이나 내적 번민을 극복하고 견딜 수 있는 힘을 발휘하는 것은 없다. 그 사명을 개인적으로 천직(天職)이라고 부를 수 있을 때 참으로 그렇게 말할 수 있다. 그 경우에는 다른 어떤 것으로도 대용(代用)될 수 없으며 그 가치는 생명력을 부여한다. 그럴 경우 앞에서 인용한 니체의 말 '이유'는 '어떻게'가 전면에 드러날 때 뒤로 물러서는 것을 이해하게 한다.

이렇게 이루어진 인생관과 사명의식은 삶의 깊은 통찰에서 얻어지는 귀결로 삶이 어려우면 어려워질수록 새로운 의미를 찾고 그에 대응하는 힘을 발휘한다. 마치 운동 선수가 어려운 상황이나 목표를 설정하고 그것을 극복하려고 노력하는 것과 같이, 인생도 스스로 고난을 이기고 정신적으로 성장하려는 추진력이 가해지는 것이다.

만일 환자를 생명에 대한 애착심을 가지고 적극적으로 대처할 수 있도록 하려면 '수동적인 환자(patiens)'의 상태에서 '능동(agens)'의 상태로 바꾸어야 한다. 그러려면 그들에게 가치실현의 가능성에 대한 스스로의 존재를 알게 하지 않으면 안 되며 그것을 이루어야 할 책임이 자기에게 있다는 사명감을 갖도록 가르쳐야 한다. 사명의 특수성은 이중의 의미를 갖는다. 그것은 각자의 독자성에 근거하여 사람마다 다를 뿐 아니라, 그 상황의 일회성에 상응하여 환경과 시간에 따라 다양하게 변하기 때문이다. 여기서는 쉘러(M. Scheler)가 '상황가치(Situationswert)'라고 한 말을 상기하면 좋을 것이다.

어떤 경우나 모든 사람에게 주어진 '영원한' 가치는 인간이 그것을 실현화하는 일회적인 기회를 잡을 때까지 기다리는 것이다. 이 기회는 두 번 다시 돌아오지 않으며, 상황가치는 영원히 실현화되지 않는다. 인간은 그것을 상실하는 것이다. 그리하여 우리는 일회성과 독자성이라는 두 계기가 인간의 실존의 계기로서 그 의미성에 대하여 얼마나 결정적인가를 이해하게 한 것이다.

현재의 실존철학이(당시 생(生) 철학의 생명에 대하여) 인간의 실존을 본질적으로 구체적인 것으로 하며, 각 사람의 독자적인 것으로서 분명히 한 것은 큰 공적이었다. 이제 비로소 그 구체적인 모습에 있어서 인간의 생명은 도덕적인 책임을 가진 것이다. 실존철학이 마음에 '호소(呼訴;appellierend)'하는 철학이라 불리는 것도 이유가 없지 않다. 독자적이고 일회적인 것으로서 인간의 실존을 가리키는 것은 독자적이고 일회적인 가능성을 실현화하는 호소를 포함하고 있기 때문이다.

만약 실존분석의 의미에서 로고데라피를 위하여, 환자에게 가급적 그의 생명 의미를 강화하려면, 그에게 각자의 생명이 어떻게 독자적인 목적을 가지며, 거기에 이르는 길이 일회적이라는 것을 지적할 필요가 있다. 사람은 누구나 최적의 삶을 위하여 그 가능성의 실현에 이르는 방법이 일회뿐이다.

만약 환자가 자기는 생명의 의미를 모르며, 자기 독자의 가능성은 자기에게 막혀 있다고 주장한다면, 그를 위하여 어떻게 대답할 것인가. 우선 그를 위하여 할 일은 그가 본래의 사명을 찾고, 독자적이며 일회적인 생명의 가치를 인정할 수 있도록 해야 한다. 특히 내적인 가능성에 관하여 그가 어떤 당위의 방향을 존재에서 간파(看破)하느냐 하는 문제에 대하여는 괴테의 다음 말이 적절한 답이 될 것이다.

"어떻게 자기 자신을 알 수 있느냐?
생각만으로는 결코 알 수 없다.
다만 행위에 의해서만 알 수 있다.
의무를 다하라.
그러면 곧 자신을 알 수 있다.
의무란 무엇인가?
날마다 요구되는 할 일이다"

그러나 생명의 독자적 사명과 성격을 알고 일회적인 상황 가치의 실현을 결심하고 있으면서도, 개인적인 상황에서 '가망이 없다'고 생각하는 사람도 있을 것이다. 그에 대하여 먼저 이렇게 묻지 않을 수 없다. 가망이 없다는 말은 무엇을 의미하는가? 인간은 누구나 미래를 알지 못한다. 미래에 관해 안다면 그것은 장래의 행동에 영향을 주게 된다. 그 때문에 미래는 예언할 수 없는 것이다. 만약 미래를 안다면 어느 쪽으로든 방향을 바꾸어 자기가 가야 할 방향을 틀어 다르게 갈 수도 있다. 그러므로 예언은 맞지 않을 것이다.

　그러한 것이 인간인데 어찌 시도도 해 보기 전에 나는 가망이 없는 사람이라고 말할 수 있는가. 인간이 예언하지 못하는 한, 미래를 두고 가치실현의 가능성이 있는지 없는지는 속단할 수 없는 것이다. 종신 강제노동형을 선고받은 한 흑인이 마르세이유에서 악마섬까지 배에 실려가던 중 넓은 바다 위에서 …그 때 침몰한 레비아단호 사건 얘기지만… 화재가 일어났다. 아주 힘이 센 그 수감자는 수갑을 끊고 열 명의 생명을 구했다. 그 후 그는 특별사면을 받았다.

　만약 마르세이유의 부두에서 떠날 때 그에게 장차 삶의 소망이 있느냐고 물었다면 아마 그는 머리를 저었을 것이다. 그러나 그에게 새로운 인생이 그 절망의 바다에서 주어질 줄 누가 예상이나 했겠는가? 인간은 장차 자기에게 어떠한 의무가 주어질 것인가는 아무도 모른다.

　예측하지 못한 상황이 주어질 때 누구도 자기 임의로 그것을 거부할 권리는 없다. 그렇다고 자기의 내적 가능성을 과소 평가할 권리도 없다. 설사 자기 자신에게 절망하여 스스로를 괴롭히는 의혹에 직면한 사람이 있다면 그것이 어떤 형태든 그가 갖는 감정은 당연한 것이다. 모든 인식(모든 가치파악)의 상대성과 주관성에는 이미 그 객관성이 전제되어 있는 것처럼, 한 인간의 도덕적인 자기비판에도 인격적 이상(理想)과 인격적 당위를 이미 예상하고 있는 것이다. 따라서 인간은 어떤 가치를 인정하고 있으며 가치의 세계에 참여하고 있는 것이다. 즉 이상의 척도를 자기에게 맞추는 순간부터 그는 전혀 가치 없는 인간이라고 할 수 없게 된다. 왜냐하면 그것으로 이미 그를 구원하는 윤리적 가치의 어느 수준까지 도달해 있기 때문이다. 그가 자기를 자기 자신 위에 둘 수 있을 정도로 정신적인 영역에 들어온 것이며, 정신적 세계의 시민으로 확인하고, 항상 그 자리를 향하고 있는 것이다. '만약 눈이 빛을 못 본다면 태양을 볼 수 없다'와 같은 말이 도덕적 절망의 일반화, 즉 인간의 도덕성에의 의혹에 관해서도 말할 수 있다. '인간은 근본적으로는 사악한 존재'라고 주장하는 사람이 있지만 그러한 주장이 윤리적 행위를 세계고(世界苦)로 마비시킬 수는 없는 것이다.

'모든 인간은 이기주의자'에 불과하며 종종 볼 수 있는 애타주의 또한 이기주의의 일종에 지나지 않는다. 왜냐하면 애타주의자라 불리는 자도 주어진 상황에서 자기의 동정심을 만족시키는데 불과하기 때문이다.

그에 대해 이렇게 설명할 수 있다. 첫째, 동정심을 표현하고 만족시키려는 것은 목적이 아니라 결과이다. 둘째, 동정심이 일어나는 것은 참 애타주의 형태의 도덕성을 이미 예상하고 있는 것이다. 생명의 의미에 관하여 먼저 말한, 즉 산맥의 준령이 정점이고 인간의 최고 정점이 생명의 결정인 것처럼 인류도 소수의 정신적 윤리적으로 탁월한 인물에 의하여 전체가 한 방향으로 가는 것이다. 위대한 인류의 영원한 이상이라는 슬로건이 남용되어, 정치, 경제, 개인적 애욕이나 허영심을 자극하는 목적과 수단으로 오용되지 않느냐고 지적할 사람도 없지 않을 것이다. 그런 사람에게는 이렇게 말할 수 있다. 즉 그 모든 것은 이 이상의 보편적인 구속력이나 끊임없는 힘을 나타내는 것 이외에 아무 것도 아니다라고. 왜냐하면 어떤 것이 유효하려면 도덕적인 테두리에 싸이지 않으면 안 되고 그것은 결국 도덕성이라는 것이 인간에게 영향을 주고 작용한다는 것을 증명하기 때문이다.

　사람이 사람답게 해야 할 사명은 언제나 근본적으로 존재하지만 원칙에 의해서만 이루는 것은 아니다. 그러므로 실존분석 일반에 있어서 중요한 것은, 인간에게 사명 충족에 대한 책임을 체험케 하는 것이다. 인간이 그 생명의 사명 성격을 파악하면 할수록 그에게는 스스로의 생명이 더욱 의미에 차 있는 것처럼 생각되는 것이다. 그 책임을 의식하지 않는 인간이 생명을 단지 주어진 것으로서 받아들이는데 반하여 실존분석은 생명을 그 사명에서부터 보는 것을 가르치고 있는 것이다.

　그에 대하여 다음 일에 주목하지 않으면 안 된다. 즉 다시 일보 전진하여 생명을 보다 넓은 차원에서 경험하는 인간이 있다는 것이다. 그들에게 있어서 사명은 말하자면 어떤 타자로부터 주어진 것이다. 그들은 그에게 사명을 부과하는 어떤 고차원의 존재를 경험한다. 그는 사명을 위탁받은 자로서 체험하는 것이다. 이 경우 생명은 초월적인 위탁자를 확고하게 지향하고 있다. 이것이 일반적 견해로는 그 의식과 책임에 있어서 생명의 위탁과 위탁자가 부여한 인간 종교(homo religiosus)의 본질적 특징을 나타낸 것이라

본다.

 구체적이고 개인적인 사명의 파악이야말로 바로 정신증적 인간에게는 약점이 된다. 왜냐하면 그러한 인간에 있어서는, 그 사명을 찾은 본능적인 확실성이 전형적으로 결여되어 있기 때문이다. 예로 어느 강박신경증자인 여성은 그가 어머니로서의 의무를 지나치게 하는 것으로서 그녀가 유익하게 도움을 주는 심리학의 연구를 멀리하려고 하였다. 개인심리학에 통달하고 있던 그녀는, 심리학 연구는 단순한 '부업'이며, 그것을 연구하는 것은 신경증적인 타협이라고 생각하고 있었다. 이 그릇된 자기 분석이 극복되어, 그녀의 인생의 실존 분석적인 전망이 전개되었을 때, 비로소 그녀는 '행동에 의하여' 자기 자신과 그리고 동시에 '매일의 의무를 깨달은' 것이다. 결과로 그녀는 그 천분도 그 애기도 소홀히 할 수 없게 되었다. 전형적으로 신경증적인 사람은 하나의 사명을 위하여 다른 사명을 희생시키기 쉬울 뿐 아니라, 다른 그릇된 태도를 취하게 된다. 예를 들면 그는 어느 강박신경증자가 말한 것처럼 '프로그램대로 정확하게' 살려고 한다. 그러나 인간은 여행 안내서를 붙잡고 생활할 수는 없는 것이 아닌가. 생명에 있어서의 모든 일회적인 것은 보내기도 하고 가기도 하며, 상황가치는 실현되는 대신 소멸되는 것이다.

 적어도 정상적인 사람이라면 그가 가야 '할' 길을 깨닫는 지능은 본능적으로 가지고 있다. 예컨대 어느 혜성의 궤도를 계산해야 하는 중요한 과학적 사명을 띤 과학자의 경우 그가 해야 할 사명은 천문학자로서 맡은 한계에 한하며 시간적으로는 임무가 주어진 '일정한 시간'에 한한다. 그러한 천문학자라 할지라도 자기 처의 병환이 심하여 간호가 급하면 일을 중단하고 자기 집으로 달려가리라는 것은 아무도 이상하게 생각하지 않는다.

이 보편 타당한 것이, 모든 사람에게 의무를 지워주는 생활 사명은 실존분석적인 관점에서는 불가능하게 여겨진다. 즉 생명에 있어서 한 고정된 사명이나 의미를 묻는 것은 무의미한 것이다. 그것은 마치 장기의 명수에게, 가장 좋은 장기 두는 법은 무엇이냐고 묻는 격이다. 이 물음에는 원래 보편 타당하게 답할 것이 아니라, 그 때 그 때의 상황에 따라 대답할 것이다. 즉 '그가 할 수 있는데 따라', 그리고 상대의 태도에 따라 최선의 방법이 모색되어야 한다. '그가 할 수 있는데 따라'라고 하는 것은, 우리의 경우 소질이라고 불리는 내적 상황도 고려에 넣는 것을 의미한다. 그리고 제마다의 구체적인 생활 환경에 따라 임기응변으로 최선의 행동을 하는 것이다. 만약 장기 두는 사람이 처음부터 외통수로 상대를 제압하는 장기를 두려고 한다면, 그는 끝없는 장고(長考)와 무한한 자기비판에 시달려 끝내는 시간에 몰려 승부를 포기하지 않으면 안 될 것이다.

이와 같은 말은 생명의 의미에 관한 질문을 받고 있는 사람에게도 주어진다. 질문이 질문으로서 의미를 갖자면 그것은 구체적인 상황이나 다각적인 면에서 모든 사람이 동감하는 것이어야 한다. 만약 절대적인 최선을 행하려는 '바람' 대신에 절대적인 최선을 '행함'에 치우친다면 그것은 윤리적으로 잘못되기 쉬우며 심리적으로는 병적일 수도 있다. 그러므로 최선을 선택하지 않으면 안 된다. 그렇지 않으면 좋은 결과도 없이 그저 목적에 점진적으로 접근해 가는 것 이상은 모두 포기하지 않으면 안 될 것이다.

생명의 의미에 관하여 말한 모든 것을 총론으로 말하면 결국 문제 자체의 근본적인 비판에 도달하게 된다. 즉 생명 자체의 의미에 관한 질문은 무의미한 것이다. 왜냐하면 그 질문이 막연하게 생명을 의미하며 구체적인 '각각의' 실존을 의미하지 않는다면 질문이 잘못 제기된 것이기 때문이다. 세계 체험의 근원적인 구조를 숙고한다면, 생명의 의미에 관한 질문에 코페르니스적 회전(回轉)을 하지 않으면 안 된다. 즉 생명 자체가 인간에게 질문을 제기하는 것이다. 인간이 질문을 던질 것이 아니라, 오히려 생명으로부터 질문을 받고 있으며, 생명에 달해야 할 것이다. 더욱이 인간이 준 답은 구체적인 '인생문제'에 대한 구체적인 답이어야만 한다. 실존의 책임 가운데 그 답이 나오며, 실존 가운데서 인간은 그 고유한 물음에의 답을 '행'하는 것이다.

어쩌면 여기서 발달심리학도 '의미섭취(意味攝取)'가 '의미부여(意味附與)'보다 더 한층 높은 발선 단계에 있음을 보이고 있는 것을 지적하여도 좋을 것이다. 먼저 논리적으로 전개한 것은 심리학적 발달에도 바로 상응된다. 즉 그것은 일견 물음에 대한 답의 역설적인 우위(優位)라는 것이다. 이는 이미 질문 받은 자로서의 인간의 자기체험 속에 근거하여 있다. 이미 말한 것처럼, 인간을 그

가장 고유한 생활의 사명으로 이끄는 것과 같은 본능적인 것이, 인생문제에의 답에 있어서도, 생명의 의미 속으로 인간을 이끄는 것이다. 이 도덕적인 본능이란 양심을 말하는 것인데, 양심은 그 '소리'를 가지며, 우리에게 '말해 온다'…… 그것은 부정할 수 없는 현상적 사실이다. 그러나 양심이 말한다고 하는 것은 결국 늘 하나의 답밖에 없다. 이 점에서는 종교적인 인간은 심리학적으로 본다면, 말을 받은 자로서 말하는 자를 체험하고 있는 것이며, 비종교적인 인간보다도 말하자면 들을 귀를 가지고 있다고 말할 수 있을 것이다. 그의 양심과의 대화에 있어서…… 그것은 존재할 수 있는 가장 친밀한 대화이지만, 그에게는 그 '하나님이' 그의 상대인 것이다.

2 죽음의 의미

생명의 의미에 관한 물음(이것은 인간이 할 수 있는 가장 심각하고도 인간적인 물음이지만)에 답하려는 시도에 있어서, 인간은 생명으로부터 질문을 받은 자로서, 생명에게 책임을 가지고 답해야 할 자로서, 스스로 자기로 돌아올 필요가 있다. 인간은 그 실존의 의식성 존재와 책임성 존재라는 근본적 사실로 돌아오게 되는 것이다. 책임성 존재로 향한 인간존재의 분석으로서의 실존분석에서 책임성은 개인과 상황의 구체성에서 생기며, 이 구체성과 함께 증대해 가는 것이라 지적되었다.

이미 말한 바와 같이 그 책임은 개인의 독자성과 상황의 일회성과 함께 생기는 것이다. 즉 독자성과 일회성과는 인간의 생명의 의미에서 결정적이다. 그러나 인간 실존의 이 두 본질적 계기 안에서 동시에 인간의 유한성이 밝혀지는 것이다. 따라서 유한성 자체가 인간의 생명에서의 의미를 제거하는 것은 아니고 도리어 의미를 부여하는 것임을 밝혀두지 않으면 안 된다. 먼저 시간 안에 있어서의 인간의 유한성, 인간의 생명의 시간적 유한성, 즉 죽음의 사실이 생명을 무의미하게 할 수 있는가 아니면 없는가 하는 문제를 논하지 않으면 안 된다.

죽음이 인생의 전 생애의 의미를 무미하게 한다는 것, 즉 죽음은 모든 것을 무로 돌리기 때문에, 모든 삶은 결국 무가치하다고 얼마나 자주 들어 왔던가. 과연 죽음이 실제로 생명의 의미성을 파괴하는 것인가? 아니다. 그렇지 않고 오히려 반대이다. 왜냐하면 생명이 시간적으로 유한하지 않고, 무한했다면 지구에는 대체 어떤 일이 일어났을 것인가? 만약 인간이 불사(不死)였다면, 당연히 모든 행위는 무한으로 연기할 수가 있고, 그것은 오늘 행하건 내일 행하건, 또는 모래, 1년 후, 10년 후에 행하건 같은 것이 된다. 그러나 인간은 넘을 수 없는 시간의 한계와 능력의 한계 앞에서 죽음을 맞아야 한다. 인간은 생애의 시간을 모두 사용하고 일회적인 삶을 마친다. —그 '유한한' 총계가 전생애를 의미하지만— 인간은 태어나는 순간부터 시간을 사용하라는 강요를 받는다.

유한성—, 시간성은 인간 생명의 본질적 특징일 뿐 아니라, 그 의미도 결정적이다. 인간의 실존적 의미는 전도(顚倒)할 수 없는 속성에 기초한다. 따라서 한 인간의 생명이 져야 할 책임은, 시간성과 일회성이라는 점을 받아들일 때에만 참으로 이해될 수 있는 것이다. 그러므로 실존분석의 의미에서 환자에게 그 책임성 존재를 의식시키고, 그것을 참으로 이해시키려고 한다면, 비유를 써서 생명의 역사적 성격 및 생명에 있어서의 인간의 책임을 그에게 여러 가지로 묘사하여 주지 않으면 안 된다. 임상적 장면에서 접하는 소박한 인간에 대하여, 그가 그 생애의 마지막에 그 자신의 전기(傳記)를 펴보고 있는 것처럼 상상되는 것이다. 그리고 마침내 현재의 생활을 기록하고 있는 장(章)의 페이지를 펼쳤다고 가정한다.

기적적으로 그는 아직 기록하지 않은 내적 생활사의 중요한 장을 적지 않았다면 교정하여 쓰려고 할 것이다. 실존 분석적인 준거는 다음의 명령적인 형식을 취할 수 있지만, 이제는 새로이 두 번째 생활을 하는 것처럼 살아야 하는 것이다. 이 상상 표상(表象)에 잠길 수 있다면, 동시에 인간이 그 생애의 모든 계기에서 가지고 있는 책임의 위대함이 의식되는 것이다. 즉 차례로 다가오는 시간에서 생기는 것에 대한 책임, 어떻게 인간이 내일을 창조하느냐 하는 책임의 위대함인 것이다.

환자에게 그의 생애가 마치 한 영화인 것처럼 상상될 수 있다. 그 영화야말로 지금 '촬영되고 있는' 것이지만, 그러나 결코 '커트' 되어서는 안 되는 것이며, 한 번 촬영된 것은 역전(逆轉)할 수 없는 것이다. 이렇게 해서 인간의 생명의 전도(顚倒)할 수 없는 성격, 실존의 역사성을 보여주는 일에 자주 성공하는 것이다.

생명은 처음에는 아직 소비되지 않은 실질이지만, 때가 지나면서 점차 실질을 잃고 기능으로 변화하여, 최후에는 각 사람의 행위나 체험이나 고뇌 속에서 성숙되는 것이다. 그리하여 인간의 생명은 라듐(radium)을 연상케 한다. 즉 주지하는 바와 같이 라듐은 한정된 '생존 기간'을 가지며, 그 원자는 붕괴되며, 그 질료는 점차 에너지로 바뀌며, 그것은 방사되어 두 번 다시 돌아오는 일이 없다. 왜냐하면 원자 붕괴의 과정은 뒤바꿀 수 없는 것이며, '방향 지어져 있는' 까닭이다. 라듐은 원래의 실질성이 차츰 약화하는 것이지만, 같은 말이 생명에 있어서도 타당하며, 생명의 본원적인 질향성은 점차 쇠퇴하여 최후에는 순수한 꺼풀로 바뀌어 가는 것이다. 왜냐하면 인간은 모양 없는 돌에 끌과 망치로 쪼고 갈아 소재가 점점 형식을 갖게 하는 조각품과 같은 것이다. 즉 인생은 운명이 준 소재를 가공하는 것과 같다.

때로는 창조하며, 때로는 체험하며, 때로는 고뇌하며, 그는 그의 생명에서 창조가치나, 체험가치나, 또는 태도가치나, 할 수 잇는 한 여러 가치를 '조각(彫刻)'하는 것이다. 이 조각가의 비유에 다시 시간의 계기를 도입할 수 있다. 즉 조각가는 예술 작품을 완성하는 데 한정된 시간 안에 하시 않으면 안 되며, 또 작품을 잘 만들어야 되며, 시한이 차면 작품을 내놔야 하는 것이다. 그러면서도 언제 '불려갈 것인지' 결코 알지 못한다. 죽음이라는 시한이 어느 순간에 닥칠지 모른다.

따라서 인간은 어떤 경우에도 시간을 사용하도록 최촉(催促) 받으며, 그의 작품이 토르소(torso)로 끝날 위험을 무릅쓰지 않으면 안 된다. 더욱이 그가 그 작품을 완성하지 못했다고 해서, 그것을 무가치하다고 하지 않는다. 생명의 '단편성격(斷片性格;Zimmel)'은 생명의 의미를 조금도 파괴하지는 않는다.

한 인간의 가치가 시간적으로 오래 살았다고 해서 그 의미를 높게 평가할 수는 없다. 어떤 인간의 가치도 시간의 '길이'로 평가하지 않는다. 다만 어떻게 살았느냐에 따라 판단한다. 젊어서 죽어도 영웅적인 생애를 산 사람은 어느 장수한 속물의 존재보다 가치와 생의 의미를 높이 평가하는 것이다. 얼마나 많은 '미완성'이 아름다운 심포니에 속해 있는가.

인간의 생명은 졸업시험대 앞에 서 있는 학생과 같다. 학업을 마친다는 것보다 중요한 것은 얼마나 높은 가치를 가지고 마치느냐가 중요한 것이다. 마치 수험생이 종료 종이 울리면 시간이 끝난 것을 알 듯이 인간도 언젠가 '불려 간다'는 것을 의식하고 있지 않으면 안 되는 것이다.

인간은 유한성을 스스로 받아들이고 의식적으로 생명의 끝이 온다는 것을 염두에 두고 살아간다. 영화를 볼 때 그것이 해피엔딩이냐 아니냐가 다를 뿐 반드시 끝이 있다는 것을 잘 알고 있듯이 삶이 비록 영웅적이지 못한 평범한 인간이라도 그것은 알고 있다. 그러므로 죽음을 인생에서 어떤 형태로든 배제하려는 노력은 하지 않는다.

죽음은 본래 생명에 속해 있는 것으로 생각하고 생식(生殖)에 의하여 인간의 '영원화'를 꾀하려는 것을 본다. 그 같은 방법으로 죽음을 '극복'하려는 것은 전혀 의미가 없다. 왜냐하면 생명의 의미가 후손을 남기는 것이라고 주장하는 것은 잘못이기 때문이다. 그런 주장은 불합리한 것이라는 증거가 첫째, 인간의 생명은 무한하지 않다는 점이다. 조상이 그랬고 부모가 그랬으며 자손도 결국은 죽어 없어지고 말 것이며, 전 인류도 지구라는 별의 종말과 함께 사라지고 말 것이다.

유한한 생명이라 삶은 무의미한 것이라고 단정한다면 언제 종말이 오든, 그것이 예견되든 말든 염려할 바 아니고 아무래도 좋은 것이다. 또한 생명의 의미도 그것이 언제까지 계속되든 자손을 무한히 남기든 말든 아무 의미가 없는 것이다. 자식 없는 여성의 생애가 무의미하다고 생각한다면 자식을 낳아 자식만을 위해 살다 가는 여성은 의미가 있는가? 그 실존의 의미는 오직 다음 세대에 있는 것으로 문제 해결이 난 것이 아니라 다만 그것이 연기된 것에 불과하다. 왜냐하면 각 세대는 이 문제를 해결하지 않고 다음 세대로 미루어 버리기 때문이다. 한 세대의 생명의 의미는 다음 세대를 기르는 것 이외에는 없다. 그렇게 무의미한 짓을 간단없이 반복하는 것 역시 무의미한 것이다. 왜냐하면 그 자체가 무의미한 것이기 때문에 아무리 영원화를 꾀해도 의미는 없다.

환하게 비치던 횃불이 꺼졌을 때 그것이 빛났었다고 하는 것은 의미가 있는 것이다. 그러나 타지 않은 한 횃불을 다음다음으로 영원히 넘겨준다 하여도 그것은 아무 의미가 없는 것이다. '빛나려면 타는 과정을 견디어야 한다'라고 트건스(Wildgone)는 말하였다. 탄다는 것은 고뇌하는 것이다. 횃불이 다 '타버릴 때'까지 견디지 않으면 안 되듯 인생의 고뇌도 다 끝날 때까지 견디지 않으면 안 되는 것이다. 결국 모든 존재는 '종말에의 존재'라고 한다면 맞는 말이 아닐까.

인간에게 생명의 유일한 의미가 자손을 남기는 데 있다고 한다면 생명 그 자체는 무의미하다는 역설에 도달한다. 반면에 생명이 자손을 남기는 것은, 먼저 생명 그 자체가 어떤 의미 있는 것임을 보일 때에 비로소 의미를 갖는 것이다. 따라서 어머니가 되는 것에만 여성의 생명의 구극의 의미가 있다고 하는 자는, 현실로는 아이가 없는 여성의 생명에서조차 의미를 배제하는 것이 아니라, 바로 어머니가 된 여성의 생명에서 의미를 배제하는 것이 된다. 따라서 아이 없는 것이 한 중요한 인간의 실존을 무의미하게 할 수는 없다. 그러나 이 중요한 인간을 낳은 가계(家系)의 조상들은 그 존재의 중요성 때문에 소급하여 빛나는 의미를 가질 것이다. 이 모든 것으로, 우리는 다시 생명이 결코 자기 목적일 수 없는 것, 자손을 남기는 것은 결코 그 고유의 의미일 수 없는 것을 깨닫게 되는 것이다.

오히려 생명은 그 의미를 정신적, 윤리적, 예술적 등의 비생물학적인 모든 연관에서 비로소 찾을 수 있다. 따라서 이 모든 연관은 초월적인 계기를 나타내고 있다. 생명은 자기 자신을, 자손을 남기는 의미로서의 '길이' 안에 초월하는 것이 아니라, 가치를 지향하는

'높이' 안에, 또는 협동체에 있어서의 '넓이' 안에 초월하는 것이다.

　한 환자에게, 그가 아이를 세상에 남기는 것은 우생학적인 이유에서 전혀 부적당하다고 말하였을 때, 그는 최후로 스스로 고백하기를, 그의 생명이(그는 교사이며 작가였지만) 자손이 없는 것으로 무의미하게 된다는 그 이전의 견해는 '본래 일종의 유물론'을 가리키는 것이었다고, 다시 더 나가 그의 태도가 극히 복수적이었다는 것이 추가로 지적되었다. 즉 그 자신의 신체적으로 병약하다는 약점이 그의 생물학적인 '불사'의 의미를 과대평가하기에 이르게 하였다. 그리고 그의 태도는 단순히 복수적이었을 뿐 아니라, 어떤 의미에서는 감상적이기도 하였다. 가령 그는 그를 위하여 언젠가 죽은 자신을 위하여 기도를 드려주는 자식 갖기를 열망하고 있었다. 그에게 이 염원이 소용없는 것임을 깨닫게 하기 위하여 다음과 같이 그에게 묻는 것으로 충분하였다. 즉 그는 유전으로 병든 자식이 그를 기억해 줄 것을 바라는가, 그 대신 많은 애독자나 학생들이 그를 기억해 주는 것이 좋은가라고. 이 환자는 이 말을 납득한 후, 계획하고 있던 결혼을 중지하려 하였다. 따라서 당연히 결혼의 의미는 생명의 의미와 마찬가지로 결코 생식에 있는 것이 아니라는 것을 그에게 일깨워 주는 것이 필요하였다. 결혼이라는 것은 결국 생리적인 충동충족과 생물적인 산아(産兒)라는 두 부차적인 측면에 불과한 것이며, 결코 본질적인 것은 아니다. 진실로 사랑의 행복의 심리적인 계기, 또는 협동적인 일에 매진하는 정신적인 계기가 중요한 것이다. 시간적 계기(繼起)에서의 인간의 실존의 일회성의 개념에 상응하는 것은 각 개인에 있어서의 인간의 독자성이라는 개념이다. 그리고 마치 죽음이 시간적 외적 제약으로서 생명을 무의미하게 할 수 없을 뿐 아니라 차라리 그 의미성을 비로소 결정하는 것처럼, 인간의 내적 제약도 그의 생명에 의미를 부여할 뿐이다. 만약 모든 인간이 완전하다면, 모든 사람은 제각기 동등하며, 각 개인은 언제든지 다른 사람으로 대신할 수 있을 것이다.

그러나 바로 각 사람이 불완전하다는 데서 도리어 각 사람의 없을 수 없는 이유, 타인과 바꿀 수 없는 이유가 생기는 것이다. 왜냐하면 각 사람은 과연 완전하지는 않지만, 그 독자의 존재 양식을 가지고 있는 것이다. 각 개인은 완전인이 아니고 일반적이지만, 그것으로 독자의 존재이다.

이 점에 관하여 생물학적인 예를 들어보자면 주지하는 바와 같이 단세포 생물은 다세포 유기체로 발전하기 위해서는 그 '전능성(全能性)'을 희생하는 것이다. 그 대신 세포는 그 특수성을 획득한다. 예컨대 고도로 분화된 망막세포(網膜細胞)는 그 기능에 있어 다른 세포양식으로는 결코 대체될 수 없는 것이다. 그리하여 작용분화의 원칙은 세포에서 그 기능적인 전능성이 제거되지만, 그 대신 그 기능적인 단능성(單能性)으로 유기체에 대한 상대적인 독자성을 부여하는 것이다.

마찬가지로 모자이크에 있어서도 각 소부분, 즉 각각의 돌은 모양이나 색깔에 있어서는 불완전한 것이지만, 전체로 본다면 전체에 대해서는 무엇을 의미하고 있다. 만약 각각의 돌이— 예로 미니

어처(miniature)에 있어서와 같이— 각각 전체적인 미를 내포하고 있다면, 그것은 다른 것으로 대체할 수 있을 것이다. 마치 그런 모양으로 완전한 의미의 결정(結晶)은 같은 결정 형식의 다른 것으로 바꿀 수 있는 것이다. 정팔면체(正八面體)는 결국 다른 그것과 같은 것이다.

인간이 보다 고도로 분화하면 할수록, 그만큼 평균의 의미 이상의 의미에서나 표준적인 의미에서 멀어진다. 그러나 평균적인 것을 희생하는 대신 개성적인 것을 얻는 것이다. 그러나 그러한 개성적 인격의 의미는 항상 협동체로 향하여지며, 그것에 관계지어져 있는 것이다. 왜냐하면 마치 모자이크 돌의 작은 조각의 독자성이 오직 모자이크 전체와의 관계 내에서 의미가 주어지는 것처럼, 인간의 모든 개인적 독자성의 의미도 그것이 조직하는 전체에 대한 중요성에서 존재하고 있는 것이다. 이처럼 인격으로서의 인간의 개인적 실존의 의미는 그 자신의 한계를 넘어 협동체를 지향하는 것이며, 협동체에의 방향에서 개인의 의미는 그 자신을 초월하는 것이다.

그러면 인간의 사회성이라는 것의 감정적인, 말하자면 '상태적'인 소여성(所與性)을 넘어 협동체는 그 과제성(課題性)에서 나타나는 것이다. 그 단순한 심리학적, 또는 그런 게 아니라 생물학적인 사실성 — 인간은 정치적 동물이라고 불리지만— 에서 윤리적인 요청이 생기는 것이다. 그러나 개인적인 실존이 의미를 가지기 위해서는 협동체를 필요로 할 뿐 아니라, 반대로 협동체도 스스로의 의미를 가지기 위해서는 개인적 실존을 필요로 하는 것이다. 따라서 협동체를 본질적으로 대중(mass)과 구별하는 것이다. 왜냐하면 대중은 어떤 개성도 가질 수 있는 것이 아니다. 하물며 개별적 실존은 대중 속에서 그 의미 충족을 개인의 협동체에 대한 관계에서 획득하는 것처럼, 하나의 모자이크 돌의 모자이크의 관계와 비교할 수 있다. 마치 포도에 깐 돌은 어느 것이나 같은 모양으로 자른 것이며, 다른 어느 돌과도 바꿀 수 있는 것이다. 그것은 전체에 대하여 아무런 질적인 차이를 가지지 않는다. 단조로운 포도의 돌은 모자이크의 미적 가치를 갖고 있지 못하며, 다만 이용 가치만을 갖는데 불과하다. 마찬가지로 대중은 인간을 이용하는 것만을 알고 있지 그 가치나 존엄을 알지 못하는 것이다.

개성의 의미는 협동체 안에서 비로소 충족되는 것이다. 그 한에 있어서 개성의 가치는 협동체로 향해져 있다. 협동체가 그 외 의미를 가져야 한다면 협동체는 그것을 구성하고 있는 개인의 개성 없이는 안 되는 것이다. 그런데 대중 속에서의 개개의 독자적인 실존의 의미는 소멸되지 않을 수 없다. 왜냐하면 대중 속에서는 모든 독자성은 방해적인 인자(因子)로서 작용하기 때문이다. 협동체의 의미는 개성에 의하여 구성되며, 개성의 의미는 협동체에 의하여 제정되는 것이다. 대중의 속성은 그것이 내포하고 있는 개인의 개성에 의하여 방해되며 개성의 의미는 대중 속에서는 소멸되는 것이다.

지금까지는 각 인간의 독자성과 모든 생명의 일회성이 실존의 의미에 결정적인 것임을 말하였다. 그러나 그것은 단순한 수적인 의미의 단일성과는 구별되지 않으면 안 된다. 모든 수적인 단일성 그 자체는 가치 없는 것이다. 각인이 다른 모든 사람으로부터 지문법적(指紋法的; pattern of his fingerprints)인 의미에서 구별된다는 사실은 인간을 결코 개별적인 인격으로 하는 것이 아니다. 따라서 인간의 실존의 의미 계기로서의 독자성이 얘기될 때에는 그 '지문법적인' 독자성이 의미되는 것은 아니다. 따라서— 헤겔(Hegel)의 '선한 무한'과 '악한 무한'에 따라— 선하거나 악한 독자성에 대하여 말할 수는 있을 것이다.

인간의 실존의 독자성은 일반 견해로는 존재론적으로 틀이 잡혀 있다. 인격적인 실존은 어떤 특수한 존재 형식을 보이고 있는 것이 아닐까. 예컨대 하나의 집은 각 층으로 이루어지며, 하나의 층은 각 방으로 되어 있다. 그리하여 집은 각 층을 합성한 것이라 할 수 있으며, 방은 하나의 층의 분할에 의한 것이라 할 수 있다.

이처럼 존재에서의 경계를 많건 작건 자의적(恣意的)으로 그을 수 있으며, 존재자를 자유로 정의하여 존재의 전체성으로부터 추출(抽出)할 수 있다. 그러나 인격이라는 것, 인격적 실존만은 이 자의(恣意)에서 벗어나는 것이다. 즉 인격은 어느 인간 지신에 있어서 완결된 것, 독자로 존립하는 것이며, 분할도 안 되며, 합성도 안 되는 것이다.

존재의 내부에서의 인간의 우월성, 특수한 존재 양식을 우리는 최초의 명제인 '존재—타재'에 따라 다음처럼 표현할 수 있다. 즉 인격존재(인간의 실존)란 절대적인 타재(他在)라고. 왜냐하면 모든 개개의 인간의 본질적인, 그리고 가치적인 독자성은 그가 모든 다른 인간과 상이하다는 것을 의미함에 다름없기 때문이다.

따라서 인간의 존재는 만약 그것이 복합적이며, 보다 포괄적인 조직으로 이루어지는 것으로 본다면 반드시 인간존재의 존엄성을 상실한다. 이것을 우리는 가장 분명하게 대중에서 보는 것이다. 대중 그 자체는 아무런 의식도 책임도 가지고 있지 않다. 그것은 '실존'이 없는 것이다. 그럼에도 불구하고 그것은 활동하며, 그 의미에서 '현실적'이라 해도 그것은 결코 스스로 작동하는 것은 아니다. 사회학적인 법칙은 개개인의 머리 위를 넘어서 작용하는 것은 아니고, 차라리 각 사람을 꿰뚫어 작용하는 것이다. 그리고 그것은 군중심리학적인 개연성과 평균인의 타입이 계측할 수 있는 한 작용할 수 있다. 그러나 평균인의 유형이라는 것은 학문적인 가정이며, 결코 현실적인 실제적 인격은 아니다. 평균인은 그를 계측할 수 있다는 까닭으로 이미 그러한 인격이 아닌 것이다.

대중 속으로 도피함으로써 인간은 그 가장 고유한 것, 즉 책임을 상실한다. 협동체가 그에게 부과하며, 그가 그 안에 놓여지고 그 안에 태어난 사명에 헌신함으로써 인간은 책임을 더욱 확고히 한다. 대중 속으로의 도피는 따라서 개인적 책임에서의 도피이다. 그 누가 어느 집합체의 단순한 일부분이며, 이 전체가 우선 본래적인 것인 양 행동하면, 그는 곧 그의 책임의 부담에서 면제된 것 같은 착각을 할 수 있다. 책임으로부터의 도피의 경향이 전체주의의 동기인 것이다. 참된 협동체는 본질적으로 책임 있는 개인의 협동체이다. 이에 대하여 단순한 대중은 비인격화된 것의 집합체에 불과한 것이다.

전체주의가 인간을 판단하는 경우, 책임 있는 인격 대신에 다만 형체만을 보여, 인격적인 책임 대신에 인간이 형태에 연결되어 있는 것만을 보려는 것이다. 그러나 판단의 객체 쪽에서는 비책임화에 이를 뿐 아니라, 판단의 주체 쪽에서도 마찬가지이다. 어떤 타입에 의하여 평가하는 것은 평가의 책임이 어느 정도 감소되기 때문에 평가자로서는 마음이 편하다.

만약 한 사람의 타입으로써 평가한다면, 그 때는 개개의 상황에 마음 쓸 필요가 없고 마음 편한 것이다. 그것은 마치 발동기를 공장 상표나 형식으로 평가하는 것 같은 마음 편함이다. 어느 자동차의 상표를 보면 그 차가 어떤 것인지 알며, 어떤 타자기의 상표를 보면 그 성능을 아는 것이다.

개(犬)의 경우에도 '푸들'이면 그것이 어떤 성질을 가지기 쉽다던가, 세파트라면 이렇다 라던가 하는 것이다. 그러나 다만 인간의 경우는 사정이 다르다. 인간만은 어느 타입에 속해 있는 것으로 규정되는 것이 아니며, 그것으로 계산할 수 없다. 즉 타입으로 계산한다면 결코 인간은 나눗셈이 안 되며, 항상 얼만큼의 남음이 있다. 이 남음은 어떤 타입에 의한 제약성을 면하는 인간의 자유에 상응하는 것이다.

인간은 그 타입에 계약되어 있는 것에 대항하는 자유를 가질 때 비로소 윤리적 평가의 대상이 될 수 있는 것이다. 왜냐하면 그 때 비로소 그의 존재는 책임적 존재이며, 인간은 본래 '존재하는' 것이며, 인간은 '본래적으로' 존재하는 것이기 때문이다. 하나의 기계는 규격화되면 될수록 더 좋아진다. 그러나 인간은 규격화되는 만큼, 즉 그가 그(민족적, 계급적 또는 성격적) 타입에 함몰되어 평균적 규준에 고착될수록 그만큼 더욱 그는 윤리적 규준에서 멀어지는 것이다.

도덕적 영역에서 전체주의는 사람을 평가하거나 비판할 경우, 그가 '전체의 의향에 따르느냐 않느냐' 하는 것을 기준으로 삼는 것이다. 전제주의는 개개인이 책임을 지지 않게 하는 대신에 전체주의가 그 책임을 대행해 주며 그것으로 개개인의 판단의 책임성을 빼앗는다. 확실히 개개인 인간을 윤리적인 의미로 선의의 바른 인간인가 어떤가를 각각 평가하기보다, 전 '민족'을 총괄적으로 찬양하거나 깎아 내리거나 하는 것은 아주 간단한 일이다. 실존분석이 의식화하려고 노력하는 바 인간의 책임은 각각의 실존의 일회성과 독자성에 대한 책임이다. 즉 인간의 실존은 그 유한성에 대한 책임성 존재인 것이다. 시간적인 유한성으로서의 생명의 이 유한성이라 하여 생명을 무의미하게 하지 않으며, 반대로 이미 본 바와 같이 죽음은 생명을 도리어 의미 있게 하는 것이다. 그리고 전술한 바와 같이 생명의 일회성에는 각 상황의 일회성이 속해 있으며, 생명의 독자성에는 각각의 운명의 독자성이 속해 있다.

운명은 죽음과 마찬가지로 어떤 형태로 생명에 속해 있는 것이다. 그 구체적 독자적인 운명 공간에서 인간은 벗어나 나올 수는 없는 것이다. 만약 인간이 운명에 대항하여 싸운다면, 그는 아무 것도 할 수 없으며, 아무런 책임도 죄책감도 갖고 있지 않은 것에 대해서 싸운다면 그는 운명의 의미를 알지 못하는 것이다. 운명의 의미는 있는 것이며, 죽음과 마찬가지로 생명에 의미를 부여하는 것이다. 각 사람은 말하자면 그 배타적인 운명 공간의 내부에 있어서 다른 사람을 대신할 수는 없는 것이다. 이 독자성은 그의 운명의 형식에 대한 그의 책임을 구성하는 것이다. 운명을 갖는다는 것은 각각의 그 자신의 운명을 갖는다는 것이다. 그 독자의 운명을 갖는 각 개인은 말하자면 전우주 안에서 독자적인 한 사람으로서 거기에 있는 것이다.

그의 운명은 되풀이되지 않는다. 아무도 그와 같은 가능성을 갖지 못하며, 그 자신도 그것을 두 번 다시 가질 수는 없다. 그가 운명적인 것에 조우(遭遇)하는 창조적 또는 체험적 가치 실현의 기회나, 그가 변경할 수 없고 태도 가치의 의미에서 견디지 않으면 안 될 것은 모두 독자적이며 또한 일회적인 것이기 때문이다.

운명에 대한 반역의 배리성(背理性)은 명백하다. 예컨대 만약 어떤 사람이 그 아버지가 그를 낳은 것이 아니라 누군가 다른 사람이 그를 낳았다면 사태는 달라졌을 것이다. 그러나 그는 다음 일을 망각하고 있는 것이 분명하다. 즉 그런 경우 이미 그 사람은 운명의 주인이 아니고 전혀 다른 사람이며, 따라서 '그의' 운명에 대하여 운운하는 것은 이미 할 수 없다. 그러므로 다른 운명의 가능성을 묻는 것은 그 자체가 불가능하며, 무의미하며, 모순되는 것이다.

운명은 대지(大地)와 같이 인간에 속하여 있다. 인간은 중력에 의하여 대지에 붙어살지만, 그것 없이는 보행은 불가능하다. 우리는 우리가 서 있는 대지에 대하는 것과 마찬가지로 운명을 대하지 않으면 안 되며, 우리의 자유를 위한 도약대로 하지 않으면 안 된다. 운명 없는 자유는 불가능하다. 자유는 다만 운명에 대한 자유일 뿐이다. 즉 운명에 대한 자유로운 관계가 문제인 것이다. 확실히 인간은 자유이기는 하지만, 그것은 진공(眞空) 상태 속에서 자유로이 떠다니는 것이 아니고, 많은 계약의 한복판에서의 자유인 것이다. 이 모든 계약은 그의 자유를 위한 출발점인 것이다.

자유는 계약을 전제로 하며, 계약으로부터 오는 것이다. 정신은 충동에, 실존은 물질에로 하고 있다. 그러나 지향하고 있다는 것이 의존하고 있다는 것은 아니다. 인간이 걷고 있는 대지는 보행해 나감으로써 이미 초월하고 있으며, 즉 밟히고 있는 지반이며 그 한에 있어서만 인간에게 대지인 것이다.

만약 인간을 정의하려고 한다면, 인간이 제약하는 것으로부터 이미 스스로를 자유롭게 하고 있는 것이라고 정의하지 않으면 안 될 것이다. 즉 모든 제약에 영향을 받으면서 극복하기도 형성하기도 하면서, 초월하는 것이다.

이 역설은 인간의 변증법적인 성격을 나타내는 것이며, 그 본질적인 특징에 속하고 있는 것은 그 영원한 미완성(未完成)과 자기가 관계되어 있는 것이다. 즉 그의 현실은 가능성인 것이며 그의 존재는 본래의 자기가 될 수 있다는 것이다. 인간은 그가 존재하는 것이 아니라 먼저 그것이 되는 것이며, 그리고 인간은 그가 될 수 있는 것으로 이미 있었던 것이다.

인간의 존재는 그것이 자유자재인 까닭에 책임성 존재인 것이다. 그것은 야스페르스가 말한 것처럼— 항상 그것이 존재하는 것을 우선 결정하는 존재, '결단하는 존재'이다.

그야말로 바로 '실존'이며, 단순한 물질적 존재(하이데거의 Vorhanden-sein)는 아니다. 내 앞에 있는 책상은 적어도 누군가 다른 사람에 의하여 움직여지지 않으면 언제까지나 그대로 그 자리에 있을 것이다. 그러나 그 책상 곁에서 나와 마주앉아 있는 사람은 다음 순간에 '있는' 것을 얘기하거나 침묵하는 것을 결정할 수 있다.

인간이 그 안에서 실현화할 수 있는 다양한 수많은 가능성이 인간의 실존을 특징짓고 있다. 가능성을 선택해야 하는 것으로부터 인간은 그의 생애의 일순에 있어서조차 벗어날 수 없다. 그는 '마치' 그가 무슨 선택도 결단의 자유도 없는 것처럼 할 수 있을 뿐이며, 그것은 인간의 희비극의 한 장면을 형성하고 있는 것이다.

그 본질적인 결단의 자유성을 의식하지 않는 인간의 희극은 많은 농담 속에 나타나 있다. 예로 그 처에게 오늘날의 인간이 얼마나 부도덕한가를 말하고 있던 한 남자가 다음과 같은 얘기를 하였다 "예를 들자면, 오늘 나는 돈지갑이 떨어져 있는 것을 발견했지만, 그 분실물을 신고할 생각이 없었어"라고 말하는 이 사람의 모습의 어디가 이상했을까. 그것은 그가 타인의 부도덕한 사실과 마찬가지로 자기 자신의 부도덕에 대하여도 책임이 없다는 듯이 말하기 때문이다. 그리고 그는 자유가 아니라, 돈지갑을 착복하느냐 신고하느냐를 결정하지 못하는 듯이 행동하기 때문이다.

이미 생명의 '본질'을 산화현상(酸化現象) 또는 연소과정(燃燒過程)이라고 설명한 교사에 대하여 언급한 바도 있다. 한 자루의 촛불은(실존철학의 용어를 쓴다면 Vorhanden이다) 끝까지 타버리면 이 연소 과정을 어떤 다른 모양으로 변화시키지 못한다. 그러나 이에 대하여 '실존'인 바 인간은 그의 존재에 대하여 자유로이 결단하는 가능성을 가질 수 있는 정도이며, '자기 자신을 까버리는' 일도 할 수 있는 것이다.

생명의 의미를 의심할 뿐 아니라 자살의 절망까지도 할 수 있는 가장 극단적인 자기 의문시(疑問視), 즉 자살을 결단하는 가능성 및 자기 자신의 존재를 결정하는 인간의 이 자유야말로 인간을 모든 다른 존재와 구별하는 것이다. 이 가능성이 동물의 존재양식과 인간실존을 구별짓는 것이다.

모든 결단의 자유, 이른바 의지의 자유는 인간에게는 자명한 일이다. 인간은 직접 스스로를 자유로 체험한다. 의지의 자유를 심하게 의심하는 것은 결정론적인 철학적 논리에 빠져 있는 자던가, 아니면— 망상형의 분열병자로서 그의 의지를 자유가 아니라고 믿어 작의적으로 체험하는 자일 뿐이다. 실로 신경증적인 숙명론에서는 의지의 자유는 가리어져 있다. 즉 신경증적인 인간은 그 자신의 가능성의 길을 스스로 폐쇄하고 있는 것이다. 그리하여 그는 그 생명의 모양을 비뚤어지게 하고, E 스트라우스의 말을 빌어 말하자면, '생성 가능성(Werdewirklichkeit)'을 실현하는 대신 그것으로부터 도피하여 버리는 것이다.

앞에서 말한 것처럼 모든 존재가 타라면, 우리는 이제야말로 다음과 같이 말하지 않으면 안 된다. 즉 인간 존재는 타재를 의미할 뿐 아니라 또한 타재가능이라고.

의지의 자유는 운명적인 것에 대립한다. 왜냐하면 인간의 자유로부터 본질적으로 피하는 것, 인간의 힘 안에나 책임 안에도 있지 않은 것을 운명이라고 부르고 있기 때문이다. 그러나 그 경우 우리는 모든 인간의 자유가 운명적인 것 안에만, 그리고 운명적인 것에서 비로소 자유를 전개할 수 있음을 잠시도 잊지 않고 있는 것이다.

우선 무엇보다도 모든 과거가, 이미 변경할 수 없는 성질 때문에 운명적인 것에 속해 있다. 되어진 것, 생긴 것, 지나간 것이라는 사실(Fact)은 가장 본래적인 운명(Fortune)인 것이다. 그럼에도 불구하고 인간은 오히려 과거에 대해서도, 따라서 운명적인 것에 대해서도 자유이다. 확실히 과서는 현제를 이해하게 한다. 그러나 미래도 오직 과거에 의하여 규정되게 하는 것은 올바르지 않다. 그것은 전형적인 신경증적 숙명론의 특유한 오류이며, 과거에 있어서 범한 과오를 이해시켜 미래에 있어서도 범하게 될 같은 과오의 용서를 구하는 것이다.

그러나 실제는 과거의 오류를 거울삼아 보다 나은 미래를 만들기 위한 풍부한 소재로써 쓸모 있게 하며, 그것에서 귀중한 것을 배울 수가 있는 것이다. 따라서 인간에게는 과거에 대하여 단지 숙명론적인 태도를 취할 것인가 아니면 거기서 배울 것인가는 그의 자유로운 선택에 있는 것이다. 배우기 위해서는 언제나 결코 지나치게 오래된 것도 아니며 이른 것도 아닌 것이어서, 언제라도 '적절한 시기'인 것이다.

어느 음주 습관자에게 사람들이 음주 버릇을 고치도록 권했더니 그는 이젠 늦었다고 대답했다. 사람들이 결코 늦지 않았다고 했더니 그는 또 답하기를 그렇다면 아직 마실 시간이 남아 있다고 중얼거렸다. 앞에서 말한 적절한 시기를 간과하는 사람은 이 술꾼을 닮은 데가 많다.

운명이 된 과거의 불변성은 도리어 인간의 자유를 다시 환기시키는 것이다. 운명은 항상 책임을 의식하고 있는 행위에 대한 자극이 아니면 안 된다. 이미 본 바와 같이 인간은 각 순간에도 많은 가능성 안에서 하나를 선택하여 그것을 '실현'하여 과거의 영역으로 보내며, 말하자면 그것을 실현하는 것으로써 생활해 나가고 있는 것이다. 과거의 영역에서 지나가 버린 것은(역설적으로 들릴지 모르나) '멈추어 있다'이며, 그것이 지나가 버렸음에도 불구하고 멈추어 있다는 말이 아니라, 그것이 지나가 버렸기 때문에 '멈추어 있다'는 것이다.

이미 과거는 현실 속에 지양되어 있으며, '있었다'는 것은 존재의 가장 확실한 형식이라고 말하나 바 있다. 변천하기 쉽다는 데서 그것은 과거에 의하여 구출되는 것이다. 즉 바뀌기 쉬운 것은 그저 가능성뿐이며, 바뀌기 쉬운 데서 지켜지고 있는 것은 과거 속에 갇혀 있기 때문이며 과거라는 존재로부터 구출된 현실인 것이다. 현재가 감추고 있는 가능성을 과거 속에 '영원'히 감추는 현실 속에 옮겨 놓는 일이 성공되면 그 순간은 영원이 되는 것이다. 이것이 모든 현실화된 것의 의미이다.

이 의미에서 인간은 결정적으로 어떤 행위를 하며, 또는 어떤 업적을 창조하는 것으로 '실현화'할 뿐 아니라, 체험이 문제인 경우에도 그러하다. 이런 의미에서, 그러한 객관주의의 귀결로써 체험 속에 실현화되는 것은, 그것이 망각되더라도 또는 그 본인이 죽더라도 결코 무로 돌아간 것은 아니라는 주장을 할 수 있는 것이다. 그것은 불행에 직면하여 기벽(嗜僻)이나 자살 속으로 도피하는 인간의 자기 마비는 주관주의 내지 '심리주의'와도 다른 것이다.

운명적인 것은 인간에게 주로 새 유형으로 주어져 있다. 첫째로 탄트러(Tandler)가 인간의 '신체적 운명(somatic fate)'이라고 부른 자연적 소질(Anlage)로서이며, 둘째로는 그 모든 외적 상황, 총체로서의 그 상태(lage)로서이다. 셋째로는 소질과 상태는 하나가 되어 인간의 위치를 형성하는 것이다. 그리고 그 주어진 위치에 대하여 인간은 태도를 갖는 것이다. 이 태도는(본질적으로 운명적인 '위치'와는 반대로) 자유로운 태도이다.

그 증거로는 위치 변환(位置變換: Umstellung)이라는 것이 있으며, 거기에는 가령 교육, 성인교육, 자기교육이라 부를 모든 것, 그리고 넓은 의미의 심리요법, 그리고 회심(回心)이라고 불리는 현상 등이 속해 있다.

소질은 인간의 생물학적인 운명을 형성하며, 상태는 그 사회학적인 운명을 형성한다. 또한 셋째로는 심리학적인 운명이 있으며 인간이 자유가 되지 않는 심리적인 태도가 그것에 속해 있다. 다음은 어떻게 어떤 운명적인 것으로서의 생물학적인 것, 심리학적인 것, 사회학적인 것이 인간의 자유를 방해할 수 있는가를 차례로 살펴보기로 한다.

인간이 생물학적인 운명과 대결시킬 수 있는 경우 또는 상황을 살펴보면 우리는 인간의 자유가 신체적인 일에 대하여 어디까지 미칠 수 있는가, 또 인간의 자유의지의 힘이 생리학적인 것 속에 얼마나 깊이 들어갈 수 있는가 하는 문제에 직면하게 된다. 그리하여 우리는 인간의 유기적인 신체가 얼마나 그 심리적 정신적인 것에 의존하고 있는가, 그리고 반대로 어떻게 심리적 정신적인 것이 신체적인 것에 좌우되는가 하는, 정신 신체적인 문제에 접근하여 제한 없는 이 논쟁에 빠지는 것을 피하여 두 가지 현저한 사실을 대치시켜, 그 자체의 설명으로 만족하려는 것이다.

정신의학자 랑게는 다음과 같은 사례를 보고했다. 그는 다년간, 전혀 따로 떨어져 살고 있는 두 일란성 쌍생아(一卵性 雙生兒)를 알고 있었다. 그 한 사람은 랑게에게서 파라노이어(Paranoia;편집병) 때문에 입원 치료를 받고 있었는데, 마침 그때 그 쌍둥이의 다른 쪽 한 사람이 랑게에게 편지를 통해 같은 내용의 증상을 호소하여 왔다. 일란성 쌍생아로 같은 배종(胚種)에서 발달하고, 같은 소질을 가진 이 두 사람은 공통의 질환 소질이 운명적으로 작용하고 있었던 것이다.

그러한 생물학적인 운명의 힘에 대하여 어떻게 대처할 것인가. 이에 대하여 여러 의문이 제기된다. 유기적인 힘의 통찰을 입증하는 그 사실에 직면하여 놀라워만 할 것인가. 그 당사자의 운명은 소질에 의하여, 즉 생물학적인 작용에 의하여 강제적으로 형성되는 것은 아닌가? 인간 정신으로 운명의 형성을 자유롭게 할 수 있는 여지는 있는 것인가? 하는 것들이다.

그러한 유전병리학적인 쌍생아 연구 결과에 따르면 숙명론적인 것으로 암시되나 그것을 전적으로 믿는 것은 매우 위험하다. 왜냐하면 '내적인 운명에 항거할 수 있는 의지'를 마비시킴으로써 자기는 운명이 봉인(封印)되어 있다고 생각하고 질병과 싸울 의지를 잃게 되기 때문이다.

두 번째로 다음과 같은 예가 있다. 빈 대학의 신경과에서 호프와 그 동료들은 피험자를 최면 상태로 만들어 놓고 두 가지 실험을 실시하였다. 평온하고 순수한 감정을 갖게 한 다음 기쁜 체험과 슬픈 감정을 암시하여 그 반응을 분석했다.

기뻐서 흥분했을 때에 채취된 혈청은 슬픈 기분일 때의 그것에 비하여 티푸스균에 대한 응집도(凝集度)가 비교할 수 없을 만큼 높다는 것을 알아냈다. 이 연구는 심기성(心氣性)의 불안으로 괴로워하는 사람의 유기체가 전염병에 대하여 저항력이 떨어진다는 것을 증명하는 것이다. 그러나 전염병이나 나병 병동에서 일하는 윤리적인 의무에 충실한 간호원이 전염에 대하여 거의 기적적으로 강하다는 사실은 또 다른 의미를 준다.

그렇게 생각할 때 '정신력'과 '자연력'을 끝없이 대립시키는 것은 무의미하다고 본다. 양자가 인간 속해 공존한다는 것은 더 말할 나위가 없다. 그러므로 인간은 본질적으로 어떤 긴장, 즉 양극적인 힘의 장(場) 가운데 서 있는 것이 아닌가 생각된다. 만약 그 양쪽의 힘이 양보 없이 서로 경쟁하게 한다면 승부는 끝내 나지 않을 것이다. 그러나 그러한 경쟁만큼 활력을 불러일으키는 것도 없을 것이다.

인간 속에 있는 정신적 자유가 그 내적 및 외적인 운명과 부단히 싸우는 것이야말로 인간의 생활을 참으로 의미 있게 형성하는 원동력이 되는 것이다. 운명적인 것, 특히 생물학적인 운명을 조금도 과소평가하지 않는 데도 불구하고 심리요법의 임상가(臨床家)로서 그 안에서 인간의 자유를 증명하는 시도를 하지 않으면 안 된다. 적어도 발견적인 근거에서 자유로운 가능성의 한계가 운명적인 당위에 대하여 마치 무한히 멀리에 있는 것처럼 시도하지 않으면 안 될 것이다. 그 때 우리는 적어도 가능한 한 멀리까지 갈 수 있으리라.

생리적인 것이 심리적으로 긴장된 관계에 있는 듯한 곳에서조차 가령 뇌병리학에 있어서도, 신체적인 병적 변화 그 자체는 오히려 최종적인 운명을 의미하지 않고, 자유로운 형성을 위한 발단일 수도 있다. 뇌는 이런 의미에서 '조형적'이라고 할 수 있다. 즉 뇌의 일부가 손상을 받았을 경우 다른 부분이 '대리' 작용을 하게 되며, 나중에는 완전한 기능을 다시 회복하도록 만든다. 생리적인 영역에서도 그러한 현상은 있는 것이다.

생물학적인 운명은 정신적인 자유의 형성을 위해 있어야 할 소재이다. 이것이 인간 측에서 본 그 궁극의 의미이다. 어떻게 인간이 그 운명을 역사적 생활사적 구조 안에서 의미 있게 대처하는가는 흔히 볼 수 있다. 생물학적인 것에서 유래하는 자유의 생태적 제한, 즉 태어나면서부터 정신 발달에 장애 요소를 가지고도 모범적으로 극복하는 데 성공한 사람들을 보게 된다.

그들의 끈질긴 생활 형식은 마치 예술적 절차탁마나 스포츠 훈련과 흡사하다. 예술적이라 함은 다루기 힘든 생물학적 소재가 자유의 의지로 새롭고 건실한 모양으로 만들어지기 때문이며, 스포츠 훈련이라 함은 운동선수의 모럴인 '최선'을 다하는 정신을 말한다. 그러한 인간의 생애는 처음부터 운명적인 생물학적 핸디캡을 이겨내고 어려운 출발에도 불구하고 종국에는 위대한 업적을 남긴다.

내가 알고 있는 한 남자는 태에서부터 뇌질환을 가지고 태어나 사지가 부분적으로 마비되고 굽은 다리 때문에 휠체어로만 움직일 수 있었다. 소년기가 넘도록 그는 정신적인 장애자로 취급받아 교육도 시키지 않아 문맹이었다. 그러나 한 교사가 그를 떠맡아 가르치기 시작했다. 믿을 수 없을 정도로 단기간에 읽기 쓰기를 터득했을 뿐 아니라 취미에 맞는 과목에서는 남도 따르지 못할 만큼 고도의 지식을 획득하였다. 그리하여 우수한 학자와 대학교수들이 즐겨 그의 가정교사가 되어주었다. 자기 집에서 그 남자는 한 주에 몇 번 우수한 정신적 서클을 가지고 그 중심인물이 되었다. 그리고 아름다운 여성들도 그를 두고 사랑을 다투었다.

그러나 이 남자는 한번도 자연스럽게 이야기를 할 수가 없었다. 심한 아테토시스(athetosis)로 관절이 흉하게 뒤틀려 있는 데다 말을 할 때마다 애써 땀을 흘리면서 경련으로 일그러진 얼굴로 한 마디 한 마디를 괴롭게 발음해야만 했다. 하지만 이 사람은 정상적인 사람보다 큰 업적을 나타내었다.

그는 늦게 배우고 훨씬 어려운 출발을 하였지만 그것을 '운명'이라고 생각하고 자기 인생을 포기하지 않고 노력하여 새 인생을 살며 사회 일원으로 당당히 자기 능력을 발휘할 수 있었다. 지능이 낮은 것은 운명이라고 자포자기하고 보람 없는 삶을 살다가 결국 무가치하게 일생을 마치는 환자들에게 얼마나 큰 귀감이 되는가.

다음은 인간의 심리학적인 운명이라 부르는 것, 즉 정신적인 자유에 대립하는 심리적인 것에 대하여 말해 보기로 한다. 심리적인 것 속에 있는 일견 운명적인 것을 강조하며, 특히 심리적인 현상 속에서 다소나마 강제적인 '메커니즘'을 보는 것을 가르치는 정신분석은 쫓기는 자(Getriebene)로서의 인간에 관한 학설이다.

이 견해는 인간은 충동에 의하여 '지배된다'고 하는 것이다. 정신분석가에게 인간의 충동성은 매우 중요하다. 편견 없이 관찰할 때 충동은 동의(動議)를 유발할 뿐으로 그 동의는 자아가 결정한다는 것이 직접적인 현상학적 사실로 밝혀졌다. 자아는 결심과 결단을 자유로 선택할 수 있으며 그것을 '의지(意志)'라 하며, 아무리 에고가 '겉으로' 나타나도 그것은 본질과는 상관이 없다.

프로이트도 자아가 충동에, 애고(ego)에 본질적으로 대립하지 못한다는 사실을 인정하지 않을 수 없었다. 그러나 그는 자아를 충동에서 발생적으로 끌어내려고 시도하였다. 그리하여 그는 필연적으로 자아 충동이라는 배리(背理)의 개념에 도달했던 것이다. 이 개념의 배리성은 피고가 논고를 청취한 뒤 검사의 자리에 앉아 자기 자신을 심문하는 것 같은 재판에 비교될 것이다. E·스트라우스는 이미 충동을 재판하는 법정이 스스로 충동에서 나왔으리라고는 생각할 수 없음을 지적하고 있다. 그리고 쉘러는 정신분석을 성적인 충동에서 윤리적인 의지로 변화시키려는 정신적 연금술이라고 말하였다.

자아는 자유로 결단하는 의지의 주체로서 충동의 역학을 필요로 한다. 그러나 자아는 결코 '쫓기고 있는' 것은 아니다. 돛단배가 흘러가는 것은 단순히 바람에 밀려가고 있는 것이 아니다. 그것은 사공이 기술적으로 바람의 힘을 바라는 방향으로 돌려 가고 있을 뿐이다. 어떤 경우에는 풍향을 거슬러서까지 가기도 한다. 그러한 사공은 훌륭한 기술로 인정을 받는다.

인간의 충동성에 대한 정신분석적 개념을 잘못 이해하면 숙명론으로의 위험을 초래한다. 신경증 환자일수록 심리학적인 의미에서 맹목적인 운명 신앙으로 기울기 쉽다. 그러므로 그들의 충동 방향이나 충동의 정도, 의지, 성격을 파악하여 운명이라는 약한 의지로 좌절하지 않도록 반복하여 겉으로 나타나는 증거를 보여주어야 한다.

본래부터 의지박약이라는 것은 존재하지 않는다. 의지의 힘이라는 것은 신경증자에 의하여 실체화되었다. 그러나 그것은 가만히 있는데 생긴 것도 아니고 운명적으로 주어진 것도 아니다. 분명한 목적 인식, 단호한 결심, 어떤 종류의 훈련(신경증적인 인간이 가장 필요로 하는 것이지만) 등에 의해 치유 가능한 함수(函數)이다. 어느 여성 분열병 환자에게 당신은 의지박약자냐고 묻자 한 마디로 "내가 하고자 하면 나는 의지박약이고, 내가 하고자 하지 않으면 그렇지 않습니다" 했다. 이 사람의 대답은 신경증 환자에게 교육적 의미를 준다. 인간은 겉보기에 의지박약 같아도 배후에는 그 인간이 가지고 있는 의지의 자유가 숨어 있는 것을 알 수 있기 때문이다.

개인심리학이라는 명제의 영향을 받아(그것은 오해이며 남용이지만) 신경증적인 숙명론에 의해 아동기의 교육적 환경적 영향이 그렇게 '만들어져' 그런 운명이 된 예를 볼 수 있다. 그러한 인간은 그것을 자기 성격의 결함 탓이라고 생각한다. 그리고 그 결함을 운명으로 알고 거기서 교육이나 자기 노력으로 극복해 보려는 노력을 하지 않는다.

한 자살 미수자가 신경과에 입원한 후 임상심리학자의 조언을 거절하면서 "당신은 나를 어찌하렵니까. 나는 알프레드 아들러(A. Adler)가 말한 전형적인 '외토리'입니다." 했다.

이는 마치 그가 그에게 있는 유형적인 것에서 자기를 자유케 하는 것이 문제가 되지 않는 것 같다. 개인 심리학의 에토스(ethos)를 잘 이해하면, 그것은 인간에게 그의 교육상황에서 일어난 유형적인 결점이나 성격의 약함에서 자유롭게 되는 것을 구하고 있는 것이며, 자기가 '외토리'라는 것을 느끼지 않게 되기를 바라고 있음이 분명해진다. 그에 비하여 신경증적인 숙명론은 독자성과 일회성이 사람에게 주는 책임으로부터의 도피를 의미한다. 즉 유형적인 것에 속해 있는 운명성의 도피이기도 하다. 사람들이 그 법칙성에 빠졌다고 생각하는 유형이라는 것은 성격 유형뿐 아니라, 민족 유형 또는 계급 유형이라고 보아야 할 것이다.

이 환자가(외토리로서) '빠져든' 개인심리학의 '법칙'은 다만 이론적으로 들어맞을 뿐이며, 실제로는 그 사람이 그것을 '타당케 하는' 한에서 들어맞을 뿐이다. 즉 사람이 그 법칙 안에서 사실을 볼 뿐 아니라, 운명을(그것은 숙명적인 허구인 것이지만) 보는 한에서이다. 자기가 받은 교육의 잘못은 아무런 변명이 안 되는 것이어서 도리어 자기 교육에 의하여 교정되어야 할 일이다. 어떤 환자는 자기의 결함에 관하여 "그것은 나와 같은 신경쇠약자에게는 전형적인 것입니다"라고 말했지만, 그 때 그에게 다음처럼 답해주지 않으면 안 되었다. 즉 그것은 확실히 전형적일지도 모르지만, 그것은 당신과 같은 사람의 전형적인 잘못이라고. 그들은 그것을 전형적이라고 이해해야 할지도 모르지만, 그 결함을 용서할 일은 아닌 것이다. 거기에 대하여 인간의 충동성에 고착된 정신분석의 관점에서는 자주 자아에 그 본질적인 책임성을 의식시키는 대신에 망각시키는 위험에 빠지기 쉬운 것이다. 그것은 본래의 실존(의식성 존재와 책임성 존재)을 단순한 의식으로 환원시킴으로써 빈곤화하는 것이다.

인간의 정신적 태도는 신체적 태도에 대하여 뿐 아니라 심리적인 것에 대해서도 자유로운 활동 영역을 갖는다. 따라서 심리학적인 운명에 맹목적으로 복종할 필요가 없다는 것은, 병적인 심적 상태에 대한 인간의 선택 자유의 태도가 중요한 경우에 가장 완연히 명백해지는 것이다. E·스트라우스는 그의 저서 《강박신경증의 심리학》에서, 어느 범위까지 정신병리학적인 과정이 '피조적'인가, 즉 운명적이며 자유의지의 영향을 받지 않는 것인가 하는 문제를 논의하였다. 그리고 강박신경증의 특별한 사례에서는 실존적인 자유가 현저히 제한되어, 강박신경증자의 세계관적인 태도조차 운명적으로 규정된다는 견해로 그는 기울었다.

그러나 이 점에 관하여 나는 의견을 달리한다. 이에 대해서는 뒷장에서 다시 논하겠지만 여기서는 다른 예를 들어, 병적인 심리상태에 대한 자유로운 태도 결정의 가능성을 밝히려 한다.

높은 지능을 가진 한 여교사 환자가 주기적으로 재발하는 내인성 우울병 때문에 입원 치료를 받고 있었다. 그녀의 질환의 유기적인 조건에 대해서는 아편요법이 베풀어졌다. 즉 신체적인 처치를 행한 것이다. 그런데 어느 날 담당 의사는 그녀가 울면서 고도의 흥분 상태에 있음을 발견했다. 짧은 대화로 알아차린 것은 억울(抑鬱)이었다. 그것은 외적이 아닌 심인적(心因的)인 것으로 여러 가지로 심인적 요인을 가지고 있었다. 환자는 자기가 너무나 눈물이 많다는 이유로 울고 있기 때문이었다. 억울은 말하자면 자승(自乘)된 것이며 내인성 성분에 심인성 성분이 첨가된 것이었다.

현실의 억울은 내인성에 기반을 가지고 있었지만 동시에 내인적 상태에의 반응이기도 했다. 이 반응성의 불쾌감이라는 사실에 대하여 심인적인 성분에 상응하는 심리요법이 시행되었다. 즉 환자에게 그 억울함의 근본 기분을 아무쪼록 무시하고, 특히 억울에서, 그리고 억울에 대한 질문이나 변명을 피하도록 권고하였다. 왜냐하면 그것은 당연한 것이면서 불합리하게 비관적인 색채를 가지고 있기 때문이다. 그리고 환자에게는 억울을, 마치 태양을 덮고 빛을 가린 구름처럼 통과시켜 버릴 것을 권고하였다.

태양은 현재 그것이 보이지 않더라도 존재하고 있는 것처럼, 억울에 의해 가치에 대하여 맹목이 된 인간이 현재 그것을 보지는 못하지만, 가치는 의연히 존재하고 있기 때문이다.

다시 환자에게 심리요법을 베풀고 있을 때, 그녀의 모든 정신적인 고뇌가 밝혀졌다. 그녀는 실존의 내용이 빈약하고 의미가 없다고 생각하고 있었다. 그녀는 재발하는 우울병이라는 운명에 의하여 핸디캡이 있음을 느끼고 있었다. 그래서 협의의 심리요법적 처치를 넘어 로고데라피적 저치가 베풀어지고, 환자에게 운명적으로 반복되는 억울 상태라는 사실이야말로, 오히려 심리적 과정에 대한 정신적인 태도에서 자유로운 인간이 유일한 바른 행동을 하는 데 어떻게 적당한가 하는 것이 밝혀졌다. 즉 내적인 곤란에도 불구하고 책임을 의식한 생활 형성이며, 바꿔 말하면 우리가 태도가치라 부른 것의 실현화가 진행된 것이다.

그 결과 점차로 환자는 그 억울 상태에도 불구하고 개인적인 사명에 넘치는 생활을 눈앞에 보는 듯하여졌을 뿐 아니라 그 상태에서 더욱 많은 것을 보게 되었고 스스로를 한 형태로 그 위에 놓을 수 있게 되었다. 이 실존분석— 뒤에 그녀는 그 후의 내인성의 억울증인 데도 불구하고 입원 전보다 훨씬 책임 의식을 가지고 의미에 찬 생활을 할 수가 있었고, 마치 질환이 아니고 처치도 필요치 않은 것처럼 보였다. 그리고 그녀는 어느 날 의사에게 '선생님은 저를 처음으로 한 인간으로 만들어 주셨습니다'라고 썼다. 심리요법의 최고 원칙이라고 하는 괴테의 명언을 상기한다.

"잘못을 알면서도 있는 그대로 받아들인다면 그것은 좋은 방법이 아니다. 그들이 그랬어야 했던 것으로 인정하는 것이 되므로 그들을 더 잘못된 방향으로 인도하는 것과 같다"

심리적 질환의 경우 가능한 한 자유로운 정신적 관용이 질환 운명의 관해(寬解)에 소용될 경우가 있다. 한쪽에서는 '피조적' 상태에 대한 끊임없는 무익한 도전이 증가하여 억울에 이르는 반면 다른 한쪽에서는 그 상태를 자연스럽게 받아들여 가볍게 무시하고 그것을 넘어서는 사람도 있는 것이다.

어느 여성 환자는 수십 년간 심한 환청(幻聽)으로 괴로워하며 끊임없이 그녀의 거동을 조롱하는 무서운 소리를 듣고 있었다. 그럼에도 불구하고 그녀는 늘 기분 좋게 지냈다. 그래서 환청을 어떻게 생각하느냐고 묻자, "소리가 들리는 것이 귀가 들리지 않는 것보다는 낫다고 생각해요."라고 대답했다.

고뇌에 찬 분열병성 환자가 보여주는 이 증후에는 어느 정도 삶의 지혜가 숨겨 있는 것이다. 그리고 익살스럽게 느껴지는, 그의 묘한 대답은 심리적 질환자들이 갈망하는 정신적 자유의 한 다면이라고 보인다

동일한 정신병 환자간에도 사람마다 정신적 상태에 따라 그 하는 거동이 크게 다르다는 것을 정신병 의사들은 알고 있다. 어떤 진행마비 환자는 고통을 호소하며 타인에 대하여 적대적인 태도를 취하고, 다른 진행마비 환자는 그와 반대로 사랑에 넘치는 착하고 매력적인 모습을 보여주기도 한다.

전쟁 중에 어느 강제수용소에서의 일이다. 한 판잣집에 수십 명의 발진티푸스 환자가 누워 있었다. 모두가 섬망상태(譫妄狀態)인데 단 한 사람만은 의식을 잃지 않고 밤중에도 눈을 뜨고 헛소리가 나오는 것을 참기 위해 노력하고 있었다. 그리고 그는 16일 간 밤낮으로 겪은 고열과 징신적 흥분 상태 속에서의 변화를 입소할 때 가지고 들어온 연구서 초고(草稿)의 재구성을 위해 컴컴한 속에서도 쉬지 않고 종이에다 속기 부호로 빽빽하게 그것을 기록하여 두었다.

모든 인간은 사회적 조직 속에 존재하는 구성원이다. 그리고 모

두는 협동체 안에서 이중의 의미를 띠고 산다. 즉 개인은 사회적인 조직의 일원인 동시에 다른 쪽으로는 조직을 거부하고 개인으로 자유롭고자 하는 욕망이다. 따라서 개인 안에서도 사회적 인과성과 개인의 사회적 목적성이 공존하는 것이다. 사회적인 인과성에 관하여는 사회학적인 제 법칙이 개인을 인정하려 하지 않지만 그렇다고 인간의 의지와 개인의 자유를 박탈해서는 안 된다는 것을 확실히 해 두지 않으면 안 된다.

사회적인 법칙이 개인 생활에 영향을 끼치게 되기 전에 개인의 자유 의지를 여과하지 않으면 안 된다. 그리하여 사회적인 운명이 생물학적 심리학적으로 개인 자유를 존중하는 가운데 가능해지도록 여지를 두어야 한다.

사회적 목적성은 심리요법의 영역에서 개인심리학이 빠지는 오류가 있어서는 안 된다. 모든 인간의 가치 있는 행동은 결국 사회적으로 바른 행동과 다름없는 것이다. 그러므로 협동체에 유익한 것만 가치를 인정한다면 그것은 윤리적으로 받아들이기 어렵다. 그것은 인간의 실존가치를 부정하는 것이기 때문이다.

가치의 영역에서는 개인적인 유보(留保)가 있을 수 있는 것이다. 개인적 목적 실현이 모든 인간적 협동체의 피안에서 그것들과 관계 없이도 가능하기 때문이다. 개인적 체험가치를 문제삼을 경우에는 협동체의 유용성에 대한 기준도 인정할 수 없는 것이다. 개개인의 예술적 체험이나 자연 체험 속에서 각자가 습득하고 발표하는 다양한 가치는, 사회가 거기서 유용성을 끄집어내느냐 못 내느

나와는 본질적으로 무관하다.

한편 본질적이고 필연적인 협동체적 체험에서 일어나는 일련의 체험가치도 간과해서는 안 된다. 연대성이나 동지적 체험, 그리고 두 사람 사이의 성애적(性愛的) 일치의 체험 등을 예로 들 수 있다.

만약 인간 실존의 사회적 계기를, 생활 기반 또는 목적을 나타낼 수 있는 데까지 취급하려면, 다소간의 인간 의지에 대립하여 그에 도전하는 것 같은, 변경할 수 없고 영향받지 않는 사회적인 것에 대하여 논하지 않으면 안 된다. 즉 운명적인 인간에 대립하는 제3의 영역으로서 사회적인 것으로 향하지 않으면 안 되는 것이다.

다음 장에서 직업생활의 형성이나 사회적 환경과의 적극적인 교섭에 대하여 언급하려 한다. 이 장에서는 사회적인 환경이 소여적(所與的)인 형태이며, 개인이 거기서 소외되지 않으면 안 되는 경우를 취급하려 한다.

사회적 여건에 의해 고통을 당하지 않으면 안 되는 인간의 심리에 대해서는 최근 많은 자료가 나왔다. 이미 제1차 세계대전 당시 포로 수용소의 정신병리학적인 관찰이나 체험이 이른바 철조망병의 병상(病像)을 밝히고 구금의 심리학을 많이 연구하였고 따라서 제2차 대전시에는 '신경전'의 수반현상(隨伴現象)을 알려주었다. 그리고 집단적 정신병리학 연구는 강제수용소의 집단생활에서 표출된 현상들을 다룸으로써 충분하겠기에 그것을 취급해 보려고 한다.

③ 강제수용소의 인간 심리 상태

　강제수용소에서의 인간의 실존은 완전히 무시당하는 것이다. 얼마나 인간의 존재를 무시하는지 정도가 심해서 수용소에서 관찰하는(그 자신 수용소 안에 있을 경우) 그 사람마저도 자기의 판단이 객관성을 유지하고 있는지의 여부가 의심스러울 정도이다.

　심리적으로나 윤리적으로 자신은 물론 남을 판단하고 평가하는 능력마저 마비되지 않을 수 없었다. 수용소 밖에서 보는 사람은 거리를 두고 떨어져 있어서 추체험(追體驗)을 하는 것이 고작이지만 그 복판에서 시달리고 있는 수용자들은 몸으로 감당하기 어려운 실체험(實體驗)을 하는 것이다. 그러기 때문에 교란된 생활의 현실을 제대로 가늠할 수 있는 척도 자체가 비뚤어졌을지도 모른다는 근본적인 문제가 제기된다.

　그러나 인식 비판적인 고려에도 불구하고, 정신병리학 및 심리요법의 전문가들은 자기 관찰이나 타자 관찰의 모든 소재에서 엄격히 주관적인 것을 제외하고 이론화에 힘썼으므로 그 본질적 결과는 상당히 정확하리라고 본다.

　수용소에 갇힌 인간의 반응은 세 가지 유형으로 분류된다. 그것은 수용소에서 벗어나려고 몸부림치는 단계이다.

　제1단계는 수용 쇼크의 반응이다. 낯선 환경에 대한 반응은 심리학적으로 볼 때 당연한 것으로 아무 것도 새로울 것이 못된다.

새로 입소한 사람은 이제까지의 생활에서 떠나 이전 것들을 말살 당한다. 가지고 있던 모든 소지품을 압수 당하고 허용되는 것은 안경뿐이다. 그 외에는 아무 것도 남아있지 않다. 그리고 덮치는 것은 지독히 흥분시키든지 아니면 불쾌하게 하는 것들이다.

그렇게 시작된 끊임없는 생명의 위협은 시간이 갈수록 심해진다. 그것을 감당하기 힘든 사람 가운데 몇은 고압 전류가 흐르는 철조망에 뛰어들어 자살을 기도하기도 한다.

그러나 이 단계는 수일 또는 수주일 뒤에 제 2단계로 넘어가게 된다. 그 단계에서는 심각한 무감동이 지배하게 된다. 이전에 수감자를 흥분시키거나 분노케 하거나 절망시킨 것은, 제 2단계에 들어가 수용인 스스로가 만든 방어 벽에 부딪쳐 위협이 무의미하게 된다. 이 무감동을 자기방어 기제(機制)라고 하는데 그것은 특수한 환경에 대한 일종의 심리적 적응현상이다.

그것은 환경이 주는 작용에 의하여 감정적 의식이 약화되어 감성 생활이 낮은 수준으로 끌려가는 현상으로 정신 분석적 관점으로는 원시성(原始性)에로의 퇴보라고 해석해야 할 것이 다. 인간은 눈앞에 부닥친 문제에만 관심을 가지고 산다. 그러므로 모든 노력은 주어진 그 날 하루를 위해 쓰여질 뿐 수용자들에 내일이란 생각할 여지도 없다. 하루 일과를 마치고 해질녘 '노동 대열'에 끼어 배고프고 지친 몸으로 추위에 떨며 눈 덮인 들판을 발을 질질 끌고 수용소로 돌아와, "휴, 또 하루를 넘겼구나" 하는 깊은 한숨을 토하는 것이 그들이 살아 있다는 의미이다.

그들은 어떻게 하면 하루를 무사히 살아 생명을 유지하느냐가 문제일 뿐 어떻게 탈출하여 살아날까 하는 문제는 피안의 사치로밖에 보이지 않는다. 모든 사람은 열등의식에서 헤어나지 못하며 수용소에서 가장 흔히 들을 수 있는 '똥 처먹어라' 하는 저열한 말에서 그들의 의식 상태를 엿볼 수 있다. 개인적인 고상한 취미나 욕망은 수용소 생활에서 감퇴되고 만다. 그러나 예외로(당연한 일이지만) 정치적 관심과 종교적 의식만은 날로 높아진다. 그 외는 '문화적 동면' 상태에 빠져들게 된다.

강제수용소에서 내적 의식의 원시성은 그들의 꿈에서 나타난다. 수감자들은 거의가 빵이나 과자나 담배나 더운물에서 목욕하는 꿈을 꿈꾼다. 그리고 시간만 나면 먹는 일에 관해서 끊임없이 얘기한다. 가령 노동 중에 수감자가 서로 만나서 감시병이 근처에 없으면 그들은 좋아하는 요리의 메모를 교환하거나, 풀려난 후에 서로 초대할 경우의 메뉴를 만들어 주고받는다. 수감자 가운데에서도 수준이 좀 나은 사람들은 벌써 굶주리지 않아도 되는 날을 대망하며 지내고 있지만, 그것은 무슨 좋은 식사 때문에가 아니라, 먹는 것밖에 생각할 수 없는 인간답지 않은 상태에서 어떻게든 벗어나려고 몸부림치고 있기 때문이다.

다음으로 수용소 생활이 원시성으로 끌려가며, 먹는 것이 부족하기에 식욕이 모든 사상이나 소원의 주된 내용이 되게 하는 동시에 그것은 성적인 관심을 현저히 잃게 하는 결과를 초래한다. 강제수용소에서의 성욕은 전혀 존재치 않으며 성적 충동은 꿈속에서조차 나타나지 않는다.

　수용소 생활에서의 심적 반응은 충동성의 원시적 구조에의 퇴화라고 해석할 수 있는 것만은 아니다. E・우티츠(Utitz)는 그가 수용소 수감자에게서 관찰한 전형적인 성격 변화를 사이크로팀(cyclothymia)에서 시트오팀에의 이행(移行)이라고 해석하였다. 많은 수감자들에게서는 무감동뿐 아니라 자극성도 현저히 둔화되는 것을 깨달았다.

　무감동과 무자극성은 크레치머(kretschmer)의 의미에서의 시트오오의 기분의 비례에 상응하는 것이다. 그러한 성격 변화나 관심의 교대는 심리학적으로 많은 의문이 있으나 일단 그것은 이차적으로 하고, 정신분열병화(schizoidization)에 대하여 간단히 설명하고자 한다. 수용자 대부분은 영양부족과 수면부족으로 괴로워하고 있었다.— 수면부족은 비좁은 공간에 지나치게 많은 사람이 수용되어 벼룩이나 이 때문이었고 영양실조는 부실한 식사 때문이어서 사람들을 무감각하게 만들었다. 이 두 가지 결핍이 정상적인 생활을 무력하게 만드는가 하면 심리적 자극을 부드럽게 해주는 카페인(커피)이나 니코틴(담배)마저 공급이 단절되었기 때문에 신경이 예민해지는 등 증세가 악화되었다. 문제가 된 '성격변화'의 생리학적인 요인은 이렇게 설명되고 다시 심리적인 인자(因子)가 거기에 더해지는 것이다. 수감자들은 각종 콤플렉스와 열등감으로 괴로움을 당하고 있었는데 그것은 전에는 '아무개'라고 부르는 존재였지만 지금은 '아무 것도 아닌' 무명의 존재로 취급되고 있기 때문이다.

 소수의 사람만이 패를 차고 카포(유대 수감자를 감시하는 같은 수감자로 야비하고 악한 유대인)가 되어 작은 황제망상(皇帝妄想)에 사로잡혀 있었다. 이 저열한 인간들에게는 수감자들을 억압하는 권리가 주어져, 학대받는 대다수와 선택된 소수의 카포간에 충돌이 일어났다.(그런 사건은 종종 폭발) 그럴 때마다 신경이 날카로워진 수감자들의 감정은 정점에 달해 폭발했다.

 이렇게 볼 때 성격의 유형은 환경에 의하여 만들어지는 것을 증명한다고 할 것이다. 그것은 인간이 사회환경이라는 운명에서 벗어날 수 없음을 보여주는 것이기도 하다. 그럼에도 불구하고 나는 그렇지 않다고 주장한다. 그러면 어디에 인간의 내적 자유가 존재하며 심리적으로 일어난 변화에 대하여 즉, 강제수용소가 그들을 그렇게 '만든'데 대해 정신적으로 책임을 지고 있는 누군가가 있는가를 묻는다면 나는 그렇다고 대답할 수 있다.

 그것은 지극히 제한된 사회적 환경에 의해 육체적 자유가 박탈된 상태에서도 인간의 실존을 어떤 모양으로든 형성하는 내적 자유가 존재하기 때문이다. 인간이 그러한 상태에서도 오히려 '다를 수 있는' 것, 즉 강제수용소에서의 심리적인 병태화(病態化)라는, 저항할 수 없는 법칙성에 굴복하지 않고 있었다는 실례(대분히 영웅적인 실례지만)는 많이 있다.

 한 인간이 전형적인 수감자의 심리에 빠져 사회적 환경의 힘에 꺾이는 경우에는 반드시 정신적 전락이 존재한다. 그런 사람은 주어진 상황에 의해 자유를 잃는 것이 아니라 스스로 포기한 것이다. 수용소에 수감할 때 모든 것을 탈취한다 하더라도 아무도 운명과 내적 자유와 호흡마저 빼앗을 수는 없는 것이다. 그러나 물질적으로 빼앗을 수 있는 것은 실제로 많이 탈취했던 것이다.

강제수용소라는 특수 환경에서도 그 무감각한 상황을 극복하며 모든 감정을 억제해낸 소수의 사람들이 있었다. 그들은 자기 자신에 대해서는 아무 욕심도 없이 희생적이었으며 점호 시간에 수용소 판잣집을 가로질러 가면서 품위 있는 말을 하고 자기들의 마지막 빵 한 조각까지 동료에게 주는 사람들이었다.

강제수용소의 수감자들이 보여주는 정신적 징후는 육체적 자유를 압제 당한 상황에서 심리적으로 일으키는 것이 명백하다. 뒤에 말하는 정신병의 제 징후는 강제수용소의 정신병리학의 실상을 의미한다. 그것은 신체적 심리적 표현이며 실존양식의 궁극적 결정이다. 강제 수용소 안에서의 인간의 성격 변화는 생리학적인 상태 변화(기아, 수면부족 등)의 결과며, 심리학적으로 열등감의 표현인 동시에, 본질적으로 정신적인 상태에 따라 일어나는 것이다. 왜냐하면 어떤 경우에나 인간은 환경의 영향을 받는 가운데서도 심리적 자유와 가능성을 지니고 있기 때문이다.

설혹 평소에는 자유와 가능성을 거의 쓰지 않는다 할지라도 그것은 개인에게 속해 있는 것이다. 강제수용소라는 환경에서 그 심리적인 영향을 받는 사람마다 어떤 모양으로든 그것은 있는 것이며, 그 영향에서 벗어난다는 것은 개인의 노력과 책임에 어떤 의미로든 주어져 있는 것이다. 인간이 정신적으로 퇴락하여 환경의 신체적 심리적 제 영향 안에 빠져버리는 이유가 어디에 있는가를 묻는다면 대개는 이렇게 대답할 것이다. 인간은 정신적인 지지를 잃으면 그 때는 환경의 영향에 빠질 수밖에 없다고. 그러나 이 대답은 더 깊이 논하지 않으면 안 된다.

이미 우티츠는 수감자의 존재양식의 특징을 '가상존재(假象存在)'라고 했다. 이 특징을 정의하자면 그만한 논증을 필요로 한다. 즉 인간 실존의 형식에서 가상(假象)의 생활이라는 것과 '기한 없는' 가상의 생활이 문제이다. 밖에 있다가 새로 들어온 입소자들에게 수용소는 피안의 세계 같은 기분이 들겠지만(수용소에서 풀려나 돌아온 자가 없고, 그 안의 실상이 공개된 적이 없기 때문에), 한번 수용소에 갇히면 언제까지 거기에 있어야 하는지 모르며, 아무도 그것을 예측할 수조차 없는 것이다. 날마다 그들이 수군거리는 '종말' 얘기는 언제나 철저한 실망으로 그치고 만다. 석방의 시기가 불명하다는 것은 수감자에게 실제로 무기한의 수용기간이라는 감정을 만들었다. 그리하여 그들은 철조망 밖의 세계에 대하여 차츰 소외감을 갖게 된다. 철조망을 통하여 외부 인간이나 사물을 마치 이 세상 것이 아닌 것처럼 바라보며 죽은 자가 저 세상에서 바라보는 것처럼 비현실적이며 도달할 수 없는 환상과 같은 기분이 되는 것이다.

강제수용소의 존재양식의 무기한성은 미래가 없다는 체념에 이르며 긴 행렬을 짓고 다른 수용소로 이송된 어떤 수감자는 마치 그 자신이 시체의 뒤를 따라가는 듯한 기분을 느꼈다고 토로했다. 그

토록 미래가 없는 '살아있는 시체'의 생활은 인간이 감당하기엔 벅차 최악의 상황이었던 것이다. 그들은 미래가 불투명하므로 생각할 수 있는 것은 오직 과거뿐이었다. 그러므로 생각은 늘 되풀이하여 과거 체험의 세목(細目)을 맴돌았고 일상적인 것도 메르헨(märchen)과 같이 순환되는 것이었다.

인간은 본래 미래에의 비전 없이는 존재할 수 없는 존재이다. 그리고 인간의 현재는 미래를 위하여 지탱된다. 마치 쇳조각이 자석 쪽으로 향하는 것처럼 미래로 향하는 것이다. 만약 인간이 '미래'를 상실한다면 내적 삶과 체험 등 모든 것을 상실한다. 그것은 마치 퇴원 기한을 모르는 불치의 결핵 환자를 다룬 토마스만의 《마의 산(魔의 山)》에서 묘사한 것처럼 '현재적인 생존'인 것이다. 그리고 그것은 많은 실업자를 사로잡는 생존의 무의미가 주는 생활감정과 같다. 즉, 실직한 광산노동자에 관해 심리학적 연구로 밝혀진 것처럼 그들에게서도 시간체험의 구조 붕괴가 발견된다.

라틴어 'finis'는 종말을 의미함과 동시에 목적을 의미한다. 인간이 그 가상의 생존의 종말을 볼 수 없을 때는 아무런 목적도 세울 수 없으며 어떤 사명도 느낄 수 없게 되는 것이다. 즉 생명은 그에게 내용과 의미를 상실한 것이 되지 않을 수 없다. 반대로 '종말'을 의식하고 미래의 목적을 확인하는 것은 정신적 근거를 주는 것이다. 이 정신적인 근거야말로 수용소 수감자에게 지극히 필요한 것이다. 왜냐하면 정신적인 근거만이 인간을 사회적 환경의 왜곡된 힘과 전략에서 지킬 수 있기 때문이다.

가령 한 수감자가 다수의 청중을 앞에 놓고, 그가 지금 체험하고 있는 상황에 대하여 강연을 하고 있다고 상상함으로써 수용소 생활의 최악의 상태를 본능적으로 당당하게 이겨 넘기려고 한다고 하자. 이 가상에 의하여 그는 사물을 '영원의 상(相) 아래' 체험하는데 성공하고 극한 상황을 견디는 데 힘을 얻는다.

정신적인 근거가 없는 데서 오는 심리적 붕괴는 완전한 무감동에 빠지게 한다. 그런 현상은 모든 수감자가 두려워하는 것이지만 그들에게서는 자주 일어나며 며칠 사이에 급격히 파국에 이르는 것이었다. 그러한 수감자는 어느 날 갑자기 바라크 속의 자리에 누운 채 꼼짝하지 못하고 점호에 나가는 것도, 노동도 거부하며 식사도 하지 않고, 세면장에도 나가지 않는다. 어떤 충고나 위협도 그를 무감동에서 떼어놓을 수 없으며 어떤 형벌로도 그를 위협할 수 없다. 그는 만사를 멍청히 무심하게 대할 뿐 아니라 신체적으로는 죽음을 의미하고 있었다.

이 같은 증상은 '무기한성'의 체험이 수감자를 갑자기 엄습했을 때 확연히 드러난다. 다음과 같은 예도 있다. 한 수감자가 어느 날 그 친구에게 기묘한 꿈을 꾸었다고 말하면서 모르는 것을 물으면 꿈을 통해 자기는 미래를 예언할 수 있으니까 무엇이나 알고 싶은 것이 있으면 물으라고 했다. 그러자 친구는 언제나 제 2차 세계대전이 나를 위해 끝나겠느냐고 물었다. 그에 대해 꿈속의 목소리를 듣는다는 그 사람은 1945년 3월 30일이 그 날이라고 대답해 주었다.

그 수감자가 꿈 이야기를 한 것은 3월초였다. 당시 그는 아직은 희망이 있는 비교적 좋은 상태였다. 그러나 3월 30일이 가까이 다가오자 그 예언이 정말 맞을까 하는 의심에 차 있다가 예언한 날짜 수일 전 그는 실망에 빠졌다. 이윽고 3월 29일 그는 높은 열을 내며 섬망상태(譫妄狀態)가 된 채 병실로 옮겨졌다. 그에게 중요했던 3월 30일에(그에게서 고통이 끝난다는 그 날에) 그는 의식을 잃었다. 그리고 다음 날 그는 발진티푸스로 죽었다.

나는 이미 유기체의 저항성이 용기나 권태에 의해 얼마나 광범하게 영향을 받고 있으며 감정상태에 의존하고 있는가를 설명하였다. 꿈속의 그 목소리의 잘못된 예언에 대한 이 수감자의 실망이, 그 유기체의 저항력을 현저히 저하시켜, 잠복하고 있던 전염균이 유기체를 굴복시켰다고 판단해도 임상적으로는 틀림이 없다.

이와 같은 견해와 일치하는 것은, 전에 수용소 의사가 보고한 다음과 같은 집단적인 관찰의 결과였다. 즉 그 수용소의 수감자들은 1944년 크리스마스에 석방되리라는 희망을 일반적으로 확신하고 있었다. 그러나 크리스마스가 되어도 아무런 희망을 채워주는 소식이 없었다. 그 결과 크리스마스에서 신년까지의 한 주간 사이에 이 강제수용소에서는 기후의 변화나 노동조건의 강화나 전염질환 발생 등의 사정으로는 설명할 수 없는, 일찍이 없었던 많은 사망자가 발생하였다.

따라서 강제수용소에서 심리요법이나 정신위생을 시도하려 한다면 장기적인 계획으로 미래의 목적을 위해 정신적 근거를 든든히 해 두지 않으면 안 될 것이다. 미래에 대한 의식을 바르게 가질 때에만 치료가 가능하기 때문이다. 실제로 수감자에게 미래로 눈을 돌리게 하여 정신적으로 현실을 이겨내게 하는 것은 그리 어려운 일이 아니었다.

절망한 나머지 자살을 결심한 두 수감자와 상담한 결과 다음과 같은 공통점이 밝혀졌다. 즉 두 사람 모두 "이미 인생에서 아무 것도 기대할 수 없다"는 감정에 사로잡혀 있었다. 이 경우 이미 말한 코페르니쿠스적(copernicus的) 전회(轉回)를, 즉 인생에서 무엇을 기대하느냐 하는 것보다 인생이 그에게 무엇을 기대하느냐 하는 것을 그들에게 설득해 주는 일이 중요하다.

사실 두 수감자가 인생에서 기대할 것은 피안에…… 인생은 제각기 그들을 전적으로 구체적인 사명을 가지고 기다리고 있었음이 밝혀졌다. 한 사람은 지리학의 총서(叢書)를 저술하고 있는 중이었고 다른 한 사람은 깊은 애정으로 그를 따르고 있는 한 외국에 있는 아가씨를 사랑하고 있었다.

결국 한 업적이 한 사람을 기다리게 하였고, 한 인간이 다른 한 사람을 기다리고 있었던 것이다. 그러므로 두 사람 모두 바꿀 수 없는 독자성을 가지고 있음을 알고, 그것은 고뇌임에도 불구하고 생명에 큰 의미를 부여할 수가 있었던 것이다. 한 사람은 그 학문적 업적을 바꿀 수 없었고, 다른 한 사람은 그 아가씨와의 사랑을 바꿀 수 없었던 것이다.

매우 간단한 형태이긴 하지만 강제수용소에서도 '집단 심리요법'

이 가능하였다. 심리요법의 전문가인 신경의(神經醫) 수감자는, 사람이 빼곡한 바라크의 어둠 속에서 노동으로 지친 친구들에게 그의 생의 목적을 잃지 않도록 설득하고, 필요한 삶의 의지와 용기를 계속 북돋아 주었다.

해방된 수감자도 심리적인 보호를 필요로 한다. 갑작스런 해방은 심리적 압력의 소멸을 의미하는 동시에 심리학적인 의미로는 어떤 위협성을 안고 있다. 즉 신경학적인 의미로 그를 위협하는 것은 심리적인 케이슨병(caisson;潛函病)이라고도 할 수 있고 여기서 수감자의 심리학에서 취급하는 제3단계에 도달된다. 해방이라는 것에 대한 반응에 관하여는 다음과 같이 쉽게 설명할 수 있다. 해방된 자에게는 모든 것이 그저 아름다운 꿈처럼 생각되어 그것을 감히 믿으려 하지 않는다.

얼마나 많은 아름다운 꿈이 그를 속였으며 얼마나 자주 해방을 꿈꾸었던가……. 그는 집에 돌아가 아내를 포옹하며, 친구와 만나며, 테이블에 앉기도 하고, 자기 체험을 얘기하는 꿈에 빠졌다가도 갑자기 새벽 기상을 알리는 세 번의 호각 소리가 귀를 울리면 꿈에서 깨어 자유를 잃은 현실로 돌아온다.

가족과 재회의 순간을 얼마나 초조하게 기다렸던가. 그것이 현실이 되기를 갈구하던 그에게 주어진 해방은 꿈만 같아서 믿지를 못하는 것이다. 그러나 이번이야말로 그리고 꿈꾸던 자유의 몸이 된 것이다. 갑자기 주어진 해방은 일종의 이인감(離人感)에 빠지게 만든다. 즉 살아 있다는 것을 참으로 기뻐할 수 없고 그 동안 잊고 있던 것들을 다시 찾아 기뻐하는 법을 배워야 한다. 자유의 몸이 된 처음에는 현실이 아름다운 꿈처럼 느껴지나, 그 다음에는 곧 과거가 악몽으로 다가오는 날이 온다. 그 자신도 어떻게 수용소 생활을 견뎌낼 수 있었던가 이해가 안 되는 것이다.

그리고 이제부터는 그만한 것을 경험하고 괴로워한 이상 세상에서는 자기가 모시는 신 외에는 아무 것도 무서워할 것이 없다는 강한 신념이 그를 지배하게 된다. 멀리했던 신을 다시 믿는 신앙은 강제수용소에서 배우며 거기서 확고해진다.

4 고뇌의 의미

인간의 존재는 의식성과 책임성으로 인정한다. 책임성은 가치의 현실화에 대한 책임이고 가치라는 것은 '영원히' 보편 타당성만을 전제로 하는 것은 아니고, 오히려 일회적인 '상황 가치'(쉘러)도 고려하지 않으면 안 된다는 것이었다. 그리하여 가치현실의 기회는 구체적인 성질을 갖는다. 그 기회는 다만 상황에 관계하고 있을 뿐 아니라 각 사람에 결부되어 있는 것이다. 그리하여 그 기회는 때에 따라 교체함과 동시 각 사람에 따라 변화하는 것이다. 가치의 세계로부터 인간의 생명 속에 흘러 들어오는 실현화의 요구는 시간마다 구체적인 요구와 개인마다 인격적인 요청으로 되는 것이다. 각 사람이 오로지 독자적으로 가지고 있는 가능성은 각 역사적 상황이 그 일회성에 있어서 보인 가능성과 같이 특수한 것이다. 그리하여 여러 가지 가치가 각 사람의 구체적 사명 속에 융합되어 있는 것이며, 그에 의하여 사명은 그 독자성을 갖는 것이다. 인간이 그 자신의 실존을 일회적 독자적 성격에서 경험하기 전에는 그의 사명을 꼭 이루어야 한다고 느끼지 못한다.

생명의 의미에 관한 문제를 논할 때는 일반적으로 세 가지 가능한 가치의 카테고리로 구별한다. 즉 창조가치, 체험가치, 태도가치이다. 창조가치는 행동으로 실현화되며 체험가치는 세계(자연, 예술)의 수동적인 수용으로 자아 속에서 현실화된다. 이에 비하여 태도가치는 어떤 변화할 수 없는 것, 운명적인 것이 그대로 받아들여지지 않으면 안 되는 경우에는 어디서나 현실화되는 것이다. 인간이 어떻게 그러한 운명적인 것을 스스로 받아들이는가 하는 그 양식에 따라 헤아릴 수 없이 풍부한 가치 실현의 가능성이 생기는 것이다. 즉 창조나 인생의 기쁨 속에서 가치가 구해질 뿐 아니라, 또한 고뇌에서조차 가치는 실현되는 것이다.

그러한 사고방식은 모든 소박한 공리론적 윤리학과는 전혀 인연이 없다. 그러나 인간존재의 가치와 존엄에 관한 일상적인, 그리고 근원적인 판단을 되돌아보면, 성공이라든가 효과 따위와 전혀 관계없이 이루어지는 깊은 체험이 있음을 깨달을 것이다. 외적인 실패에도 불구하고 내적으로 채워지는 이 영역은 문학작품 등에서 자주 우리에게 보여주는 것과 같다.

가령 톨스토이의 《이반, 일리치의 죽음》의 얘기를 상기하는 것만으로도 충분할 것이다. 여기서는 어느 부르주아적 존재가 묘사되는 것이지만, 그 주인공의 생활의 철저한 무의미성은 그의 뜻

하지 않은 죽음 직전에 이르러서야 비로소 명백해지는 것이다.

그러나 이 무의미성을 통찰하는 것과 동시에 이 사람은 그의 생명의 최후의 시간에 오히려 자기 자신을 훨씬 넘어서 성숙하고, 내적인 위대함에 도달하며, 그것은 역행적으로 그의 이제까지의 전 생활을(그것이 허망한 것임에도 불구하고) 어떤 의미에 찬 것으로까지 높여주는 것이다. 생명은 그 궁극의 의미를(영웅에서와 같이) 죽음으로써 얻을 수 있을 뿐 아니라, 또한 죽음 안에서도 얻을 수가 있는 것이다. 따라서 자기 생명을 희생하는 것이 생명에 의미를 줄 뿐 아니라, 생명은 실패에서조차 채워질 수 있는 것이다.

공리적 윤리학을 지지하기 어려운 것은 희생이라는 도덕적 문제에 직면할 때 분명해진다. 희생이 '타산적으로' 행하여질 때 즉 그것이 가져올 성과를 계산하고 희생을 한다면 그것은 윤리적 의미를 상실하는 것이 된다. 남을 구하기 위하여 물 속에 뛰어든 사람이 만약 익사했다면 그것을 윤리적으로 행동한 것이 아니라고 주장할 사람이 있을까. 생명 구조자의 행동양식을 윤리적이라고 높이 평가할 때 위험은 으레 전제되는 것이다.

'성과'가 없다는 것은 '의미'가 없다는 것을 뜻하지 않는다. 이것은 과거 연애 체험을 관찰할 경우 분명해진다. 즉 어떤 사람에게 그의 불행한 연애 경험을 무의미한 것으로 돌려버리고 불쾌하고 고뇌에 찼던 체험을 전혀 무시할 의사가 있는가 묻는다면 그는 아마 그럴 수 없다고 할 것이다. 비록 고뇌에 찬 것이었을지라도 인간에게 부정적이기만 한 것이 아니기 때문이다. 인간은 고뇌 속에서 성숙하며, 고뇌를 통해 성장한다. 그러므로 연애의 성공이 주게 될 가치보다도 실연의 고뇌가 인간에게 부여하는 가치가 더 클 수도 있다.

대개 인간은 자기 체험의 쾌나 불쾌의 정도를 과장하는 특징이 있다. 그런 특징은 운명에 우매하고 부정적인 결과를 초래케 한 한다. 인간은 다양한 의미로 즐기기 위하여 세상에 존재하는 게 아니며 쾌감이 인간의 생명에 의미를 부여하는 것도 아니다. 그러므로 쾌감이 없다고 하여 생명에서 의미를 제거할 수도 없는 것이다. 목적을 이루지 못한 체험은 그 점을 정확하게 보여주는데 그것은 예술 등에 두드러지게 나타난다. 예술적인 내용에 대해서 어느 멜로디가 장조로 되든 단조로 되든 그것은 지엽적인 일이다. '미완성'인 교향악이 미완성인 데도 가치가 인정받는 작품에 속하며 '모방작품'적인 교향악도 아름다운 작품에 속하는 것이다.

인간은 활동에서 창조 가치를, 경험에서 체험 가치를, 고뇌에서 태도 가치를 실현한다. 그러나 그것을 넘어 고뇌는 다시 어떤 내재적인 의미를 갖는다. '어떤 일로 괴로워하고 싶지 않아서 그 어떤 일을 괴로워한다'는 역설적인 일이 그 의미를 가르쳐준다. 즉 우리가 그 어떤 일을 타당하게 시인시키고 싶지 않아서 그것을 괴로워하는 것은 운명적인 소여(所與)와의 대결의 궁극의 사명이며 고유의 관심사인 것이다. 어떤 일을 고뇌하는 경우에는 내적으로 그것으로부터 몸을 떼어놓고, 인격과 그 일과의 사이에 거리를 두는 것이다. 그럴 수 없는 상태에 대하여 아직 괴로워하는 한 우리는 한편으로는 '현실적'인 존재, 다른 편으로는 '그래야 할' 존재와의 사이의 긴장 속에 있는 것이며, 그러는 한에서는 이상을 보고 있는 것이다.

앞에서 기술한 바와 같이 자기 자신에게 절망하고 있는 인간에 대해서도 같은 말을 할 수 있다. 바로 그가 절망하고 있다는 그 사실 때문에 그는 이 절망에 대한 아무런 대처도 할 수 없는 것이다. 왜냐하면 그는 그 자신의 현실을 이상에 대조하여 평가하며, 이상으로 계산하고 있기 때문이다. 그가 실현하지 않고 끝난 가치를 볼 수 있다는 사실은 그래도 이 사람 자신에게는 이미 어떤 가치를 가지고 있는 것이다. 만약 그가 처음부터 가치판단의 지위와 존엄이 없었다면, 즉 존재에 대한 당위를 몰랐다면 그는 자기 자신을 판단할 수 없었을 것이다.

따라서 고뇌는 인간에게 그럴 수 없는 것을 직통적으로 느끼게 함으로써 두려운 혁명이라고도 할 수 있는 긴장을 만들어 낼 것이다. 그가 소여적(所與的)인 것과 동일화하면 할수록 그는 소여적인 것과의 거리를 없애며, 존재와 당위 사이의 강한 긴장을 상실케 하는 것이다.

인간의 감정 가운데는 여러 가지 합리성 이전의, 그러면서도 합리적인 유용성에 모순조차 되는 깊은 여지가 있음이 분명해진다. 가령 비애나 회한의 감정을 고찰하여 보자. 공리론적인 입장에서 말하자면 양자가 모두 무의미하게 느껴질 것이다. 왜냐하면 어떤 돌이킬 수 없는 것을 슬퍼하는 것도, 지울 수 없는 죄과를 뉘우치는 것도 '건전한 인간 오성'의 입장에서 본다면 마찬가지로 무익하며, 의미에 거역하는 것처럼 생각지 않을 수 없기 때문이다.

그러나 인간의 내적 역사(歷史)에서의 비애와 회한은 그것 나름대로의 의미를 가지고 있다. 사랑하고, 그리고 잃어버린 한 인간을 슬퍼하는 것은 그를 어떤 면에서는 그의 삶을 계속 이어지게 하는 것이다. 그리고 죄를 지은 사람의 회한은 그를 죄에서 해방시켜 어떤 면에서는 갱생시키는 것이 된다. 객관적으로는, 즉 경험적 시간에서는 잃어버린 사랑이나 비애의 대상이 주관적으로는, 즉 내적 시간에서는 보존되어 있는 것이다.

결국 비애는 그것을 현재화하는 것이다. 그런데 참된 회한(悔恨)은 쉘러가 지적한 것처럼 어떤 죄를 해소할 수가 있다. 즉 죄는 과연 그 지은 자에게서 제거할 수는 없으나, 그 지은 자 자신은(그 도덕적 갱생에 의하여) 말하자면 앙양(昻揚)되는 것이다. 발생한 것을 내적 역사에서 풍부하게 하는 이 가능성은 인간의 책임성과 조금도 모순되지 않는다. 그것과 변증법적 관계에 있는 것이다. 왜냐하면 죄를 짓는다는 것은 책임성이라는 것을 전제로 하고 있기 때문이다. 그리고 인간은 인생에서 행위한 것은 단 한 걸음도 돌이킬 수 없다는 사실에 직면하여 책임을 의식히는 것이나. 최소의 결단도, 최대의 결단도 마찬가지로 최종적인 것이 된다. 그가 행위한 그 어떤 것도 지울 수 없는 것이다. 그럼에도 불구하고 인간은 회한함으로써 어떤 행위에서 몸을 돌려, 회한을 실천적으로 표현되기를 바라는 것을, 정신적 도덕적 평면에서 일어나지 않게 할 수 있으며, 그것은 피상적인 관찰로는 상술한 것과 모순되는 듯이 보이겠지만 결코 그렇지 않다.

쇼펜하우어는 주지하는 바와 같이 인간은 고난과 권태(倦怠) 사이를 시계추처럼 왔다갔다하는 허무한 존재라고 말하였다. 그러나 현실에 있어서 이 양자는 깊은 의미를 가지고 있는 것이다. 권태는 끊임없는 하나의 경고인 것이다. 무엇이 권태를 일으키는가. 그것은 활동하지 않는다는 것에서 일어난다. 그러나 행동은 우리가 권태에서 도피하기 위하여 거기 있는 것이 아니라, 우리가 활동하지 않는 데서 도망쳐 생명의 의미를 올바르게 인식하도록 권태가 거기 있는 것이다. 인생의 싸움은 우리를 '긴장' 속에 두는 것이다. 왜냐하면 생명의 의미는 사명을 다하려는 요구에 차 있기 때문이다. 따라서 이 '긴장'은 신경증적인 센세이션을 구하는 마음이나 히스테릭한 자극을 탐하는 마음과는 본질적으로 다르다. '고난'의 의미도 마찬가지로 하나의 경고 속에 있다. 이미 생물학적인 영역에서 고통이라는 것은 의미 있는 감시자이며 경고자이다. 심리적 정신적 영역에서도 그것은 유사한 기능을 하고 있다. 고뇌는 인간을 무감동 즉 심리적 응고(凝固)나 화석화(化石化)에 대해서 지켜주는 것이다.

고뇌하는 한 인간은 심리적으로 살아 있는 것이다. 그리고 인간은 고뇌에서 성숙하며, 고뇌에서 성장하는 것이며, 고뇌는 우리를 보다 풍부하고 강력하게 해준다. 이미 말한 것처럼 회한은 외적으로 일어난 것을 내적 역사에서(도덕적 의미로) 일어나게 하는 의미와 힘을 지니고 있으나, 비에는 지나가 버린 것을 어떤 형태로 존속시키는 의의와 힘을 가지고 있는 것이다. 따라서 양자는 어떤 형태로 과거를 수정하는 것이다. 그리고 그것은 문제를 회피하거나 속이거나 하지 않고, 하나의 문제를 정면으로 해결하는 것이다. 불행에 대하여 몸을 돌리거나, 스스로를 마비시키거나 하는 인간은 아무런 문제도 해결할 수 없으며, 불행을 세계에서 배제하지는 못한다.

그러한 인간이 세계에서 만드는 것은 불행의 단순한 결과인 불쾌라는 감정상태뿐이다. 회피나 마비에 의하여서는 자신에 대하여 아무 것도 알 수 없다. 그는 현실을 도피하려고 한다. 그는 가령 술 취함으로 도피한다. 그리하여 그는 주관주의적인, 바로 심리주의적인 과오에 빠진다. 즉 술 취함으로, 말하자면 침묵시키려고 한 어떤 정서와 함께, 그리고 이 정서의 대상도 세계에서 없어지게 하는 과오이며, 무의식으로 추방한 것은 동시에 비현실로 추방했다고 생각하는 과오이다. 그러나 어떤 대상으로 눈을 돌리는 것이 그 대상을 생기게 하는 것은 아닌 것처럼, 그 대상에서 눈을 감아버리는 것이 그 대상을 없애지는 못한다. 그리하여 비애가 일어나는 것을 억압하는 것으로 슬퍼해야 할 사태를 없애지는 못한다.

실제로 어떤 슬퍼하는 인간의 건강한 감각은 일반적으로 '밤마다 눈물로 지새우는' 대신 수면제를 먹는 것을 거부하는 것이다. 죽음 —이 전형적으로 역전시킬 수 없는 사상(事象)— 은 그것이 절대적으로 무의미한 것으로 되어, 즉 슬퍼하는 자가 자살을 하여도 일어나지 않은 일이라고는 결코 말할 수 없는 것이다.

술 취함은 단순한 마비에 비하여 어떤 적극적인(Positive)인 것이다. 술 취함의 본질은 존재의 대상적 세계에서 몸을 돌려 '상태적' 체험으로, 즉 가상의 세계에서의 생활로 향하는 것이다. 이에 대하여 마비는 단순히 불행을 의식하지 않는다는 것이 될 뿐이며, 쇼펜하우어의 소극적인 의미에서의 행복, 열반(涅槃)의 상태에 이르는 것이다. 마비는 따라서 정신적인 마취인 것이다.

이는 외과적 마취에 있어서 이른바 마취사(痲醉死)가 있는 것처럼 정신적 마취도 일종의 정신적인 죽음을 가져올 수 있는 것이다. 그 자체는 대단히 의미 있는 정서적 흥분을, 그것이 너무나 불쾌하다고 해서 끊임없이 억압한다면 인간은 그 심적 생활에서 말라죽지 않을 수 없게 된다. 우울병 환자 가운데는 통상대로 비애의 감정이 그 증후 전면에 노출되지 않고, 오히려 그가 슬퍼질 수 없는 것, 실컷 울 수 없는 것, 감정이 차가워져 내적으로 메말라버린 것을 호소하는 사람들이 있다.(Melancholia anaesthetia)

이런 사례를 알고 있는 사람은, 슬퍼할 수 없다는, 그러한 인간의 절망은 없으리라고 생각하는 것이다. 이 역설은, 쾌감원리가 정신분석의 단순한 구성물이며 인공적인 것이지 현상학적 사실은 아니라는 것을 나타내고 있다. 인간은 '심정의 논리'(logique du coeur)에서 현실로는 항상 기쁨이거나 또는 슬픔의 흥분이거나 간에 끊임없이 심리적으로는 '생기 넘치게' 살기를 힘쓰며 무감동에 빠지지 않도록 애쓰고 있는 것이다.

상술한 바 우울병으로 고뇌하는 자는 고뇌하지 못함을 고뇌한다고 하는 역설은 정신병리학적인 역설에 불과한 것이며, 실존분석으로 본다면 그 의미는 더욱 분명해진다. 왜냐하면 실존분석에서는 고뇌의 의미는 명백하며 '고뇌'는 의미 있는 것으로서 생명에 속하여 있기 때문이다. 고뇌는 운명이나 죽음처럼 생명에 속해 있는 것이다. 이 모든 것은 생명에서 떨어지려고 하면 그 의미를 잃어버리는 것이며, 운명에서 그 형태를 빼앗아 버리는 것이 된다. 운명이 내리치는 망치와 고뇌의 불덩이 속에서 비로소 생명은 그 형태를 이루는 것이 된다.

인간을 괴롭히는 운명은 우선(혹 가능하다면) 새롭게 형성되어, 그 다음(혹 필요하다면) 견디어냄으로써 의미를 갖는 것이다. 그리고 이 경우 우리는 다만 견디는 것마저 오히려 내제적인 의미를 가지고 있다는 것을 잊어서는 안 된다. 그러나 한편 우리는 인간이 너무나 빨리 무기를 버리고, 너무나 빨리 사태를 운명적이라고 여겨, 운명이라고 생각해버린 것에 몸을 굽히는 것을 경계하지 않으면 안 되는 것이다.

인간이 이미 창조가치를 실현하는 아무런 가능성도 없을 때에, 즉 운명을 형성하는 것을 실제로 할 수 없을 때에 비로소 태도가치가 실현화되지 않으면 안 되며, "그 십자가를 스스로 메지 않으면 안 되는" 것이다. 태도 가치의 본질은 어떻게 인간이 변경할 수 없는 것으로 대처하느냐 하는 데 있다. 즉 브로드(Bnad)가 '고귀한 불행'이라고 부른 것이 중요하며, 본래 운명적이 아니라서 파할 수도 있거나, 또는 죄의 결과인 것 같은 '고귀하지 않은 불행'과 다른 것이다.

각 상황은 창조가치의 의미로나 태도가치의 의미로나 제각기 가치 실현의 기회를 제공하고 있는 것이다. '행동이나 인내로 고귀하게 되지 않는 어떤 상태도 없다'(괴테). 그리고 견딘다는 것에도 어떤 의미로 어떤 '업적'이 된다고 말할 수 있으나, 본래 그것은 피할 수 없는 운명에 대한 참된 인내가 아니면 안 되며, 그 경우의 고뇌는 의미에 차 있다. 고뇌의 이 도덕적인 업적으로서의 성질은 보통 인간 직접적 감각으로도 소원(疏遠)한 것은 아니다.

"인생은 어떤 것이 아니라, 항상 어떤 것에의 기회 바로 그것이다." 이 헤벨(Hellel)의 말은 창조적인 가치를 실현하느냐, 또는 그것이 불가능하다면 태도가치를 실현하느냐 하는 선택적인 가능성의 경우, 오히려 참된 고뇌에는 하나의 인간으로서의 업적이 있음을 증명하는 것이다. 우리가 질환은 인간에게 '고뇌'에의 기회를 제공한다고 할 때, 그것은 동어반복(同語反覆) 같은 인상을 줄지 모른다. 그러나 '기회'와 '고뇌'를 상술한 바와 같은 의미로 받아들인다면 질환(심리적 질환도 포함해서)과 고뇌와는 근본적으로 구별되지 않으면 안 된다. 인간은 한쪽으로는 본래적인 의미로 '고뇌'함 없이 병들 수 있는 동시에 다른 쪽으로는 모든 질환의 피안에 있는 인간적 고뇌 그 자체, 즉 인간 생명의 본질적 의미에 속해 있는 고뇌가 있는 것이다. 따라서 실존분석이 한 인간을 고뇌 가능으로 하지 않을 수 없는 경우도 있을 수 있는 것이다. 가령 정신분석은 인간을 향수 가능(享受可能) 또는 활동가능(活動可能)으로 보려고 할 것이다.

인간은 참된 고뇌 속에서만 충족되는 경우도 있는 것이며, '어떤 것에의 기회'로서의 인생에게는 참된 고뇌에의 기회도 무시되어서는 안 된다. 이제야말로 우리는 도스토예프스키가 왜 자기는 자신의 고뇌에 어울리지 않는 것만을 두려워한다고 말했는가를 이해할 수 있게 된다. 우리는 그 고뇌에 어울리려고 하는 환자에게 얼마나 의미가 있는가를 알아야 한다.

고귀한 정신을 가진 어느 젊은 남자가 악화된 척추 결핵성 질환에 의하여 두 다리가 마비되기 때문에 갑자기 활발했던 직장생활에서 물러났다. 척추궁 절제술(脊椎弓 切除術, Laminektomie)이 고려되었다. 그러나 환자의 벗들에게 불려간 그 저명한 신경외가 의사는 예후(豫後)에 대하여 비관하며 수술을 거절하였다.

이 일을 벗들 중 한 사람이 환자의 여자 친구에게 편지로 알렸다. 그리하여 환자는 그 여자 친구의 시골집으로 옮겨졌다. 사정을 모르는 가정부가 이 편지를 환자와 함께 조반을 먹고 있던 그 집 여주인에게 주었고 환자는 그것을 읽어버렸다. 그 뒤 일어난 일을 환자가 그 친구에게 편지로 쓴 것의 일부를 옮겨 보겠다.

"……에바는 내가 편지 읽는 것을 말릴 수는 없었습니다. 그래서 나는 교수님의 의견이 담겨 있는 나의 죽음의 선고를 알게 되었습니다. ……사랑하는 친구여, 나는 수년 전에 본 타이타닉호의 영화를 상기했습니다. 특히 프리츠코르토나 골드나에 의하여 연출된, 다리가 마비된 불구자가 주기도문을 외면서 작은 운명 공동체를 주님을 향해 인도하고, 한편 배는 점점 가라

앉아 물이 그들을 삼켜 가는 장면을 상기했습니다. 나는 그 때 감동한 가운데서 영화관을 나왔습니다. 의식하며 죽음을 받아들이는 것은 운명의 선물임이 틀림없다고 생각했습니다. 그런데 그것이 지금 나에게 주어졌습니다. 나는 한번 더 내 안에 있는 전투적인 능력을 시험해 보고자 합니다. 그러나 이 싸움에 승리는 없고, 다만 힘껏 싸울 뿐입니다. ……나는 될 수 있는 한 고통을 마비시키지 않고 견디려고 합니다. '무익한 싸움'일까요. 그러나 우리의 세계관에는 이러한 마음을 표현하는 말은 없습니다. 싸우는 것만이 최선입니다. ……저녁에 우리들은 보르크나(Brukner)의 낭만적인 제4교향곡을 들었습니다. 내 마음속에서는 모든 것이 흐르는 듯 기분 좋게 흔들리고 있었습니다. ……그밖에 나는 매일 수학을 연구하는 등 조금도 감상적이진 않습니다.'

그리고 다른 어느 경우 질환과 죽음이 접근하기까지, 그 때까지 그 생애를 '형이상학적 경솔'(形而上學的輕率: 쉘러) 가운데 보내며, 많은 가능성을 치워버린 인간으로부터 최후의 고귀한 것을 얻은 일도 있었다. ……즉 생활에 아주 재미 들여 있는 한 젊은 여성이 어느 날 뜻밖에도 강제수용소에 갇히고 말았다. 그래서 그녀는 병들고 날로 쇠약해져 갔다. 죽기 며칠 전 그녀는 이렇게 말했다.

"나에게 이토록 가혹하게 닥쳐온 운명을 나는 감사하고 있습니다. 이전의 부르주아적 생활로 나는 너무나 헤픈 생활을 한 인간이었습니다. 나는 규수작가(閨秀作家) 기질이 있어서 착실하다고는 할 수 없었습니다"

다가오는 죽음을 그녀는 잘 알고 있었다. 그녀는 누워 있는 침대 창 밖에 마침 꽃이 피어 있는 카스다니엘 나무가 보였다. 그녀는

"창문 너머로 두 송이의 촛불같이 예쁜 꽃을 피우고 있는 나뭇가지를 보았습니다. 이 나무는 나의 고독의 유일한 벗입니다. 이 나무와 저는 말을 주고받지요"

도대체 그녀는 환각에 잡혀 있는 것일까. 어쩌면 섬망 상태일지도 모른다. 그녀는 나무가 '답해준다'는 것이다. 그것으로 보아 그녀는 섬망상태는 아니었다. 그렇다면 이 기묘한 '대화'는 무엇이었을까. 꽃피는 나무는 죽어 가는 그녀에게 무엇을 말하였을까.

"나무는 말하였답니다. ······나는 여기 있다······ 나는 여기 있다······나는 생명이다. 영원한 생명이다······"

빅토르 본 바이제카는(Viktor von Weizsäcker)는 일찍이 고뇌하는 자로서의 환자는 의사에 비하여 어떤 면에서는 상위에 있다고 말한 적이 있다. 그것은 특히 어떤 종류의 환자가 죽을 때에 의식되는 일이다. 어떤 상황이 갖는 헤아려 알 수 없는 의미에 대하여 섬세한 감각을 가지고 있는 의사는 불치의 환자, 죽음을 마주하고 있는 자에 대하여 일종의 수치감마저 느끼지 않고는 대할 수 없는 감정을 항상 가지게 된다는 것이다. 의사는 자신은 죽음으로부터 그를 구출해 낼 수 없는데, 환자 쪽에서는 운명을 견디며 그것을 조용한 고뇌 가운데 받아들이며, 그리하여 형이상학적인 영역에서 참된 업적을 성취하고 있는 것이다. ······한편 의사는 형이하의 세계에서, 의학적인 활동 영역에서 말하자면 팔짱만 끼고 있는데 불과한 것이다.

5 노동의 의미

앞에서 기술한 바와 같이 생명의 의미는 다만 질문되어야 할 것이 아니라, 우리가 생명에 책임을 가지고 대답한다는 의미로 대답해야 할 것이다. 그리고 이 대답은 다만 말로써가 아니라 행위로 해주어야 할 것임은 두말할 필요도 없다. 또한 그것은 상황과 개인의 구체성에 답할 것이며, 말하자면 이 구체성은 자기 안에 가지고 있지 않으면 안 된다. 따라서 참된 대답은 행동적인 대답이며, 일상의 구체성에서의 대답이며, 인간의 책임성의 구체적인 공간에서의 대답인 것이다.

이 공간의 내부에서는 각 사람은 다른 사람과 바꾸기 어려운 것이다. 독자성과 일회성의 의식이 갖는 의미에 대하여는 이미 말한 바와 같다. 그래서 우리는 어떠한 근거에서 실존분석이 책임성의 의식화에 힘쓰는가, 또 어떠한 근거에서 실존분석이 책임성의 의식화에 힘쓰는가, 또 어떻게 책임 의식이 구체적 개인적인 사명의 의식 위에 일어나는가를 본 것이다. 그 일회적인 존재의 독자적인 의미를 모르면 인간은 곤란한 상황에서 힘이 빠져버리게 된다. 그것은 마치 안개 속을 헤매며 아주 길을 잃어, 지쳐서 생명의 위험을 당하고 있는 등산가와 같은 것이다. 그러나 만약 안개가 걷히고 멀리 있는 대피소(待避所)를 발견했다면 그는 당장 기운을 되찾아 힘을 낼 것이다.

창조가치 내지 그 실현이 생활의 사명 전면에 나와 있는 한, 그 구체적인 충족의 영역은 보통 의무적인 활동과 일치하고 있는 것이다. 특히 개인의 독자성이 공동체와의 관계에서 의미와 가치를 가지고 있는 경유가 그렇다. 그러나 이 의미와 가치는 공동체에 대한 업적에 붙어 있는 것이며 구체적인 직무 그 자체에 대해서는 아니다. 따라서 어떤 일정한 직무만이 인간에게 가치 충족의 가능성을 주는 것은 아니다. 그 의미로는 어떤 특별히 좋은 직업도 없다. 많은, 주로 신경증적인 사람은 만약 자기가 다른 직업에 종사했더라면 사명을 다하고 있으리라고 주장하지만, 그것은 직업적 노동의 의미를 오해하고 있거나 또는 자기 기만에 불과하다. 구체적인 직업이 충족감을 주지 않을 경우의 죄는 인간에게 있지 직업에 있는 것이 아니다. 직업 그 자체는 인간을 다른 것에 의하여 대치하기 어려운 것으로 하지는 않는다. 직업은 다만 그것을 위한 기회를 제공할 뿐이다.

한 여성 환자는 일찍이 자기의 생명을 무의미한 것으로 여겨, 조금도 자신이 건강해지려고 하지 않는다고 말하였다. 그녀는 만약 자기가 충분히 만족할 수 있는 직업을 가지고 있다면, 가령 의사나 간호원이었다면 얼마나 좋았을까 하는 것이다. 그래서 이 환자는, 사람이 갖는 직업 문제가 아니라, 오히려 사람이 그 직업을 행하는 방법이 문제인 것을 밝혀 주지 않으면 안 되었다. 즉 구체적인 직업 그 자체가 아니라 실존의 독자성을 형성하는 인격적인 것, 특수한 것이 직업 활동 가운데 나타나서 생명을 의미 있게 하는지 어떤지가 문제인 것이다. 의사나 간호원만 해도 그들의 그 정해진 의무의 기술적인 것을 할 뿐 아니라, 그 경계를 넘어 더욱 인간적인 일, 인격적인 일을 할 때에 비로소 직업으로부터 생활에 의미를 주는 기회가 시작되는 것이다. 그리고 어느 직업에서도 노동이 바르게 이해되는 한 이 찬스를 가질 수 있는 것이다.

　인간에 있어서 타자와 바꿀 수 없는 것, 일회적인 것, 독자적인 것은 항상 누구든지 간에, 어떻게 행하는가에 있는 것이지, '무엇'을 행하는가에는 있지 않다. 그리고 이 여성 환자에게는 다시 그 직업생활의 피안에 있어서도, 즉 사생활에 있어서도 독자성과 일회성을 실존의 의미계기(意味契機)로 삼을 수 있음을 지적하지 않으면 안 되었다. 사랑하는 자, 사랑 받는 자로서, 아내로서, 어머니로서 그녀는 남편이나 아이에게 대해서 둘도 없는 생활관계에 있음이 그녀에게 지적되었던 것이다.

　가능한 창조적 가치실현의 영역으로서의 직업노동에 대한 인간의 자연적인 관계가 현하의 지배적인 노동 사정 아래서는 자주 왜곡된다. 특히 1일 8시간 내지 그 이상의 시간을 기업가와 그 이익을 위하여 일하며, 언제나 계산만 하지 않으면 안 된다든가, 돌아가는 벨트에 맞춰 작업하지 않으면 안 되던가, 또는 한 기계로 같은 동작을 계속하지 않으면 안 되는 것을 호소하는 사람들이 있다. 일은 비인간적이 되며, 규격화되면 될수록 그만큼 더욱 좋아할 수 없으며 바람직하지 못한 것이 되는 것이다. 그러한 상태하의 노동은 원래 임금이나 필요 물자의 획득 목적을 위한 단순한 수단으로 여길 수 있는 것이다. 이 경우에서도 본래의 생활은 자유로운 시간에서 시작되는 것이며, 그 의미는 그 자유로운 개인적 생활 가운데 있는 것이다.

　그러나 우리는 그 노동으로 너무나 피로하고, 그것이 끝난 뒤에 무엇인가 좋은 것을 하지 못하고 죽은 듯이 자리에 쪼그리고 눕지 않을 수 없는 사람들이 있음을 잊어서는 안 된다. 그들은 그 자유 시간을 그저 휴식 시간으로 보내지 않을 수 없으며, 잠자는 것밖에 딴 방도가 없는 것이다.

　기업가 자신에게도 그 자유 시간이라 해서 꼭 '자유로운' 것은 아니다. 그도 또한 상술한 것처럼 자연적 노동관계의 왜곡에서 언제나 모면되어 있는 것은 아니다. 재화(財貨)의 획득에 전념하고, 그 자체가 인생의 목적이 되어버린 듯한 공장주나 자본가의 타입이 있음은 잘 알려져 있는 바이다. 그리하여 어떤 인간은 많은 재화를 가지고 있으나, 그 재화는 목적일지언정 이미 수단은 아닌 것이다. 그 도가 지나치면 그는 재화 획득 이외의 아무 것도 모르게 되며, 예술도, 스포츠도 사라지고 겨우 유희(遊戲) 속에서마저 긴장을 느끼나, 그것도 룰렛 같은 금전에 관계 있는 것에 불과한 것이다.

　직업의 실존적 의미는 직업 노동이 전혀 없을 때에, 즉 실업의 경우에 분명해진다. 실직한 사람을 심리적으로 관찰해 보면 실직 신경증이라고나 할 증후를 일으킨다. 그 주요 증후의 전면에는— 주목해야 할 것으로서— 억울함이 아니라 무감동, 불관성(不關性) 이 존재하고 있는 것을 볼 수 있다. 실직자는 차츰 '관심'을 잃고 그 자발성도 상실해 간다. 그의 무감동은 무례한 것이 아니다. 즉 그것은 그를 향해 내민 도움의 손길을 잡을 수 없게 하는 것이다. 가령 다음과 같은 사례를 생각해 보자. 한 남자가 자살기도 뒤 신경과에 입원하였다. 거기서 그는 수년 전에 그의 심리적 치료를 받고, 또한 경제적으로도 그를 도와주었던 한 의사를 만났다. 왜 다시 자기에게 도움을 청하러 와주지 않았느냐고 놀라며 묻는 의사의 물음에 대하여, 그는 "모든 것이 이제는 될 대로 되라고 생각했기 때문이었습니다"고 대답했다.

 실업자는 일로 시간이 채워지지 않는 것을 내적으로 채워지지 않는 것으로 느끼는 것이다. 그는 일을 하지 않고 놀고 있기 때문에 자신을 무용한 존재로 느끼게 된다. 일을 가지고 있지 못하기 때문에 삶에 아무런 의미가 없다고 생각한 것이다. 생물학적인 영역에서 말하자면 공허증식(空虛增殖)이 있는 것처럼, 심리학적인 영역에서도 동일한 것이 있다. 실업은 신경증 발생의 온상이 된다. 정신적인 공백은 '지속적인' 일요일 신경증이 되기도 한다.

 실업신경증의 주요 증후인 무감동은 단순하게 심리적으로 채워지지 않는 것의 표현만은 아니다. 우리의 견해로는 모든 정신증 증후와 마찬가지로, 그것은 또한 신체적 상태에 수반되는 현상이기도 하며, 실제로는 많은 경우, 동시에 존재를 위한 영양부족 결과인 것이다. 그리고 무감동은 마치…… 일반 신경증 증후와 마찬가지로…… 목적에 대한 수단이 되는 것이다. 즉 이미 신경증이 먼저 있고, 거기에 끼여들게 된 실업으로 더욱 악화되어 실직이라는 사실은 말하자면 소재로서 신경증 안에 들어와, 내용으로서 신경증적으로 가공되는 것이다. 실업은 그러한 경우, 신경증자에게는 인생에서의— 직업생활에서만 아니라— 모든 실패를 합리화하여 변명해 주는 고마운 수단이 되는 것이다. 그것은 생활의 모든 실패를 대신 뒤집어써 주는 역할을 해주는 것이 된다. 그리고 자신의 과오를 실업의 운명의 결과라고 변명하는 것이다.

"만약 실직만 하지 않았더라면, 모든 일이 딴판으로, 다 아름답고 강했을 텐데", 이것저것 할 수 있었을 텐데, 하고 뉘우치는 것이다. 그 경우 실업자의 생활은 가상(假想)의 생활로서 지내는 것으로 위장하는 것이며, 그들을 실존의 거짓 양상으로 타락하도록 유도된다. 그들은 사람이 그들에게서 아무 것도 요구해서는 안 된다고 생각하는 것이다. 그들 자신도 또한 자신에게 아무 것도 요구하지 않는 것이다. 실업이라는 운명은 타인 및 자기 자신에 대한 책임을 제거해 주리라 생각하게 되는 것이다. 생활의 모든 영역에서의 실패가 이 운명에 돌려지는 것이다. 아마 복합적인 병상(病狀)에도 불구하고 병원(病原)은 다만 한 곳에 있을 것이다.

모든 것은 이 한 곳에서 설명되며, 이 한 곳이 운명적인 소여(所與)라면 모든 것이 이 한 곳에서부터 고쳐지는 환상적인 순간까지는 아무 것도 할 필요가 없다는 장점을 가지고 있는 것이다.

모든 신경증적 증후와 마찬가지로 실업 신경증도 결과이며 표현이며 수단이다. 또한 그것은 궁극적으로는 다른 신경증과 마찬가지로 실존의 양상이며 정신적 태도, 실존적 결단의 문제라고 생각된다. 왜냐하면 실업 신경증은 신경증자가 생각한 것처럼 무조건 운명적인 것은 아니다. 실업자라고 해서 모두 다 실업 신경증에 걸리지 않으면 안 될 것은 조금도 없는 것이다. 이 점에서도 인간은 '다른 행동'을 할 수 있으며, 사회적 운명의 힘에 굴복하느냐 않느

나를 스스로 결단할 수 있는 존재이다.

사실 실직을 당한 사람이 조금도 비뚤어지지 않은 예는 얼마든지 있다. 그들은 실업 신경증으로 고뇌하는 다른 실직자와 같은 열악(劣惡)한 조건 속에 살지 않을 수 없는 사람들이지만, 그럼에도 불구하고 무감동의 인상도 억울감도 보이지 않고 오히려 쾌활함을 보이기조차 하는 것을 본다. 그 원인이 어디에 있느냐 하면 이 사람들은 직업적으로는 활동하고 있지는 않지만, 잘 살펴보면 다른 활동을 하고 있는 경우가 많다.

가령 어느 모임이나 조직의 자발적인 협조자이거나, 대중 교육 조직의 명예직이나, 도서관의 무급 협력자 등으로 일한다. 그들은 때때로 강연이나 좋은 음악을 들으며 독서하고, 읽은 것을 토론하기도 한다. 청년일 경우는 청년 단체에서 활동하며 운동을 즐기기도 한다. 그들은 남아도는 자유시간을 뜻 있게 보내며, 의식·시간·생명을 알차게 선용하기 위해 노력한다. 비록 신경증적인 다른 실직자 타입과 마찬가지로 굶주려 배에서 꼬르륵 소리가 날지라도 그들은 긍정적으로 살며 조금도 절망하지 않는다. 그들은 인간 생활의 의미가 직업 활동에서 그치지 않는 것, 따라서 실직하여도 생활이 무의미한 것은 아니라는 것을 의식하고 산다.

그들에게 삶의 의미는 직업 활동과 상관이 없다. 그러므로 신경증적인 실업자를 무감동하게 하고 직업활동만이 유일한 생명의 의미라고 생각하는 잘못된 생각을 거부한다. 직업과 삶의 의미가 동일한 것으로 생각하는 것이야말로, 실업자는 무익한 존재라고 하는 감정으로 고뇌하지 않을 수 없게 하는 것이다.

어떤 실직한 젊은이가 절망과 자살 유혹에 쫓기는 긴 실업자 생활 중에서 딱 한번 즐거운 시간을 경험했다는 고백을 다음과 같이 하였다.

어느 날 그는 혼자 공원에 앉아 있다가 문득 옆 벤치에서 한 소녀가 울고 있는 것을 발견하였다. 그는 그녀에게 왜 그렇게 슬피 우느냐고 물었다. 그녀는 괴로움을 얘기하며 자살을 할 결심을 하고 있다고 말했다. 그래서 그 젊은이는 그녀의 그 결심을 바꾸도록 전력을 다하여 설득하였다. 그리고 드디어 성공하였다.

그 순간…… 그것은 길지 않은 순간의 일이었지만 매우 큰 기쁨을 맛보았고 그 감동은 오랫동안 가슴에서 빛났다. 그것을 기회로 그는 다시 이전처럼 사명감을 가지고 활동을 하겠다는 결심을 하기에 이르렀다. 그리고 그 감정은 일과성(一過性)이기는 했으나 그를 무감동에서 떼어놓았다.

결과적으로 실업에 대한 심리적 반응은 얼마나 운명적인 요소가 미미하며, 그에 반하여 인간의 정신적 자유에 대한 여지(餘地)가 얼마나 많은가가 분명해지게 되었다. 우리가 시도한 실업 신경증에 대한 실존분석의 시야에서 본다면, 실업이라는 같은 상황에 대해서도 여러 가지로 인간의 태도에 따라 다르게 형성된다는 것이 입증되었다. 즉 한쪽은 사회 운명에 굴종하는가 하면, 다른 한쪽은 그렇지 않은 것이다. 따라서 실업자 각 개인은 어느 쪽 타입에 속할 것인가를 언제나 택할 수 있는 것이다.

실업 신경증은 실업의 직업적인 결과가 아니라 반대로 신경증의 결과로 실업이 문제될 수도 있다. 신경증 자체가 선행적으로 먼저 고뇌하는 인간의 사회적 경제적 상황에 영향을 주는 것을 잘 이해하게 되는 것이다. 반대로 내적으로 자기를 꿋꿋이 지탱하고 있는 실업자는 무감동이 된 실업자에 비하여 취직 경쟁에서 보다 많은 기회를 갖는 것도 이해되는 일이다.

　그러나 실업 신경증의 영향은 사회적인 것일 뿐 아니라, 또한 생리적인 것이기도 하다. 정신적인 생명이 그 사명 성격에 의하여 획득한 훌륭한 구조성(構造性)이 생물학적인 것에까지 영향을 미치는 것이다. 반대로 무의미성과 무내용성의 체험과 함께 일어나는 내적 구조의 돌연한 상실은 유기적인 붕괴현상에도 이르게 한다. 정신의학에서는 정년퇴직한 인간에게서 급격히 나타나는 노쇠현상의 형태로 말미암아 전형적인 정신 신체적인 붕괴가 일어나는 것을 볼 수 있다. 동물에서조차 비슷한 현상이 일어난다고 한다. 즉 사람이 '임무'를 주는 서커스의 훈련된 동물은 동물원에서 '아무 것도 안 하는 동류의 동물에 비해 평균적으로 더 장수하는 것이 한 예이다'.

　실업 신경증은 운명적으로 실업 자체에 연결된 것이 아니라는 사실에서 치료할 처방이 생기는 것이다. 그 경우 이미 말한 자살 예방의 경우와 닮아서 신체적인 점, 심리적인 점, 사회적인 점, 정신적인 점이 근본적으로 구별되지 않으면 안 된다. 말하자면 신체적인 원조는 끼니를 거르지 않도록 해주는 것이며 사회적인 원조는 취직시켜주는 것이 될 것이다. 그러나 실업과 그 수반 현상(실업 신경증을 포함해서)을 이 신체적인 것 및 사회적인 것의 원조로 완전하게 제거하는 일은 개인의 힘에는 없으며, 적어도 의사의 힘에도 없기 때문에, 그런 경우에서는 심리 치료적인 처치가 필요하다. 실업의 심리학적 문제에 대한 그러한 방법으로 접근하는 것을 과소평가 하는 사람으로서, 특히 젊은 실업자에게서 볼 수 있는 "우리는 돈을 요구하는 것이 아니다, 생활의 내용을 요구하는 것이다"라는 그리 신통치도 않은 말이 지적되어야 하겠다. 그리고 그러한 경우에는 로고데라피적이 아닌 협의의 심리요법은 가령 '심층 심리학적인' 취급방법은 될 것 같지도 않고 우스운 일이다. 한편으로는 기아가, 다른 쪽으로는 자신의 실존의 의미, 생명 내용 내지 실존의 공허함이 문제가 되어 있는 때에, 누군가가 심리적인 탐정(探偵)인 양 나타나서 감추어진 콤플렉스를 찾으려고 한다면, 그것은 어린이 장난에 불과한 일일 게다.

여기서 필요한 것은 차라리 실존분석에서만 행하여지는 것이며, 그것은 실업자에게 그의 사회적 운명에 대한 내적 자유에의 길을 열어주며, 그의 곤란한 생활에 더욱 내용과 의미를 부여하는 것 같은 책임싱 의식으로 그를 인도하는 것이 보다 효과적이다.

기술한 바와 같이, 실업과 마찬가지로 직업 활동도 또한 신경증적인 목적을 위한 수단으로서 남용될 수 있는 것이다. 이 직업의 목적을 위한 수단으로서 신경증적으로 사용하는 것과, 노동이 뜻 있는 생활의 목적을 위한 수단이 되도록 배려하는 올바른 태도와는 구별되지 않으면 안 된다. 왜냐하면 인간의 존엄은 그 자신이 노동 과정이나 생산 수단의 단순한 도주로 깎아내려지는 것을 금하기 때문이다. 노동 능력이 인생의 전부는 아니다. 그것은 생명을 의미로 채우기 위한 필요한 근거가 아닐 뿐 아니라 충분한 근거도 아니다.

한 인간은 노동이 불가능할 때에도 그 생명에 의미를 주는 것이다. 그리고 일반적으로 향수 능력(享受能力)에 대해서도 같은 말을 할 수 있을 것이다. 원래 인간은 그 생명의 의미를 오로지 일정 영역에서 구하거나, 그 한에서 그의 생명을 어떤 형태로 제한하는 것은 온당한 일이 아니다. 다만 문제는 그러한 제한이 사실에 근거한 것인가, 또는 신경증의 경우처럼 본래 불필요한 것인가 하는 것이다. 후자의 경우에는 노동 능력 때문에 향수 능력이 불필요하게 희생되는 것이며, 그리고 그 반대일 수도 있다. 그러한 신경증적인 인간에 대해 어느 문학 작품 속에 "만약 사람이 빠져 버리면 노동은 대용물이 되며, 만약 노동이 빠진다면 사랑은 아편이 될 것이다."라고 했다.

직업적 활동이 충족되었다고 하여 창조적 생활이 충실한 것은 아니다. 신경증자는 생명 자체로부터, 생활 전제로부터 직업 생활 속으로 도피하려 한다. 그러나 그 실존의 본래의 무내용성이나 의미의 빈곤함은 그의 직업 활동이 어느 시간 정지할 때, 즉 일요일 같은 때에 곧바로 나타난다. 일요일에도 노동을 쉬지 않으면 안 되고, 사람들과 만나지 않고 영화 구경도 안 간다는 따위의 자기 자신마저도 팽개쳐 버려야 했던 인간의 표정에서, 거의 숨길 수 없이 위안이 없는 것을 모르는 자가 있을까.

'사랑'의 '아편'도 그 때는 내적인 황량함을 해소할 수 없는 것이다. 그 때는 노동하는 것 이외 아무 것도 아닌 무엇인가 주말의 무의미한 활동이라도 필요한 것이다. 왜냐하면 한 주간의 노동의 리듬이 정지되는 일요일에는 일상적 의미의 빈곤이 노출되기 때문이다. 이 노동의 템포에 대한 이상한 요구는 그 뜻 없는 굉장한 소란에서 아무 것도 생기지 않는 비생산적인 조울병(躁鬱病)의 임상 모습을 상기시키게 한다. 그리고 그러한 템포에서는, 마치 생명의 아무 목적도 모르는 인간이 그 무목적성을 깨닫기 싫어 가장 빠르게 달리고 있는 듯한 인상을 주기도 한다. 그리하여 그는 자기 자신으로부터 도피하려고 하지만 무익한 것이며, 그의 실존의 무내용성, 무목적성, 무의미성은 언제나 다시 그 앞에 나타나는 것이다.

이 체험을 피하려고 그는 여러 가지 시도를 하며 환락가로 도피하기도 한다. 거기에는 음악이 있으며, 무엇을 생각하지 않아도 되며, 춤에 주의를 집중할 수 있을지도 모른다. 그것이 아니면 스포츠 속에 도피하여 어느 축구팀이 이기느냐 하는 것이 지상에서 가장 중요한 일인 것처럼 떠벌릴 수 있다. 그러나 내심의 허황함은 가려지기 힘들다. 원래 그것은 건전한 스포츠 활동과 다르기 때문이다.

스포츠뿐만 아니라 예술도 신경증적으로 남용될 수 있다. 참된 예술 내지 예술 체험은 인간을 풍부하게 하며, 그를 가장 고유한 가능성으로 인도하는 데 반해, 신경증적으로 오용되는 예술은 인간을 그 자신으로부터 떼어놓는다. 그리하여 예술은 그를 도취하게 하며 마취시키는 데 불과하다는 것이다.

인간이 자기 자신에게서, 실존적 공허의 체험에서 도피하려고 할 때는 마치 스릴 넘치는 범죄 소설에 빠지는 것과 같이 된다. 스릴 속에서 그는 해방을, 즉 어떤 불안한 것에서 도피한다고 하는 소극적인 쾌감을 구하는 것이다. 그것은 쇼펜하우어가 오해하여 유일하게 가능한 쾌감이라고 본 것이지만 불쾌·스릴·긴장·싸움은 그것으로부터 자유로워지는 것으로 소극적인 쾌감을 맛보기 위하여 거기 있는 것이 아니라는 것은 이미 말하였다. 현실적인 생활의 싸움은 새로운 센세이션을 위하여 싸우는 것이 아니다. 생활의 싸움은 차라리 '……를 위한' 싸움이며, 어떤 지향적인 것이며, 그리고 처음으로 생명의 의미를 부여하는 것이다.

스릴에 굶주린 인간에게 최대의 센세이션을 의미하는 것은 예술에 있어서나 실제의 현상에 있어서나 그것은 죽음이다. 통속적인 신문 독자는 그가 아침 밥상을 대할 때 재해(災害)나 죽음의 기사를 필요로 하는 것이다. 그러나 사람들의 불행이나 죽음은 그 무명성(無名性)이 너무도 추상적인 탓으로 그를 만족시키지 못하는 경우도 있을 것이다. 그리고 이 인간이 같은 날 갱 영화를 보기 위하여 영화관에 가고 싶다는 생각을 하기도 할 것이다. 그는 꼭 기벽자(嗜癖者)처럼 점점 더 자극이 강하지 않고는 만족하지 못하게 되는 것이다.

그에게 결국 중요한 것은 죽어야 할 자가 언제나 타인인 것처럼 대척적(對蹠的)으로 생각하는 것이다. 이러한 인간 타입은 그가 가장 두려워하는 것, 즉 자기 죽음의 확실성—그것은 그의 실존적 공허함을 견디지 못하게 하는 것이지만—으로부터 도피하려고 하는 것이다. 왜냐하면 죽음의 확실성은 삶에서 양심의 가책을 받고 있는 자에게는 더욱 타격이 크기 때문이다. 생명의 종말인 죽음은 시간을 충실히 살지 못한 자에게는 타격이며 그것에 직면할 수 없게 되는 것이다.

소설 세계에의 신경증적 도피—신경증자는 거기서 그 '주인공'과 동일화하지만—는 더욱 나쁜 영향을 끼친다. 허구의 인간이 사건을 처리하는 것을 보며 마치 다른 사람이 자기가 할 일을 한 것처럼 대리만족을 느껴 생활이 정체되기 때문이다. 인생에 있어서 어떤 목적에 도달하는 것에 만족하는 것이 중요하지는 않다.

항상 새로운 문제를 가지고 육박해 오는 인생은 우리를 결코 편안하게 버려 두지 않는다. 다만 자기를 마비시킴으로 해서 우리는 항상 새로운 요구로 인생이 우리 양심에 느끼게 하는 영원한 자극에 대하여 스스로를 무감각하게 할 수 있는 것이다. 정지하는 자는 뒤떨어지며 스스로 만족하는 자는 자기를 상실하게 되고 만다. 따라서 창조자로서도, 체험자로서도 우리는 도달한 것을 항상 만족할 것이 아니다. 매일 매시가 새로운 행위를 요청하며 새로운 체험을 가능케 하는 것이다.

6 사랑의 의미

우리는 이미 어떻게 인간 실존의 의미성이 인격의 독자성과 일회성으로 기초 잡혀 있는가를 보았다. 또한 창조 가치는 항상 협동체에 관계된 활동의 형태로 실현화되는 것도 말하였다. 따라서 인간의 활동이 지향하는 것으로서의 협동체는 인격의 독자성과 일회성이 비로소 실존적인 의미를 준다는 것이 밝혀졌다. 그리고 협동체는 인간의 체험이 지향하고 있는 것이기도 하다. 특히 나와 너의 긴밀한 인격적 협동체, 두 사람의 행동에 있어서는 그러하다.

비유적인 의미로서의 사랑은 우선 도외시하고, 사랑을 에로스의 의미로만 본다면 그것은 체험가치가 특별한 양식으로 실현화되는 영역을 보인다. 즉 사랑은 독자성과 일회성에서 체험하는 것에 지나지 못한다.

창조적 가치를 실현화함으로써 능동적으로 자기의 독자성과 일회성을 살리는 길 이외에, 보통은 행위에 의하여 비로소 획득되는 모든 것이 수동적으로 자연히 얻어지는 제일의 길이 있는 것이다. 이 길은 사랑의 길이다. 더 적절하게 표현한다면 사랑 받는 길이다. 은총의 길처럼 자기의 행위나 공적 없이 인간은 그의 독자성이나 일회성의 실현화 가운데 있는 저 만족을 경험하는 것이다.

사랑 받는 인간은 본질적으로 있는 그대로의 모습으로 포착되고, 그가 다른 자아 안에 받아들여지는 것이다. 사랑하는 자는 그대로의 모습이어야지 다른 사람으로 대신할 수도 없는 것이다. 사랑 받는 인간은 인격의 일회적인 것과 독자적인 것으로 그의 인격 가치가 실현화되는 데 대해 아무 것도 할 수 없는 것이다. 사랑은 '공적'에 따른 것이 아니라 은혜이기 때문이다.

사랑은 은혜이기도 하지만 또한 '기적'이기도 하다. 사랑하는 자의 세계는 사랑의 마술에 걸려 더욱 상대의 가치를 높이 평가하게 만든다. 사랑은 사랑하는 인간에 대하여 가치의 풍부함에 대해 인간적인 공감성을 높이는 것이며, 모든 가치에 대해 눈을 뜨게 하는 것이다. 그리하여 사랑하는 자는 그 너를 향한 헌신에 있어서, 이 너를 초월하는 내적인 중요성을 체험하는 것이다. 왜냐하면 사랑은 맹목이 아니라 오히려 안목을 높이는 것이며 가치를 발견하게 하는 것이기 때문이다. 그리고 사랑은 제3의 계기로서, 생물학적인 우회로(迂廻路)를 통하여 제각기 그 실존의 독자성과 일회성의 비의(秘儀)를 가지는 새로운 인격이 태어나는 경이(驚異)가 있는 것이다.

인간 본질의 층구조(層構造)에 대하여는 이미 신체적 심리적 정신적 전체성으로서 보지 않으면 안 되는 것을 지적하였다. 그리고 심리요법이라는 변에서도 우리는 이 전체성이 그때로 보이는 것, 즉 신체적 심리적인 것뿐 아니라, 인간에 있어서 정신적인 것에도 치료상의 배려가 있어야 할 것을 요구하였다.

그리고 우리는 이제야말로 어떻게 인간이 사랑하는 자로서 다층적(多層的)인 인격 구조에 대한 여러 가지 태도를 가질 수 있는가를 제시하고자 한다. 즉 인간의 세 층에 각각 상응하는 사랑에의 태도의 세 가지 가능한 형식이 있는 것이다. 가장 원시적인 태도는 신체적인 층에 해당하는 것으로서, 그것은 성적인 태도이다. 이 경우는 이성의 신체적인 현상에서 성적인 자극이 일어나, 그것이 성적인 태도를 취한 사람 속에서 성충동을 촉발시키는 것이다. 상대에 대한 보다 높은 형태의 태도는 에로틱한 태도이다. 여기서는 발전의 근거에서 성충동과 에로틱과를 대립적인 관계로 생각하기로 한다. 이 좁은 의미로 에로틱한 태도를 취한 인간은 단순한 성적으로 흥분한 인간은 아니고 그 이상의 것이다.

그의 태도는 성욕에 의하여 지배되고 있는 것이 아니고 또한 그 상대를 성적인 대상으로만 느끼고 있는 것도 아니다. 만약 상대의 신체를 그 가장 외면적인 층으로 생각한다면, 에로틱한 태도를 취한 인간은 단순히 성적인 태도를 취한 인간보다도 깊이 상대 안에 들어가 타자의 심리적인 구조에까지 육박하는 것이다. 상대에 대한 그러한 관계를 가지려고 하는 이런 형의 태도는 통속적으로 연애라고 불리는 것과 같은 것이다.

상대의 신체적인 특성에 의하여 성적으로 흥분하기도 하고 상대의 심리적인 특성에 따라 '연애'를 하며 상대의 성격 특성에 의하여 정서적으로 흥분하는 것이다. 따라서 단순한 성적인 태도는 상대의 신체성을 목적점으로 하여 이 층만을 지향하는데 불과하다. 이에 반하여 에로틱한 태도는 심리적인 것을 지향하는 것이다.

그러나 그것은 타자의 중핵(中核)에 도달하는 것은 아니다. 그것이 가능한 것은 처음으로 제 3형의 태도에 의해서이며, 그것은 본래의 사랑이라는 것이다. 사랑(좁은 의미에서)은 그것이 상대의 인격 구조 안에 가장 깊숙이 들어가 정신적인 것에 도달할 수 있는 한에서 에로틱한 것(넓은 의미에서)의 최고의 형식인 것이다. 상대의 정신적인 것에 직접 관계하는 것은 두 사람의 관계라는 것의 궁극의 형식을 의미한다. 이런 의미에서 사랑하는 이의 신체성이나 정서성에 있어서 흥분되거나 하지 않고, 그 정신적인 깊이에서 감동되는 것이며, 상대의 신체적인 것, 심리적인 것의 정신적 담당자, 그 인격적 중핵에 의하여 움직여지는 것이다. 사랑은 사랑 받는 인간의 정신적 인격에 직접 지향되는 것이다. 정신적 인격의 신체적 심리적 현상은 말하자면 정신적 인격이 포함되어 있는 외적 내지 내적 '의복'과 같은 것이다.

그 의미로는 성적인 태도나 심리적 태도를 취하고 있는 것은 상대가 '가지고 있는' 무엇이 마음에 드는 것이나, 사랑하고 있는 인간은 상대에 '있어서의' 어떤 것, 상대의 '가지고 있는' 무엇을 사랑하는 것이 아니라 상대 그 차제를 상대가 '있는' 그대로를 사랑하는 것이다. 사랑하는 자는 정신적 인격의 신체적 및 심리적 '의복'을 통하여 정신적 인격 자체를 보며, 신체적인 특성이나 심리적인 성격이 아니라 상대의 인간 자체가 그에게는 문제인 것이다.

이른바 심리적인 연애를 경험하는 것처럼, 그 자체가 성적인 성질이 아닌 욕구는 주지하는 바와 같이 정신분석에 의하여 '목적을 저지 당한' 욕구라고 부른다. 그 점에서 정신분석은 정당하다. 그러나 우리의 생각으로는 정신분석이 믿는 바와는 전혀 반대의 의미로 바른 것이다. 즉 정신분석은 그것이 상정(想定)하는 성적 충동 목적에의 관계에서 이 욕구를 '목적을 저지 당한' 것으로 여기지만, 우리는 그 욕구가 반대의 의미로 목적을 저지 당하고 있는 것으로 생각한다. 즉 그것은 보다 높은 태도 형태를 지향한 방향에서, 본래적인 사랑, 상대의 인격의 보다 깊은 층, 그 정신적인 중핵에의 방향에서 저지 당하고 있는 것이다.

인간이 그가 참으로 사랑하고 있는 한, 상대의 정신적 인격의 일회적인 것, 독자적인 것을 향한 사랑의 태도를 취하고 있는 것은 인간에게 직접적으로 체험되는 것이다. 가령 한 사람을 사랑했으나 죽음에 의해서건 오랜 여행에 의해서건 헤어지지 않으면 안 된다고 하는 의미로 이 사람을 잃어버리지 않으면 안 되었던 사람을 상상하여 보자. 그리고 그에게 전의 애인과 머리끝까지 닮은 복제(複製)라고 할 만한 다른 사람을 그 앞에 내놓았다고 하자. 그때 그에게 전 애인에의 사랑을 다른 사람에게 옮길 수 있겠느냐고 묻는다면 그는 불가능하다고 할 것이다.

실제로 진실한 사랑의 '이전(移轉)'은 생각할 수 없는 것이다. 독자적인 인격으로서 결코 다른 어떤 흡사한 것과도 바꿀 수 없는 것이다. 그러나 진실하지 않은 연애였다면 비슷한 상대에게 곧 옮겨질 수도 있다. 왜냐하면 그 경우는 상대를 향한 '가지고 있는' 심리적인 관계의 깊이가 없고 상대의 외형이 같기 때문에 외적으로만 같으면 정신적으로나 인격은 문제되지 않기 때문이다.

따라서 진실한 사랑의 대상으로서 정신적인 인격은 사랑하는 사람에게는 다른 사람과 바꿀 수 없는 것이다. 동시에 거기서 분명해지는 것은 참된 사랑은 시간적으로도 영속적이라는 것이 증명된다. 성적인 흥분상태가 나타내는 신체적인 사랑은 일과성(一過性)으로, 성충동이 충족되고 육욕이 해소되면 심리적인 연정도 식어 더 이상 사랑을 구하지 않는 것이 보통이지만 정신적으로 인격을 사랑한 애정은 육체의 욕망을 넘어 존속하기 때문이다. 즉 정신적인 사랑은 그것이 타당한 한 언제까지나 변하지 않는 것이다.

참된 사랑은 정신적인 것으로 어떤 경우에도 정신적으로 옮겨지지 않으며 성욕이나 심리적인 에로틱한 신체적인 상태성(狀態性)에도 해당되지 않는 것이다. 사랑은 감정상태 이상의 것이다. 사랑은 지향적인 행위이며 사랑 안으로 지향된 것은 타자의 본질이며, 이 essentia는 existentia와는 다르며, 그것에 의거하지 않으며, 그것을 넘어서 있는 것이다.

사랑은 사랑 받는 인간의 죽음을 넘어서 계속된다는 것, 사랑은 죽음보다도 강하다고 하는 것도 이런 의미로 이해되는 것이다. 사랑하는 사람의 신체적 존재는 죽음에 의하여 무로 돌아가지만, 그 본질은 죽음에 의하여 잃어지지 않으며 그것은 무시간적인 것으로서 어디로든 옮겨지지 않는 것이다. 사랑하는 자가 보는 한 인간의 '이념'은 초시간적인 영역에 속한다. 스콜라적 또는 플라톤적인 사상으로 되돌아가지 않을 수 없는 것 같은, 그러한 고찰은 결코 직접적인 일상적 체험에서 먼 것이 아님을 주의해야 한다. 지난날 강제수용소의 한 수감자가 밝힌 다음 같은 체험 보고가 있다.

"우리가 갇혀 있는 동안 당한 고통에 대하여 보상해줄 만한 행복은 이 세상에 없다. 그것은 수감자 모두에게 똑같다. 만약 우리가 행복을 보상받을 수 있는 길이 있다면, 한 가지 방법이 있는데 그것은 고압전류가 흐르고 있는 '철조망을 향하여 뛰어드는 것', 즉 자살뿐이다. 그러나 우리가 그렇게 하지 못하는 것은 어떤 면에서는 의미 깊은 감정을 가지고 있기 때문이다. 가령 나라면 내게는 어머님의 생명을 이어갈 의무가 있다. 어머님은 나를 더없이 사랑하고 나도 어머님을 사랑한다. 그러므로 나의 생명은 무엇으로도 부정할 수 없는 의미를 가지고 있다. 그러나 나는 죽음의 위협 앞에 노출되어 있다. 어떤 의미로든 나의 죽음과 내가 당하고 있는 고통의 의미를 알지 않으면 안 된다. 그래서 나는 하늘과 계약을 맺었다. 만약 내가 죽지 않으면 안 될 운명이라면, 나의 죽음이 나의 어머님에게 영생(永生)을 드리는 조건이어야 한다는 것과 내가 나의 죽음까지 고통을 참으면 참는 만큼 나의 어머님이 고통 없이 사시다가 죽음을 맞게 해 달라는 조건이었다. 나는 희생해야 한다는 의지에 의해 고통으로 꽉 찬 생활을 견딜 수가 있다. 즉 나의 생명이 의미를 가질 때에만 살 가치가 있다고 생각하기 때문이다. 그러므로 고통과 죽음에 의미가 있는 것이라면 나는 고통과 죽음을 달게 받을 것이다."

이 자기 묘사에 이어, 그는 수용소 생활의 시간과 정세가 허락하는 한 어떻게 그가 사랑하는 어머님의 정신적인 모습에 마음을 바쳤는가를 말하고 있다. 그는 구체적인 상황에 있어서 창조가치를 실현화하지 못했기 때문에 사랑의 관조(觀照) 가운데서 체험 가치를 실현화했다고 할 수 있었다. 그리고 그의 수기(手記) 중 다음의 계속 부분은 주목할 만한 가치가 있는 것이다.

"그러나 나는 어머님이 아직 살아 계신지 어떤지 알지 못한다. 우리는 오랫동안 서로 아무 소식도 전하지 못하였기 때문이다. 비록 어머님의 생사를 알지 못하지만 정신 안에서 나는 어머님과 주고받은 많은 대화에 어떤 방해도 받지 않았다는 것을 나는 깨달았다."

　이 사람은 사랑하는 어머니의 생사 여부를 알 길이 없었으나 그럼에도 불구하고 신체적 현존 문제는 그를 조금도 방해하지 못했던 것이다. 사랑은 이처럼 근본적으로 인간의 본질을 지향하는 것이어서 육체의 현존 여부가 문제되지 않다. 인간의 본질성은 참으로 상대를 깊이 사랑하면 그가 현세에 존재하든 안 하든 그것은 문제되지 않는다. 따라서 사랑은 사랑하는 자의 신체성을 초월하여 죽음을 넘어서 자기 자신의 죽음에까지 이어질 수 있는 것이다.

　누구나 사랑하는 사람의 죽음을 현실적으로 받아들일 수는 없는 것은, 사랑하는 자의 죽음은 곧 자신의 죽음과 같은 것이어서 '받아들일' 수가 없는 것이다. 또한 자기의 죽음도 의식적으로는 받아들일 수 없는 것이므로, 한 인간을 사랑하므로 죽음도 대신 죽어 줄 수 있다고 주장하는 자도 실질적으로는 자기 자신을 속이고 있는 것이다.

　그리하여 인격적인 본질, 그것이 젊어진 유기체가 시체가 되는 것과 동시에 세계에서 그대로 사라져 존재의 아무런 형식도 남기지 않는다고 주장하려고 해도 그것은 결국 받아들일 수 없는 일이다. 쉘러(M. scheller)는 그의 사후에 발표된 '인격의 영생'(The Survival on Personality)에 관한 논문에서, 한 인격을 진실로 지향한다면 신체적인 현상 사실의 '몇 개의 의미 없는 작은 조각'보다도 훨씬 많은 것이 생명 유지 기간에 '주어져 있음'을 지적하였다.

이 '의미 없는 조각'은 사후(死後)에 보이지 않게 되는 것이다. 그렇다고 해서 인격 자체가 실존하지 않는다고는 하지 않는다.

그러므로 인격은 죽은 뒤에 스스로를 고지(告知)할 수 없을 뿐 그 존재는 인정한다고 말해야 할 것이다. 왜냐하면 인격은 자기의 고지를 위하여 물리적 생리적인 표현 과정(말 등)을 필요로 하기 때문이다. 따라서 어떠한 근거나 어떠한 의미로든 참된 사랑의 지향, 즉 다른 인격에의 지향은 신체성에 의존하지 않는다는 것이 분명해진다.

그렇다고 해서 사랑을 '신체화'하려 하지 않는다고 주장하는 것은 아니다. 다만 사랑은 신체성으로만 지향되지 않는다는 의미에서 신체성에 의존하지 않는다는 말이다. 양성 사이의 사랑도 신체적, 성적인 것은 표현 수단에 불과한 일회적일 뿐 사랑의 목적은 아니다. 신체적인 것 없이도 사랑은 존립할 수 있는 것이다.

만약 그것이 가능하다면 사랑은 그것을 바랄 것이다. 그리고 신체적인 것을 포기해야 할 경우에도 사랑은 식거나 죽지 않을 것이다. 정신적인 인격은 심리적인 신체적 현상 양식과 표현 형식을 취함으로써 형태를 이루는 것이다. 그리하여 인격적인 중핵 주위에 형성된 전체성의 외적인 층은 내적인 층에 대하여 제각기 어떤 표현 가치를 갖는다. 인간에게 신체적인 것은 어떤 형태든 그 성격(어떤 심리적인 것으로서의)을 가지며, 그 성격은 인격(어떤 정신적인 것으로서의)을 표현케 한다. 정신적인 것은 무엇이나 표현될 수 있으며 신체적 및 심리적인 한계 안에서 표현을 요구한다. 그리하여 사랑 받는 인간의 신체적 현상은 사랑하는 자에게는 상징이 되고 배후에서 스스로를 외부에 고지(告知)하면서도 다함없는 사랑에 대하여 지순한 표징을 보인다.

참된 사랑은 사랑을 위한 신체적인 충족을 필요로 하지 않는다. 그러나 환기 충족이라는 점에서 신체적인 것을 사용할 뿐이다. 즉 환기라는 것은 인간이 상대의 신체적인 것에서 직관적으로 인상을 받는다는 의미에서이다. 그렇다고 해서 사랑이 상대의 신체적인 것에 향해 있다는 뜻은 아니다.

신체적인 표현은 사정에 따라 인격의 정신적인 표현으로써 한 인간을 다른 사람들 속에서 선택하는 데 필요하다. 어떤 신체적인 특성이나 특유한 심리적 성격 특징은 사람을 '정해진 상대'에게 유도하게 한다. 즉 '표면적인' 인간은 사랑을 신체적인 것의 환기를 위하여 이용한다는 말이다.

사랑은 이미 기술한 것처럼 신체적인 충족을 위해서도 이용하기 때문에 신체적으로 성숙한 사람은 육체관계로써 강한 사랑의 욕구를 표현한다. 그러나 진실로 사랑하는 사이에는 신체적 성관계는 정신적 관계의 표현수단에 불과하며 정신적 관계가 본래의 사랑이다. 그리고 표현수단으로서의 성관계는 그것을 짊어진 정신적인 행위로서의 사랑에서 처음으로 그 인간적 존엄성을 인정받게 되는 것이다. 따라서 사랑하는 사람에게는 상대의 신체가 그 정신적 인격의 표현이 됨과 동시에 사랑하는 자에게는 성행위가 정신적 지향의 한 표현이 된다.

인간의 신체적 관계로 표현되는 외적 현상은 사랑이라는 의미로 볼 때 그렇게 중요한 것이 아니다. 다만 그것은 신체적 사랑의 행위에 의하여 에로스적인 존엄성을 확인하는 것으로 '사랑할 가치'를 보여주는 것뿐이다. 이것은 마치 미용술에 의하여 본래의 모습을 숨기고 남의 눈을 피하는 소극적인 태도와 같은 것으로 미적 결함은 당사자만 아는 사실이다. 외적인 것이 영향을 끼친다고 해도 그것은 그 자신이 받는 것은 아니고 바로 사랑하는 사람에게서 영향을 받는 것이다.

　한 예를 들겠다. 유방이 빈약한 여성이 가슴을 플라스틱 정형 수술로 아름답게 하려고 의사를 찾았다. 의사는 남편이 유방과 상관없이 그녀를 진정으로 사랑하고 있다는 것을 알았다. 남편은 아내가 이브닝 드레스만 입어도 아름답다고 할 정도로 아내를 좋아하고 있었다. 그래서 그 상태로도 사랑 받고 결혼생활을 할 수 있으니 수술을 재고하도록 권고하였다. 그 남편에게는 유방의 크기가 심리적으로 어떤 작용도 하지 않았던 것이다. 그래도 그녀는 남편에게 상의했다. 남편은 수술 효과가 자기를 더 이상 기쁘게 할 수는 없을 것이라고 간단히 대답했다.

　외모가 떨어지는 사람이 자연적으로 예쁘게 태어난 사람을 부러워하고 무리해서라도 자기도 그렇게 되고 싶어하는 욕망은 심리학적으로 이해가 간다. 못생긴 사람이 부자연스러운 아름다움을 억지로 뜯어고치려 하면 할수록 인위적인 외모가 남들에게 과대 평가될 것이다.

외모를 통한 사랑이 생명을 의미로 채우는 기회는 주지만 그것이 최상의 조건은 아니다. 만약 외모가 생명의 의미와 사랑을 체험하느냐 못하느냐를 가름한다고 한다면 실제로 외모는 생명에 비해 보잘것없는 것이다. 생명은 무한히 풍부한 가치를 실현할 기회를 가지고 창조적인 우위(優位)를 가지고 있지만 외모는 그렇지 못하기 때문이다.

사랑 받고 사는 사람이나 사랑 받지 못하고 사는 사람이나 생명은 다같이 소중하고 의미 있는 것이다. 사랑도 행복도 누릴 기회를 얻지 못한 사람이 자기는 운명적으로 그런 사람이라고 자포자기하는 사람은 신경증이 지나치지 않나 점검해 보지 않으면 안 된다. 사랑의 체험 가치에 관하여도(태도 가치를 위하여 창조가치 실현을 포기하는 경우와 유사하여) 불필요하게 너무 빨리 포기되어서는 안 된다. 조급한 체념은 금물이다. 왜냐하면 인간의 외적인 매력의 의의가 내적 의의에 비해 상대적으로 얼마나 적고, 또한 사랑에 있어서는 인격성이 얼마나 중요한가를 모르기 때문이다.

외적인 매력이 전혀 없는 사람이라도 인격성의 힘으로 사랑을 성공적으로 이끄는 사람을 흔히 본다. 그리고 그들이 어떻게 훌륭한 힘을 발휘하는지도 알고 있다. 그들은 불운한 생물적 상황 아래서도 오히려 정신적인 면뿐 아니라 사랑 면에서도 훌륭하게 목적을 이루는 남성들이다.

많이 인용되는 어느 불구자의 예를 들어보겠다. 불구자는 외적인 매력을 내세우지 않기 때문에 체념에 어떤 근거를 찾지 않는다.

그러나 내세울 것이 많은 사람일수록 체념에 영향을 미치고 한(恨)을 남긴다. 왜냐하면 어느 일정한 가치 영역 안에서 충족되지 않는 신경증적인 인간은 그 생물적 영역을 과대평가 하거나 경시하는 쪽으로 도피하기 때문이다.

체념을 빨리 하는 것도 체념을 못하는 것도 모두 옳지 않으며 그것은 불행으로 함몰되는 것이다. 사랑의 '행복'을 위한 신경증적인 부자연한 노력은 이미 그 신경증적인 부자연함 때문에 '불행'하게 되는 것이다. 과대 평가된 에로틱에 고착되어 버린 사람은 키에르케고르(S. Kierkegaard)가 말한 '바깥쪽을 향하여' 여는 '행복에의 문'을 무리하게 열어제치려는 사람인 것이다. 한편 사랑의 생활을 새삼 경시하며, 그것으로 도달하지 못했던 것, 또는 도달하지 못하리라 여겼던 것에 복수하려고 하는, 말하자면 소극적인 의미의 사랑의 생활에 고착되어 있는 사람은, 사랑의 행복에의 통로를 스스로 잠가 버리는 것이다. 그리하여 객관적으로나, 주관적으로나 포기하지 않으면 안 되기 때문에 일어나는 내적인 원한은 같은 결과가 되는 것이다.

이 두 형의 인간은 그들의 기회를 스스로 포기하는 사람이다. 그러나 그에 대하여 희망을 버리지 않고 당당하게 조화된 태도는 인격의 가치를 높이는 것이며, 그러한 인간에게는 다시 최후의 기회가 주어지는 것이다. 외모적인 것을 강조하는 것은 신체적인 '아름다움'을 에로틱하게 과대 평가한 결과이다. 그러나 동시에 인간 본연의 가치를 떨어뜨리는 것이다. 왜냐하면 이 판단은 다른, 정신적 가치에 관해서는 오히려 사양하고 말하지 않는 것이 아닐까. 상대적으로 낮은 가치 영역을 새삼 강조하는 것은 보다 높은 가치 영역을 부정하려는 의도가 숨겨졌음을 의심하게 하는 것이다. 그리고 에로틱한 미적 가치판단의 강조에는 그렇게 판단된 인격적 가치의 경시를 포함하고 있을 뿐 아니라, 또한 그러한 판단을 하는 인간의 가치 비하를 지적하기도 한다. 왜냐하면 만약 내가 오직 한 인간의 관능적 아름다움에 대하여 말한다면 그것은 내가 그의 정신성에 대하여 아무런 가치도 두지 않는 까닭에 아무런 관심도 갖지 않음을 나타내고 있기 때문이다.

상대의 정신적 인격을 무의식적으로 외면하려는 것은 최근의 대도시의 평균적인 에로틱의 특성이다. 그것은 타자의 일회성과 독자성을 인정치 않으려는 것이기도 하다. 이 에로틱은 참된 사랑이 갖는 상대와의 결합성과 그 결합성 가운데 존재하는 책임성에서 도피하려는 특성이 있다. 그들을 자기가 좋아하는 '타입' 가운데로 전적으로 도피하는 것이다. 그 때에는 어느 특정의 인격이 선택되는 것이 아니라 어떤 '타입'만을 좋아하게 되는 것이다. 그리고 사랑의 지향은 여러 가지가 있기는 하지만 비인격적인 외모의 현상에 집착되고 만다.

여성은 '여자'로서의 인격적인 관계를 갖지 않아도 좋은 자가 되기 쉬우며 '소유'할 수는 있어도 '사랑'할 수는 없는 자가 되어, 특색과 독자적 가치가 없는 소유물이 되고 마는 것이다. 사랑은 인격에서만 존재하며, 외형적인 '여자'라는 비인격에는 사랑이 존재하지 않으며, 전자에는 성실이 있을 수 있어도 후자에게는 불성실이 상응하는 것이다.

불성실은 그러한 에로스적인 관계에서는 가능할 뿐 아니라 필연적이기도 하다. 왜냐하면 사랑과 행복의 질이 결여되어 있을 경우에 이 결여는 성적 향락의 양으로 보상되어야 하기 때문이다. 한 인간이 '행복을 누리는' 것이 모자랄수록 그의 충동은 더 많이 '충족'되지 않으면 안 되기 때문이다.

만약 참된 사랑의 태도가 다른 사람의 정신적 인격을 향한 것이라면 그것은 또한 성실에 대한 유일한 보증이기도 할 것이다. 따라서 사랑이 가져오는 것은 사랑이 신체적 생존 기간이 계속되는 한, 즉 살아 있는 한 계속한다는 것이다. 이러한 체험시간에서 결과하는 것은 오히려 사랑의 '영원성'의 체험이다. 사랑은 영원의 상(相) 아래서 참으로 체험되는 것이다. 참으로 사랑하는 자는 그 사랑의 대상에 귀의(歸依)하는 일순에 있어서도 그의 감정이 변화될 수 있다고는 결코 생각하지 않는다.

이것은 감정이 '상대적'이 아니라 '지향적'임을 생각하지 않는다. 이것은 감정이 '상대적'이 아니라 '지향적'임을 생각하면 이해될 수 있을 것이다. 다른 정신적 행위에서, 인식이나 가치 인식에서 본질이나 가치가 파악되는 것과 같이 그것은 사랑하는 인간의 본성으로 지향하는 것이다. 만약 내가 $2 \times 2 = 4$라는 것을 파악했다면 나는 그것을 영구히 파악한 것이며, 그것은 나의 안에 존속하는 것이다. 그리고 만약 내가 타자의 본질을 사랑 안에서 간파하여 그것을 진리 안에서 파악했다면, 그 진리는 존속해야 하며, 또한 이 사랑은 내 안에서 계속되는 것이다.

참된 사랑을 체험하는 순간에 인간은 그것을 영원히 타당한 것으로 체험하는 것이다. 그것은 마치 우리가 인식한 진리 자체를 영원한 진리라고 부르는 것과 마찬가지다. 우리는 살아가는 한 그것을 '영원한 사랑'으로 체험하지 않으면 안 되는 것이다. 그러나 진리를 아무리 구하여도 인간은 그르치는 경우가 많은 것이다. 마찬가지로 사랑에서도 개인은 그르칠 수 있는 것이며, 때때로 사랑으로 분명하게 통찰하기보다 연정으로 맹목이 되어버리는 경우도 있는 것이다.

그러나 처음부터 주관적인 진리를 '그저 주관에 불과하다'고 여겨서도 안 되고 오류라고 해도 안 된다. 다만 위에 가서 비로소 그것이 잘못 되었다는 사실을 아는 것이다. 그리고 인간은 '시간에 한하여' 즉 일시적으로만 사랑한다는 것은 불가능하다. 즉 그는 일시성 자체를 지향할 수도 없고, 사랑의 시간적 유한성을 '구하는' 것도 불가능하다. 그는 겨우 그 사랑의 대상이 후에 사랑에 어울리지 않음을 알고, 그 가치를 잃고, 사랑이 '죽음'이라는 '위험'을 저지르고 말뿐이다.

일반 소유물은 언제나 바꿀 수가 있지만 사랑은 불가능하다. 사랑은 상대가 '있는' 그대로를 지향하기 때문에 참된 사랑, 진실한 사랑은 일부 일처제를 가능하게 한다. 왜냐하면 일부 일처적인 태도란 그 대상을 다른 사람으로 바꿀 수 없는 독자성과 일치성에서 파악되며, 신체적 또는 심리적 특성의 피안에 있는 대상의 정신적 본질 및 가치에로 지향되는 것을 전제로 하기 때문이다.

이런 데서 결과하는 것은 단순한 연정이, 본질적으로 많건 작건 일시적인 '감정 상태'로서 결혼하는 것을 거부하게 된다. 그러나 그렇다고 해서 참된 사랑 그 자체가 결혼의 적극적인 조건이 된다고는 단언할 수도 없다.

결혼은 전혀 개인적인 체험 이상의 것이다. 그것은 복잡한 것이어서 국가적으로 법률화되며, 종교적으로 정해진 사회생활의 제도이며, 사회적인 것 안에도 관계를 가지고 있는 것이다. 이 의미에서도 결혼이 이루어지기 전에 어떤 조건이 충족되어 있지 않으면 안 된다. 그밖에 다시 결혼하는 것이 부적당하다고 생각게 하는 생물적 조건, 우생학적인 금기도 있는 것이다.

사랑 자체는 그런 것 때문에 위험에 빠지지는 않는다. 결혼은 두 개인간의 생물학적인 생식행위를 일회적인 것으로 하지 않고, 말하자면 정신적인 생활 협동체로서의 중요한 의의를 지닐 때에 이루어져야 할 것이다. 이에 반하여 진실한 사랑의 체험 영역 밖에 있는 동기 같은 것이 결혼의 적극적인 동기일 경우에 그것은 '소유'라는 카테고리가 주로 지배하는 에로틱의 영역 안에서만 가능한 것이다. 특히 경제적인 동기가 결혼에 중요한 것이 되는 경우에 그것은 '소유'를 욕구 하는 유물론적 선상(線上)에 있는 것이다.

결혼 상담소와 같은 시설이 있는 것은 이런 의미에서 이해된다. 결혼의 사회적 계기만이 여기서는 고려되며, 주로 경제적인 사항에 중점을 두게 되어 있다. 인간이 이런 것에 의하여 받는 존엄의 침해는 말하자면 다음 세대에까지 미치는 것이다. 우리에게 알려진 한 예로써, 어떤 소년은 그 자신도 휩쓸린 양친의 끊임없는 갈등 때문에 양친 집에서 도망쳐 나왔다.

그의 유일한 소원이며 일생의 목적은(그는 그것을 마음을 감동시키는 소박하게 고백하는 것이었다) 그의 양친과 같은 아주 부조화한 결혼이 이루어지는 것을 방지할 어떤 제도를 보급하는 일이었다.

참된 사랑 자체는 이미 결정적인 일부일처제 관계의 계기를 구성하고 있다. 이 계기에는 다시 제 2의 계기가 따른다. 그것은 '배타성'(Oswald Schwarz)이라는 계기이다. 사랑은 내적 결합의 감정을 의미하지만 결혼의 형식에서의 일부 일처 관계는 외적인 결합도 함께 의미한다. 이 결합을 결정적으로 바르게 유지하는 것은 성실하다는 것이다. 그리고 결합의 배타성은 인간에게 바른 '결합'을 요구하는 것이다. 즉 그는 결합할 수 있을 뿐 아니라 또한 누구와 결합하지 말아야 할 것인가를 알도록 요구하는 것이다. 이것은 일정한 대상에 대하여 결단하는 능력을 전제로 하고 있다.

일부 일처적인 관계에 대한 내적 성숙의 의미의 에로스적인 성숙은 따라서 이중의 요구를 가지고 있다. 즉 배타적으로 한 대상에 대해서 결단하는 능력에의 요구와 결정적으로 대상에게 성실을 다하는 능력에의 요구이다. 따라서 사랑에 대한 준비 기간에 있는 청년들에 대해서는 바른 대상을 구하고 발견하는 것과 그것에 성실을 다하는 시기를 놓치지 말고 '배우기'를 권하는 것은 대단히 중요한 것이다.

그러나 이 이중의 요구는 모순이 없는 것은 아니다. 왜냐하면 젊은이의 결단능력은 어떤 에로틱한 인간 지식의 획득과 연습을 하지 않으면 안 되기 때문이다. 그러나 한편 그는 성실의 능력 면에서, 단순한 기분 이상으로 인간에 대한 유일한 내적인 관계를 유지하도록 노력해야 한다. 그러므로 그가 될수록 많은 관계를 체험하고, 최후로 바른 관계에 대하여 결단할 수 있게 하기 위하여 구체적인 관계를 유보할 것인가, 될 수 있는 한 빨리 성실함을 배우기 위하여 구체적인 관계를 오래 변함 없이 유지할 것인가를 알 수 없는 경우도 일어날 것이다.

딜레마에 직면할 것인가를 아닌가 알 수 없는 경우도 일어날 것이다. 이 딜레마에 직면한 젊은이에게는 이 문제를 소극적으로 고찰하도록 권고해야 한다. 즉 그 속박성을 두려워하여 책임성에서 도피하고 싶은 까닭에 뜻 있는 구체적인 관계에서 '탈출하려'고 하는가 아니면, 그는 수주 또는 수개월 간 고독하지 않으면 안 될 것을 두려워해서 깨진 관계에 무리하게 집착하고 있는가를 물을 필요가 있다. 이렇게 반대 형식으로 물음으로써 즉각적인 결단을 하기가 용이한 것이다.

쉘러는 사랑은 사랑하는 인간 최고의 가치로 향하며 이 최고의 가치가(그는 그것을 인간의 '구원'이라고 부르지만) 파악되는 정신적 운동이라 부른다. 슈프랑거(Spranger)도 사랑에 대하여 같은 말을 하고 있는데, 사랑은 사랑하는 인간의 가치 가능성을 인식한다고 한다. 본 하틴베르그(Von Hattinberger)는 이것을 다른 각도로 다음처럼 표현한다. "사랑은 한 인간을 하나님이 '원'한 것처럼 보이게 한 것이다"라고. 즉 사랑은 한 인간의 가치상(價値象)을 우리에게 보여준다고 할 수 있다.

그런 의미에서 사랑은 바로 형이상학적인 업적을 행하는 것이다. 왜냐하면 우리가 정신적인 사랑의 행위를 함으로 보게 되는 가치상은 본질적으로 어떤 불가시적인 것, 현실화될 수 없는 것의 '상(像)'이기 때문이다. 그리하여 우리는 사랑의 정신적 행위에서 한 인간이 그 독자성과 일회성에서 '있는' 바를 파악할 뿐 아니라 (스콜라적 술어의 의미로 'haecceitas') 또한 그가 '있을 수 있는' 것도 파악하는 것이다(entelechy). 가능성으로서의 인간의 현실성이라는 역설적인 정의를 상기한다. 그 가능성이란 가치 실현화의 가능성을 말한다.

사랑이 보여주는 것은 한 인간의 '가능성'이다. 그리고 모든 심리요법은 그것이 교육애로 감당할 수 있는 한, 취급하는 인간을 그 가장 고유한 가능성에서 보며, 그 가치적인 가능성을 선취(先取)하지 않으면 안 되는 것을 느끼는 것이다. 사랑하는 인간의 본질상에서 그 가치상이 짐작된다고 하는 것은 사랑이라는 정신적 행위의 형이상학적인 불가사의함에 속하는 것이다. 왜냐하면 현실적인 본질에 근거하여 가치 가능성을 선취하는 것은 미리 계측하는 것은 아니기 때문이다. 다만 현실만이 계측할 수 있다.

그러나 가능성 자체는 그러한 계측을 벗어나는 것이다. 기술한 바와 같이 인간은 그에게 주어진 현실과 자연적인 계약성으로 말미암아 계측되지 못하고 오히려 그 자신에게 주어진 가능성을 나타낼 때 비로소 본래적 의미의 인간이기를 시작하는 것이다. 충동적인 인간은 계측할 수 없다는 일반적 주장은 이 점에서는 부적절하게 생각된다. 오히려 그 반대가 진실이고, 인간은 충동성에서 보면 가장 확실하게 미리 계측할 수 있는 것이다. 그리고 또한 단순한 오성인(悟性人) 즉 단순한 이성적 동물로서의 인간, 그리고 스스로의 행위를 꾀할 수 있는 심리학적 유형인(有形人), 그들은 확실히 계측할 수 있는 인간이다. 그러나 '본래의' 인간 자체는 원래 계측하기 어려운 것이다. 즉 인간의 실존은 사실성으로 환원되지 않으면 안 될 뿐 아니라 또한 사실성에서도 도출(導出)될 수 없는 것이다.

가치를 볼 수 있게 되는 것은 한 인간을 풍성하게 할 수 있을 뿐이다. 이 내적으로 풍성하게 되는 것은 우리가 체험가치를 논하는 경우에서 본 것처럼 부분적으로 인간의 생명의 의미를 형성하기조차 한다. 그러므로 사랑은 사랑하는 자를 어떠한 경우에도 풍부하게 하지 않을 수 없는 것이다. '불행한 사랑'이란 있지 않으며, 또한 있을 수도 없는 것이다. '불행한 사랑'이란 그 자체가 모순된 말이다. 왜냐하면 내가 참으로 사랑하고 있다면 나는 그 사랑이 보답되고 안 되고는 관계없이 내적으로 기쁨을 풍족히 느끼기 때문이다. 만약 참으로 사랑하고 있는 것이 아니라면, 즉 남의 인격을 '생각하는' 것이 아니라 다만 타인의 어떤 신체적인 것, 또는 그가 '갖고 있는' 어떤 것만을 바라는 것이라면 그런 것은 사랑한다고 해도 불행할 수밖에 없는 것이다.

단순한 연정은 인간을 어떤 형태로든 맹목적인 것이 되게 하지만 참된 사랑은 마음의 눈을 밝게 한다. 사랑은 연애하는 대상의 정신적 인격을 그 본래적 현실성과 가치 가능성에서 보게 한다. 사랑은 타자를 하나의 독자적인 세계로서 우리에게 체험시키며, 우리 자신의 세계를 넓혀 주는 것이다. 사랑은 마음을 풍부하게 하며 행복하게 하는 동시에 대상을 움직여 그 가치 가능성을 높이며 사랑은 사랑 받는 자를 도와 사랑하는 인간의 가능성을 선취해 보여 실현화해 가게 된다. 그리고 사랑 받는 자는 사랑하는 자나 그 사랑에 어울리는 자가 되려고 노력하고 사랑하는 자가 갖는 상(像)을 닮으려 하며 '하나님이 바라는' 존재가 되려고 하기 때문이다. 짝사랑조차도 감정을 풍요롭게 하며 행복하게 하기 때문에 사랑은 언제나 창조적이다. 사랑은 서로를 높여주며 각자의 가능성의 실현화를 돕는다.

성적 충동의 단순한 만족은 쾌감을 주고, 연정의 에로틱은 희열을 주며, 깊은 사랑은 행복을 가져다준다. 그러한 사랑은 발전하는 지향성이 따른다. 쾌감은 상태적인 감정이고 희열은 거기에 대해 지향적이며, 의미 있는 것을 향하고 행복은 스스로 자신을 충족해 가는 일정한 방향을 추구한다. 그리하여 행복은 하나의 업적이라는 성격을 가지고 있다('beatitudo ipse virtus', 스피노자). 행복은 지향적일 뿐 아니라 '생산적'이기도 하다. 그렇기 때문에 한 인간이 그 행복에서 '충족'될 수 있음을 알 수 있다. 그리하여 또한 우리는 고뇌에 대한 행복의 근본적인 유비성(類比性)을 이해하는 것이다. 왜냐하면 기술한 바와 같이 고뇌에 있어서도 '의미'가 얘기되며, 인간은 고뇌 속에서도 충족될 수 있기 때문이다. 그리고 고뇌 속에서도 우리는 하나의 업적을 보도록 배웠다. 그리하여 전혀 일반적으로 한편으로는 지향적 '생산적' 감정과 다른 편으로는 단순한 '비생산적' 감정상태가 구별된다는 것이다. 가령 비애는(그 지향적인 의미와 창조적인 업적에 대해서는 이미 말하고 있지만) 순한 반응적인 감정상태인 비생산적인 불쾌감(어떤 상실에 관한)과 대립되는 것이다. 또한 윤리적으로 중요한 지향적인 감정으로서의 '정의(正義)의' 분노와, 가치를 지향하지 않는 단순한 상태 감정으로서의 맹목적인 증오와는 다른 것이다.

'불행한 사랑'이란 논리적으로는 모순되는 것이지만 심리적으로 본다면 그것은 일종의 애수의 표현이다. 체험의 쾌, 불쾌의 정도와 체험 내용에 대하여 과대평가 되는 것이다. 그리고 심리적 에로틱의 영역에서조차 쾌락주의적인 입장에 대해서는 논란이 많다. 진지한 생활인인 인간은 연극의 관객에 흡사하며, 비극은 일반적으로 희극보다 깊은 체험을 하게 한다. 인간은 애정문제로 '불행한' 일을 겪음으로써 감정이 풍부해지고 의식이 깊어지며 한 단계 성숙하는 것을 본다. 인간이 사랑 안에서 체험하는 내적 풍요는 내적인 긴장이 자유롭지 못하게 한다. 신경증적인 사람의 경우는 더욱 내적 긴장을 두려워하고 기피하려 한다. 그 증상은 불행한 사랑의 체험에서 온다. 그것은 화상(火傷) 입은 어린이를 에로스의 불에서 지키려는 수단과 같다.

그러한 인간은 한번 당했던 일회적인 불행한 체험의 배후에 숨어서 그 뒤에 있을 수 있는 불행한 체험을 피하려고 하는 것이다. 그리하여 '불행한 사랑'은 비애의 표현일 뿐 아니라 인내의 수단이 되기도 한다. 거의 마조히즘적으로 그러한 인간의 사고는 불행의 둘레를 항상 맴돈다. 그는 최초의…… 또는 최후의…… 실패 뒤에 몸을 숨기고 두 번 다시 손에 화상을 입지 않으려고 하는 것이다. 즉 불행한 결과가 된 사랑의 체험의 배후에 숨어서, 과거의 불행 뒤에 숨어 미래에 있을 수 있는 행복까지 피하는 것이다. 그가 행복의 가능성을 '발견'할 때까지 찾아가는 대신 그는 그 추구를 포기하는 것이다.

더 사랑할 수 있는 기회를 바라는 대신 그는 스스로 눈을 가리는 것이다. 마치 인생을 고려하지 않아도 된다는 증거라도 가진 것처럼 자기 체험만을 들여다보는 것이다. 그에게 중요한 것은 인생이 가져다주는(대비한다는) 새로운 미래가 아니라 다만 안일을 구하는 것뿐이다. 말하자면 두 번 다시 불행한 체험을 당하지 않기 위해 한번 당한 불행한 체험에서 눈길을 떼지 않으려는 것이다.

우리는 그를 장래의 풍부한 가능성에 대하여 항상 대비하고 있도록 교육하고 고쳐 나가지 않으면 안 된다. 통상적으로 인간은 많은 불행한 사랑의 체험을 거쳐 하나의 행복한 사랑의 관계에 이르기 때문이다. 그것이 돌아오는 것을 인간은 기다려야 하며 불행 속에 도피하여 행복을 피하는 것 같은 역설적인 태도로 길을 막아서는 안 된다. 따라서 이른바 불행한 사랑의 심리요법은 도피경향의 발견과 애정 생활이 가지고 있는 사명성격(使命性格)의 명시 속에 있다.

아무리 서로 사랑하고 행복한 사이라도 질투에 의한 사랑의 고뇌가 발생할 때는 그 '불행'을 사랑으로 극복하기 힘들다. 질투에는 에로틱한 유물론적 사상이 있다. 그것은 사랑의 대상을 '소유'로 보는 태도에서 발생한다. 질투는 자기가 사랑하고 있다고 생각하는 사람을 마치 자기 소유물인 것처럼 생각하고 남이 접근하는 것을 막으려는 심리에서 온다. 그리하여 그는 상대의 품위를 추락시키는 한이 있더라도 상대를 '오직 자기만을 위한' 소유물로 생각하며 자기의 행동이 '소유'의 카테고리에 있다는 것을 깨닫지 못하는 것이다. 참된 사랑의 관계에서는 질투가 비집고 들어갈 여지가 없는 것이다. 참된 사랑은 삶의 일회성과 의식의 독자성에서 이루어진 것이기 때문에 타인과 근본적으로 비교할 수 없는 것이고 그렇기 때문에 질투를 한 이유가 근본적으로 없는 것이다.

사랑의 관계에서 질투하는 사람이 두려워하는 것은 자기를 경쟁 상대와 비교한다는 점이다. 그러나 참으로 사랑 받고 사랑하는 사이라면 거기에 경쟁자가 있을 수 없다. 왜냐하면 서로가 사랑하는 사이에서는 자기가 정한 사랑하는 사람보다 더 좋은 사람이 세상에는 없다고 생각하기 때문에 어떤 사람과도 비교할 필요를 느끼지 않는다. 그렇기 때문에 경쟁자가 있을 수 없는 것이다.
 질투에는 상대의 과거를 소급하는 질투도 있다. 즉 자기와 만나기 전에 사랑했을 상대에 대한 질투다. 그러한 질투로 괴로워하는 인간은 자기가 상대에게 '최초의 사람'이기를 바라는 욕심에서 온다.
 그에 반하여 자기가 '마지막 사람'으로 만족하는 타입은 겸허한 인간이라 할 것이다. 그러나 그런 사람은 어떤 의미로는 겸허한 인간이 아니라 더 큰 것을 구하는 인간일지도 모른다. 왜냐하면 그는 모든 다른 경쟁 상대에 대한 우선성(于先性)보다는 자기가 정복했다는 우월성이 마음에 작용할 수 있기 때문이다. 이와 같은 사람은 근본적으로 자기는 다른 인간보다 우월하기 때문에 남과의 비교는 간과하고 있는 것이다.
 자기와 남을 비교하는 것은 남이나 자기를 부정하는 것으로 그것은 애정문제 이외의 일에도 해당된다고 하겠다. 인간은 제각기 다른 출발점이 있고 각기 헤쳐나가야 할 운명을 가졌기 때문에 남보다 늦게 어려운 출발을 하고 극복한 사람은 인격적인 업적에서 상대적으로 그만큼 위대한 것이다. 또한 남의 운명적 상황을 세부적인 것에까지 통찰할 수는 없는 것이므로 인간의 업적을 비교하는 척도나 기준은 존재할 수 없는 것이다.
 사랑의 관계가 참 사랑의 수준에 도달했을 경우 즉, 다른 무엇에 의하여도 흔들리지 않을 정도에 이른 사랑이라면 질투는 아예 문제의 대상이 되지 않는다. 또 사랑의 관계가 참 사랑의 수준에 도달하지 못한 경우 즉, 다른 무엇에 의하여도 비교할 수 없으리 만치 깊은 사랑의 경지에 이르지 못한 사랑이라면 거기엔 질투가 존재할 수 없는 것이다. 왜냐하면 그런 관계의 사랑은 사랑이 아니기 때문이다. 질투는 일종의 소유욕에서 오는 것으로 심하든 약하든 어느 쪽이나 무의미한 것이다.

만약 상대가 성실하다면 질투는 있을 수 없고 상대가 불성실하다면 질투가 일어날 근거가 있으나 역시 무의미하다. 참된 인간 관계가 성립된 곳에서의 질투란 존재하지 않기 때문이다.

그러나 질투는 기술적인 의미로 위험한 폭발력을 스스로 자기 안에 감추고 있음을 주의하지 않으면 안 된다. 질투하는 자는 그가 두려워하고 있는 것, 즉 사랑의 소멸을 거부하는 것이다. 마치 신앙이 내적인 강함에서 나올 뿐 아니라 보다 위대한 강함에 이르는 것처럼, 의혹 그 자체는 이루지 못하는 것에서 일어나나 의심하는 자는 점점 성공으로부터 멀어지게 된다.

질투는 자기 상대와의 관계를 '유지'하는 것이 가능한가를 의심하는 것이다. 그리고 그 심리는 성실한 사람에게 불성실에게 대해 줌으로써 실제로 자기의 목적을 상실할 수도 있다. 즉 그는 빼앗기기 싫은 상대를 바로 제삼자의 품속으로 내밀어 주는 꼴이 되고 만다. 결국 그는 자기가 두려워하던 것을 현실이 되게 하는 것이다. 성실은 사랑의 의무며 사명이다.

그것은 사랑하는 자신에 대한 사명으로서만 가능한 것이며, 상대에 대한 요구로서가 아니다. 만약 상대에 대하여 그것을 요구할 때, 오래 가면 상대는 거기에 반발하며 조만간 실제로 불성실한 태도를 갖게 될지도 모른다. 타자 및 자기 자신에 대한 신뢰는 마음을 안정시키는 요소이다. 그러므로 신뢰는 유지되어야 한다. 반대로 불신은 인간을 불안정하게 하며 그 결과 불화가 떠나지 않는다.

남에게서 신뢰를 얻는 길은 정직뿐이다. 신뢰는 그것이 믿는 것을 진실이 되게 하는 구실을 하는 것처럼, 정직도 그 역설성을 가지고 있다. 인간은 진리를 허위로 말할 수 있으며 거꾸로 허위를 진리로 말하며, 다시 허위를 '진실처럼' 할 수가 있는 것이다. 의학계에 알려져 있는 한 예를 들어 설명해 보기로 한다.

한 환자의 혈압을 재고 수치가 좀 높다고 생각될 때 환자의 요구에 따라 사실대로 말할 경우 환자는 크게 놀란다. 그뿐 아니라 환자의 혈압이 상승하여 전보다 더 높아지는 것을 본다. 그런데 이에 반하여 환자에게 진실을 알리지 않고 실제보다 낮게 알리면, 그는 극히 안심하고, 혈압 또한 실제로 낮아지는 것을 볼 수 있다. 앞에 말한 허위의 말은 결국 진실이 되는 경우도 있는 것이다.

생활 일반, 특히 애정 문제에 있어서 모든 광신적인 진리에의 요구에는 이 역설이 적용된다. 그것은 다음 예에서 명백해진다.

한 여성 환자가 의사에게 그녀가 저지른 아주 사소한 부정을 남편에게 고백할 것인가 말 것인가를 물었다. 의사는 그에 대하여 반대 의견을 말해주었다.

반대 이유는 첫째, 환자가 '부정(不貞)'을 신경증적인 동기에서 고백하려고 하는 것은 자기 남편에게 도발하고 반응을 시험해 보려는 것이다. 둘째, 환자는 '진실'이라고 하면서 남편에게 허위를 말할 것이라고 생각했기 때문이다. 왜냐하면 그녀의 '고백'에 의하여 그녀의 남편은 무엇인가 그 이상의 일이 배후에 숨겨져 있으리라고 오해할 것이 틀림없고 그렇지 않다면 그녀는 고백할 마음이 들지 않았으리라고 남편은 생각할 것이기 때문이다.

그러나 이 환자는 의사의 충고에 따르지 않았다. 그리고 결과는 이혼이었다. 그것은 인간적으로나 법률적으로 부당한 이혼이었다.

지금까지 질투하는 사람이 두려워하는 부정에 대하여 말하였지만 다음은 실제로 일어난 부정 문제를 들어보기로 한다.

대개 남성의 부정과 여성의 부정에 대하여 양성(兩性)은 서로 다른 관점을 가지고 있다. 관점에는 두 종류가 있는데 여성의 간통문제는 남성보다도 엄격하게 비판을 받는다. 이 점은 불공평하게 느껴진다. 그뿐 아니라 심리학적인 면으로도 성생활에 대한 양성의 견해는 다르다. 알라스는 이렇게 말한다.

"남성은 정력에 힘을 기울이지만 여성은 사랑에 스스로를 바친다."

이렇게 부정에 대한 견해가 다른 것은 생물학적인 영역에까지 미치는 양성의 깊은 상이(相異)점에 근거하고 있으며, 그것은 존재론적인 근거도 가지고 있다고 생각된다. 부부의 성적 부정뿐 아니라 처녀성이나 동정성의 상실에 관해서도 양성 사이의 차이는 다음과 같은 예로 잘 표현된다.

"맑은 물을 더러운 그릇으로 퍼낸다고 하여 샘이 더러워지는 것은 아니다. 그러나 더러워진 샘은 깨끗한 그릇으로 퍼내어도 더러운 것이다."

양성간 부정의 평가는 사회적인 견해차도 있음을 간과할 수 없다. 여러 남성들과 성 관계를 가진 여성은 그가 낳은 아이가 누구의 자식인지 판단하기가 어려우나 문란한 여자 관계를 가진 남자라도 아내 쪽에서 성결하면 아이의 아버지가 누군가는 자명하기 때문이다.

부부간에 부정으로 인해 일어나는 결과도 여러 가지가 있을 수 있다. 상대가 저지른 부정에 대하여 취하는 '태도'의 다양성은 '태도가치'를 실현하는 기회도 된다. 어떤 사람은 상대를 버리고 자기가 떠나는가 하면 어떤 사람은 반대로 상대를 버린다. 또 어떤 사람은 상대를 용서하고 이해하려 하는가 하면 어떤 사람은 상대를 버리고 새 상대를 구하여 제것으로 만들려고 함으로써 제각기 불행한 처지를 극복하려고 노력한다.

에로틱한 유물론적 사상은 상대를 소유물로 여길 뿐 아니라, 에로틱 자체를 상품으로 삼는 것이다. 이 일은 매춘에 있어서 명료하게 나타난다. 매춘은 심리학적인 문제로서는 매춘하는 인간의 문제라기보다 매춘의 소비자의 문제이다. 즉 매춘 여성의 심리는 그녀들이 정신병리학적으로는 대수로운 가치가 없는 성격 타입을 가지고 있다는 정도이고 문제는 적다. 매춘 여성의 구체적인 개별 예를 심리학적으로 분석해 보면, 거의 모두 규칙적으로 어떤 정신병질 인격의 특징으로서의 도덕적인 배덕성이 밝혀진다.

또 개개의 사회학적 분석은 의미가 없다. 왜냐하면 이미 다른 예를 설명한 것처럼 경제적인 문제인 경우 누구에게도 일정한 행동을 강제할 수는 없으며, 심리학적 윤리적으로 정상적인 여성이 매춘을 한다는 것은 있을 수 없는 일이기 때문이다. 극도의 빈곤 속에서도 매춘의 유혹을 물리치는 여자가 있다는 것은 실로 놀랄 만한 일이다. 경제적인 극한 상황에서 매춘이라는 형태로 역경을 극복하려는 여자를 나쁘게만 보는 것도 문제다. 그것은 자연스러운 현상으로 목적 없이 전형적인 매춘을 일삼는 여성이 택한 것과는 대조적인 것이다.

매춘의 '소비자'에 관하여 지적한다면, 그들은 '애정생활'을 마치 상품을 대하듯 비인격적인 형식에서 구하는 것이다. 매춘은 정신위생의 견지에서 본다면 통상적인 위생학적인 견지에서 보는 것과 같이 위험하다. 그리고 그 심리적인 위험을 방치하는 것은 결코 용납할 수 없는 것이다. 그 위험은 이성적(理性的)인 성교육이 금하려고 하는 성에 대한 유혹에 젊은 사람이 빠져 버린다는 점에 있다. 즉 쾌락을 탐닉하려는 목적 때문에 성을 육체적 즐거움을 얻는 한 수단으로 생각하는 데카당적인 '향락자풍'의 태도인 것이다. '쾌감원리의 성생활'에 있어서는 사랑의 표현수단 대신에 충동 충족 내지 성적 향락이 자기 목적의 전부가 되는 데 이르는 것이다.

사랑을 동경하는 젊은이가 단지 향락에 주려 있는 성인이 되어 버리는 경우는 교육에 책임이 있는 것이다. 경제적 사회적 지위를 누리는 어머니가 '불안'하게 보이는 소녀를 사랑하는 아들에게서 자식의 관심을 돌려놓기 위하여 자식을 매춘 여성에게 보낸 어머니가 세상에 알려졌다.

　매춘으로 일탈(逸脫)하는 위험은 성을 단순한 성충동 충족 방법의 하나로 저속하게 생각하게 만들어 성에 대한 의식을 떨어뜨리는 데 있다. 성에 대한 인식을 잘못 가지고 있는 사람은 진정한 사랑이 주는 성생활에의 길이 닫혀져 불행하게 되는 경우가 있다.

　어려서 매춘을 경험하고 성적 향락에 빠지는 것은 많은 경우 미래의 결혼생활에 어두운 그림자를 드리우는 것이다. 성장하여 누군가를 사랑하게 될 때 그는 성에 대한 인식이 정상적으로 돌아올 수도 없고 나아질 수도 없게 된다.

　진심으로 사랑하는 사이의 성행위는 심리적 정신적인 결합의 신체적 표현이지만, 성행위가 사랑의 표현 수단으로서가 아니라 욕정만 채우려는 인간에게는 임상 심리학자가 전부터 경계한 이른바 '마돈나형'과 '창부형'의 고칠 수 없는 정신분열이 일어나는 것이다.

　여성의 경우도 사랑의 표현으로서의 성 체험에 정상적인 도달을 방해하는 전형적인 경우가 있다. 그 상처 역시 뒤에 심리요법으로 치료하기에 매우 어렵다. 다음과 같은 예가 있다.

　한 소녀가 남성 친구와의 '플라토닉'한 사랑을 위해 상대가 원해도 성 관계만은 거부하여 왔다. 그리고 그녀는 아직 성적 욕구도 못 느끼고 있었다. 그러나 상대는 성 관계를 집요하게 요구해 오며 거절하는 그녀에게 "너는 불감증 환자 같다"고 했다. 그 말에 소녀는 혹시 자기가 그럴지도 모른다고 생각했다. 남들이 느낀다는 성욕을 못 느끼는 것은 '진짜 여자'가 아니기 때문이 아닌가 하는 의심을 품기 시작했다. 그러다가 어느 날 자신이 병신인가 아닌가를 확인하기 위하여 그에게 몸을 맡겨 보았다.

그 결과는 실망적이었다. 소녀는 황홀한 감정도 느낄 수 없었고 어떤 쾌감도 느낄 수 없었다. 그 이유는 소녀가 아직 성에 완전히 눈이 떠 있지 않았기 때문이었다. 그것은 마치 새싹이 움도 트기 전에 꽃을 따겠다고 꽃눈을 딴 것과 같은 것이었다.

성이란 자연적으로 서서히 발달하는 것이며 일정 기간이 차야 충동도 일어나고 쾌락도 알게 되는 것이다. 그런데 이 소녀는 자기 신체의 이상 유무를 확인하기 위하여 성행위를 체험해 본 것이 문제였다. 심리적으로 자기는 성적 쾌감이 불가능한 게 아닌가 하는 불안한 가운데 무리하게 행하였으니 성적 쾌락은 처음부터 불가능했던 것이 자명하다. 부정적인 자기 인식 그 자체가 성적 충동과 흥분을 방해했던 것이다.

그러한 소녀(자기 부정적인 자로서)이기 때문에 향락을 위해 몸을 남자에게 맡길 수 없었던 것은 조금도 이상하지 않다. 그러한 심리와 체험이 주는 실망은 장차 결혼생활에 큰 영향을 미치게 된다. 그러므로 대개는 성적인 기대 불안을 갖는 신경증의 심인성(心因性) 불감증 증상을 보여주는 경우가 많다.

임상심리학자는 이른바 기대불안(期待不安)의 기제(機制)를 도처에서 만난다. 보통은 자동적으로 조정되지만, 감시당하지 않고 하는 자기 행위를 의식적으로 관찰한다면 그것은 이미 방해 작용을 받고 있는 것이다. 말더듬이가 말을 더듬는 이유는 무엇을 말해야 하는가보다 어떻게 말해야 할까에 신경을 쓰는 데서 온다. 그것은 마치 힘차게 돌아가고 있는 모터에 손가락을 고의로 넣어 보는 것처럼 자기 스스로가 자기를 방해하는 것이다. 말더듬이에게는 다만 목소리를 내며 생각한다는 의식을 갖게 하고, 목소리를 내기 위해 입은 자연히 움직이는 것이라는 의식을 갖게 만들면 그것만으로도 성공적인 치료법이라 할 것이다. 그 정도로 만들어 놓고 간섭하지 않으면 그는 말을 유창하게 할 것이다. 만약 그에게 이 방법이 효과가 있다면 중요한 심리요법적 처치는 성공했다고 할 수 있다.

또 다른 예를 든다면 잠이 오지 않을 때 무리하게 잠들기를 스스로에게 강요하고 의식하면 내적인 긴장이 일어나 오히려 수면을 불가능하게 만든다. 그러한 경우를 기대 불안이라 한다. 불면에 대한 불안은 잠드는 것을 방해하며 그것에 의하여 일어난 불면은 기대 불안을 증대시켜 증세를 더 악화시키게 된다. 그리하여 양자는 마침내 악순환을 거듭하게 한다.

같은 이치를 성적으로 불안정한 사람에게도 적용할 수 있다. 성적으로 불안심리를 버리지 못하는 사람은 자기 관찰이 병적으로 예리해져 기대 불안으로 성공적인 성 관계에 실패를 초래하게 된다. 성적 신경증자는 상대에게 사랑을 쏟고 사랑의 표현을 육체적으로 자연스럽게 표현하려는 의지보다 성행위 자체만을 성공시켜야 한다는 강박관념이 앞서기 때문에 실패한다. 왜냐하면 성행위가 '자연스럽게' 행하여지는 것이 아니라 '목적 있는 의욕'을 앞세운 것이기 때문이다.

이러한 경우 심리요법의 중요한 임무는 행위 그 자체에 집중하는 것을 배제시킴으로써 기대불안의 악순환을 막는 것이다. 그렇게 하자면 환자가 성행위를 일종의 의무로 생각하지 않고 자연스러운 사랑의 표현이라는 인식을 갖도록 하지 않으면 안 된다. 그리고 이 목적을 위하여 환자에게 '일종의 성행위에의 강제'를 의미하는 따위는 일체 피해야 한다.

이 강제는 성적 욕구가 강한 상대 여성으로부터의 강제일 수도 있고, 또한(어떤 일정한 날에 성행위를 꼭 해야 한다는 스스로의 '프로그램'에 의한) 자기 자신 쪽에서 오는 강제일 수도 있고, 상황에서 오는 강제(호텔에서의 휴식 등)의 경우도 있을 것이다. 성적 신경증자가 항상 많이 느끼는 강제감의 모든 형태를 제거하는 동시에 즉흥적으로 성행위를 할 수 있도록 교육하지 않으면 안 된다. 또한 그와 함께 그를 서서히, 그리고 은밀히 좋은 의미의 성적 공격성의 정도가 증가하도록 교묘하게 유도하여 성행위의 자발성과 자연스러움이 일어나도록 해야 한다. 그리고 심리요법에 앞서 환자에게 그의 '병적인' 행동이 인간적으로 흔히 있을 수 있는 것이라는 점을 인식시키고, 운명적인 병적 장애에 걸려 있는 것이 아닌가 하는 감정에서 해방되도록 도와주어야 한다. 바꾸어 말하면 환자에게 그가 가지고 있는 기대 불안과 그것에 의한 악순환의 영향을 이해시키고 그것이 일반적으로 인간적인 행동양식이라는 것을 납득시키는 것이다.

한 젊은이가 임포텐츠로 의사를 찾았다. 그는 수년 동안 사귀던 여자를 설득하여 성 관계를 갖기로 약속 받았다. 여자는 그에게 부활절 날 몸을 허락하기로 하였다. 허락을 받은 날로부터 부활절까지는 14일이 남았다. 젊은이는 두 주간 동안 긴장하고 기대한 나머지 밤잠을 이루지 못했다.

이윽고 부활절이 왔다. 두 사람은 이틀간 여행을 하며 어느 산장에 투숙하였다. 여자가 이층 침실에서 그를 맞을 준비를 하고 있었다. 젊은이는 그녀와 이룰 감격스러운 순간을 맞기 위하여 이층 계단을 올라갔다. 그는 성적 흥분이 아니라 기대 불안의 뜻에서 아주 흥분하여(그가 나중에 말한 바에 의하면) 몸이 떨리고 심한 동계(動悸)가 일어나 똑바로 걸음을 옮길 수조차 없었다고 한다. 그 결과 임포텐츠가 된 것은 조금도 이상할 것이 없다.

의사는 그에게 이러한 구체적인 외적, 내적 상황에 직면하여 환자가 그런 반응을 보인 것은 조금도 병적인 것이 아니고, 인간적으로 이해될 수 있는 일이라고 그를 납득시켰다. 그 결과 환자는 자기가 두려워하고 있던 병적인 임포텐츠가 아니라는 것을 이해하였다. 이것만으로 이미 성적으로 불안정한 사람에게 필요한 안정성을 회복시켰다고 할 수가 있다.

의사는 환자가 상대에게 돌아가 사랑하면서 동시에 자기가 기대 불안으로 말미암아 일시적으로 자졌던 심리적 위축일 뿐 병적인 것이 아니었다는 것을 스스로 밝힐 수 있게 하였다. 그리고 환자에게 이제 두 번 다시 병원을 찾을 필요가 없다고 한 말이 최대의 인상을 준 의사의 충고였다. 이 충고는 간단한 심리요법적 처치를 완성시킬 정도의 효과를 갖는다.

환자는 자기 상태가 조금도 이상이 없고 의사의 도움을 전혀 필요로 하지 않는다는 확신을 가질 수 있게 되었다. 원래 그러한 심리요법적인 처치의 효과를 암시작용에서 떼어놓고 하기는 어렵다. 그러나 그것은 이론적으로도 실제적으로도 필요치 않다. 왜냐하면 암시적인 계기는 그러한 경우에 있어서는 기대 불안을 그 맹아상태(萌芽狀態)에서 억압하여 뒤에 오는 불길한 자기암시를 방지한다는 의미만을 가지고 있기 때문이다.

성생활의 영역에 있어서 그리고 그 심리와 병리에 있어서, 늘 볼 수 있는 것은 인간이 얼마나 행복에의 노력이 잘못되어 있는가 하는 점이다. 즉 향락을 위한 무리한 노력이 어떻게 실패로 돌아가는 가를 알면서도 그 짓을 예사로 한다는 말이다.

인간은 향락에서 행복을 찾으려고 노력해도 안 되고 쾌감을 구함에서 삶의 가치를 찾아서도 안 된다. 칸트가 인간은 행복하기를 바랄 것이 아니라 '행복에 어울리게' 되기를 바라야 한다고 말한 것처럼, 인간은 행복하기를 갈구할 것이 아니라 행복의 근거가 되어야 한다고 말하고 싶다.

인간의 노력이 그 지향의 대상에서 지향 자체를 벗어나는 것, 즉 노력의 목적(행복의 근거)에서 쾌감(목적 달성의 결과)을 벗어나는 것은 인간의 노력의 왜곡된 양상임을 의미한다. 이 양상에는 직접성이 결여되어 있으며, 그것은 여러 가지 신경증적인 체험의 특징으로 어떻게 그것이 신경증적인 성적 장해를 일으키는가는 이미 말한 바와 같다. 성적 지향의 직접성과 진실성은 특히 남성의 포텐스(potence)에 빼놓을 수 없는 전제이다.

성의 병리학에 관하여 오스왈트 슈와르츠(Oswald schwarz)는 성적 지향의 성격을 '모범성'이라고 표현하였다. 나는 그것을 진실성과 일관성의 결합으로 보고 싶다. 즉 진실성은 모범성을 횡단면에서 본 것이며, 일관성은 그것을 종단면에서 본 것이다. '모범적'인 인간의 특징은 쉽게 '당혹(當惑)'하지 않는 점에 있다. 그들은 자기 특유의 본능적 판단성을 가지고 자기에게 '어울리지 않는' 것을 피하고 '부당한' 환경을 멀리한다.

그런 사람이 매춘부를 만나 막상 성행위를 하려 하면 임포텐츠를 타나낸다. 그것은 전형적으로 보아 '비모범적'인 것 같지만 그런 증상은 병적인 것도 아니고 신경증적인 것도 아니다. 그러한 상황에서 임포텐츠가 되는 것은 문화적으로 어느 정도 수준에 있는 남성에게는 오히려 바람직한 일이다.

그러나 임포텐츠가 부당하다고 여겨지는 상황에서 사태를 피하기 위한 유일한 도피로가 되는 것은 바람직하지 못하고 모범적이 못된다. 따라서 모범적이란 인간의 정신적인 것과 심리적인 것, 생물학적인 것과 내적으로 일치하는 행동을 일으킨다고 정리할 수 있다.

결국 '모범적'이라는 개념은 심리학적인 면에서 '비신경증적'이

의미하는 것과 같은 것을 실존적인 면에서 표현하는 것과 같다고 할 수 있다.

지금까지는 사랑의 본질과 가치에 대하여 다루었다. 다음은 사랑의 생성에 관하여 논하여 보기로 한다. 정신분석이 그러한 문제를 취급할 때는 먼저 '유아 성욕'에 대하여 취급하는 것이 상식화되어 있지만 여기서는 그것을 예외로 하려 한다. 이유는 현상학적으로 성인의 성기 발달에 따른 성욕과 정신분석의 이론적 관계에 어떤 문제가 있지 않나 하는 의문을 알아보기 위해서이다.

유아는 본래 어느 정도의 성욕을 가지고 있는가는 아무도 모른다. 이 의문에 대하여 프로이트도 리비도라는 넓은 개념을 제시하는 데에 그치고 말았다.

일반적으로 심리적인 성의 성숙은 사춘기에 시작된다고 할 수 있다. 사춘기에 나타나는 협의의 성적인 변화는 쉘러(Scheller)가 정신병적인 것에 관하여 말한 것과 유비적(類比的)으로 심리적인 것에의 '유기적인 어떤 침입'이라고 할만큼 급격하게 인간의 의식 속에 들어오는 것이다.

사춘기가 되면 누구나 성욕이 일어나는 것을 느끼게 된다. 그것은 정신적으로 일종의 침입을 당한 것이라고 할 수 있다. 그러나 사춘기에 든 청소년은 어떤 형태로든 그것에 대비할 태세가 되어 있지 않으므로 당황하게 되고 낭패감을 맛보게 된다. 성욕은 누구에게나 오는 자연 현상이지만 그에 따른 반응은 사람마다 다르다. 그러므로 때로는 크게 놀라고 병이 아닌가 하여 정신적으로 혼란을 일으키는 경우도 있다. 그러나 사춘기에 당하는 심리적 고뇌나 충동은 병리적인 것이 아닌 생리학적인 자연현상이므로 놀라운 것이 아니다.

사춘기에 성적 변화가 오는 시기는 개인에 따라 다른데 그것은 심리적인 것이 아니라 신체적 사상(事象)의 생리적 반사라고 보아야 한다. 그것은 내분비적인 변화의 심리적 결과나 내분비적 긴장의 심리적 발로라 할 것이다. 이 생리적인 변화에 따른 성욕은 원래 정형(定形)이 없으며 인격에 의하여 형성되는 것도 아니다.

바꾸어 말하면 그것은 아직 성숙되어 있지 못한 것이다. 심리적 성적 성숙이 차츰 진행됨에 따라 성적인 것은 변화도 인격적인 것에 의하여 조직되며, 그것에 동화하는 것이다. 그러나 최초의 그것은 아직 인격적인 노력은 아니고 오히려 단순한 심박(心迫)이며, 목적도 방향도 없다. 그러나 발달과 성숙이 진행됨에 따라 이 충동은 차츰 방향이 잡혀져 기호성이 증대하고 성욕은 점점 자아의 영역 안에 짜여 들어가 인격적 내지 본질은 심리적인(기호적이기 때문에) 요구의 힘의 장(力의 場) 안에 나타나는 것이다.

따라서 최초의 성적 충동은 임의의 이성과의 접촉(A·Mall의 Cantnectation)에 의한 긴장상태에서의 해방('Detumeszenz')이라는 목적을 띤다. 그것은 목적 없는 성적 심박(心迫)에서, 이미 그 자체로서 어떤 충동 목적을 향한 그만의 성충동이 일어난 셈이 된다.

그러다가 후에 다시 방향을 잡는 계기가 오는데, 성 충동은 인격적으로 특정한 이성을 대상으로 하여 일어나며 그로 인하여 분명한 목적을 갖게 된다. 따라서 목적 없는 심박에서 목적으로 향해진 충동이 일어난 뒤에 다시 이 목적에 향해진 충동에서 인격에 향하는 노력이 생기는 것이다. 비특수적인(성기적인) 충동 목적에 특수한 충동 대상, 즉 사랑하는 상대의 인격이 첨가되는 것이다. 성적 심박 → 성적 충동 → 성적 노력이라는 순서가 심리적 성적 성숙 과정의 단계의 특징을 보이고 있으며, 증가하는 지향성(최초에는 성교 그 자체에 행해지는 것에서 일정한 인격으로 향해지는 것에의)을 나타내고 있다.

그리고 그것에 의하여 성욕은 개인의 성숙 과정에서 차츰 인격적으로 나타난다. 그 향방을 잡아주는 계기는 어디서 오며 어떤 충동이 인격에 영향을 주는가? 그것은 충동 자체에 존재하는 것이 아니다. 충동이나 성욕의 지향성은 본질적으로 다른 독자적인 기원(起源)의 노력에서(단순한 승화에 의하여 생긴 것이 아니다) 얻기도 하고 내재적인 에로틱한 감정에서 오기도 한다.

'내제적'이라는 것은 가려진 듯하나 드러나 있으며 의식되지 않는 것 같으나 시간이 지나는 사이에 그 증상이 나타난다. '에로틱'한 노력이란 성적 노력과 어떤 상대적인 대립을 나타내고 있기 때문에 젊은이에게는 우정이나 너그러움, 신뢰나 서로의 동경의 형태를 가지고 나타난다. 그것은 심리적 정신적 의미로 타자와 공존하는 데 대한 젊은이의 동경이며, 고유한 성적인 노력과 적절한 대립을 이룬다. 에로틱한 노력은 그렇게 해서 보다 좁은 의미로 이해되고 일회적이며 성적인 것에서는 도출되지 않는다.

　프로이트가 '목적을 저지 당한 노력'이라고 부른 것은 기술한 바와 같이 사실은 고유하게 에로틱한 노력으로서 단순한 성충동이 도달하는 것보다도 보다 진실한 충족 목적에 도달할 수 있는 것이다. 일견 성적 향락에만 몸을 맡기고 있는 인간조차도 언젠가 한번은 이 섬세한 감정을 체험한다. 즉 단순한 성적 충동의 만족에 몸을 맡기고 있는 사람도 언젠가는 상대에게 보다 높은 요구, 가령 정신적 관계에의 에로틱한 감정의 욕구를 갖는 것이다.

　이러한 흥분이나 욕구는 속물적인 성적 퇴폐자에게서조차 나타난다. 예컨대 술집에서 매춘을 직업으로 하는 여성이 털어놓은 다음과 같은 말에서 이해할 수 있다. '술에 취한 남자는 여자와 둘만의 방으로 들어가면 곧 두 사람이 행복하게 결혼한 사이처럼 행동한다. 그리고 마치 남편이 직장에서 돌아왔을 때 아내가 상냥하게 맞아 주듯이 그렇게 해주기를 바란다'

　이 형태는 단순한 성욕과 에로틱한 의식이 대립하고 있는 증거로 성적 '전희(前戱)'라고 볼 수 없다. 말하자면 억압되어 있던 아름다운 사랑의 심리적 갈망이 나타난 것이다. 즉 에로틱한 사랑의 노력이 억압된 채 성충동에 의하여 뒤로 밀려난 것을 회복하려는 노력이다. 술집 여성과의 관계에서처럼 잃어버린 에로틱한 생활 형식을 갈망하여 에로틱의 보다 높은 형태에의 본능적 동경이 표출된 것이다.

내재적인 에로틱한 노력이란 성욕으로 인하여 일어나는 신체적인 두근거림의 심리적인 충동으로 나타나는 현상을 통하여 자기 인격에서 다른 인격에로의 정신적인 접근임을 알 수 있다. 이처럼 정상적이거나 이상적인 성의 심리적 성숙 과정에서 성적 노력과 에로틱한 노력과의 간격이 좁혀져 마침내 성욕은 에로틱과 융합되어 성적 노력과 에로틱한 노력이 일치하게 된다. 다시 말하면 성욕과 에로틱과의 성공적 결합을 뜻한다. 에로틱한 노력으로 목적을 일정한 인격에 두는 것은 결합의 조건을 갖추는 것이다.

그러한 과정으로 성숙하면 자동적으로 일부일처 제도에 이르게 된다. 성적인 노력은 오직 에로틱한 노력으로 유일한 상대에게로 향하는 것이 정상이다. 그러므로 바르게 성숙한 인간은 자기가 사랑하는 상대에게만 성적 충동을 느끼게 되고 성 관계는 성행위가 사랑의 표현이 될 수 있을 때에만 가능해진다.

일부일처 관계의 내적 노력의 의미는 한 인간이 성적으로나 심리적으로 성숙하는 과정의 기준이 되지 않을 수 없다. 일부일처 선택은 성적 발달의 최종 단계이고 성교육의 최종 목적이며 성윤리의 이상이라 할 수 있다. 그러므로 이상으로서의 그것은 극히 어렵게 달성될 수밖에 없으며 거의가 점근적(漸近的)으로 이루어진다. 모든 이상이 그렇듯이 이것 역시 일정한 사회적 규율에 따르는 것은 당연한 것이다.

"그것은 꼭 맞지는 않지만 겨냥하지 않으면 안 될 흑성(黑星)과 같은 표적으로 표시된다"(Gaethe).

일반적으로 참된 사랑에 이르는 것도 힘들지만 완전한 차원의 사랑도 어렵다. 그래도 모든 인간은 영원히 완전한 사랑을 갈구하며 진보한다. 이 진보라는 것도 개인적인 생활에 있어서의 진보일 뿐 전반적인 것이 아니라는 데에 문제가 있다.

인류 역사를 통해 볼 때 진실로 내적인 '진보'가 존재하는가 묻는다면 대답하기 어렵다. 다만 확실한 것은 기술의 진보는 인정할 수 있다. 그러나 그것은 기술 시대에 살고 있기 때문에 진보라고 인정하는 것에 지나지 못한다.

정상적인 성적 성숙은 여성이 남성보다 빠르다. 이것은 일반적이라고 말할 수 있으며 현재도 그러하다. 성적인 결합은 심리적으로나 정신적으로 성숙한 관계에서 사랑의 신체적 표현에 의하여서만 가능하다는 것은 이미 말하였거니와 보통은 여성에 의하여 먼저 행위가 시도되지 않으면 안 되며 남성은 이 단계에 도달하기 위해 이상적으로 성숙되어 있어야 한다. 그래야만 여성을 도울 수가 있다. 여성이 사랑하는 남성과 신체적으로 결합하여 지켜온 처녀성을 바치는 것은 일부일처 의지를 분명히 하는 데 큰 의미를 갖는다. 여성은 남성과 성 관계를 가진 뒤에는 에로틱한 감상이나 성적인 욕구를 상대의 뜻에 거의 자동적으로 맡긴다. 그리고 자기의 성욕은 거의 조건 반사적으로 남편에 의하여 촉발된다.

정상적인 성의 심리적 성숙 과정에는 여러 장해가 있어서 어려움이 따른다. 그 장해 요소 가운데는 특히 세 가지 전형적인 장해가 있는데 그 세 가지 장해는 제 각각 세 가지의 신경증적 유형을 띤다.

첫째 유형은 성 충동을 인격적으로 에로틱한 감정에서 충족시키려 노력하지만 변칙적인 심리적 압박감이 가로막아 목적을 이루지 못하는 경우이다. 육체적으로 사랑의 표현을 할 수 있는 최종 단계에서 발기 부진 등으로 당하는 실망이 그것이다. 한번 실망한 사랑의 체험은 남성의 용기를 무참히 짓밟는다. 그러므로 이상적인 성생활을 할 수 있을 만큼 정상적으로 육체가 발달했음에도 불구하고 심리적 변화 때문에 육체적인 목적을 이루지 못한다.

그런 사람은 자기가 정신적으로 사랑하고 성적으로 완전히 결합할 수 있는 사람을 다시 만날 수 있을 것이라는 기대를 잃고 만다. 그래서 성적으로 타락하여 기대했던 에로틱한 불행을 잊으려고 방황하게 된다. 인격적인 사랑으로 얻을 것을 기대했던 행복에의 충족을 잃은 대신 질적인 것이 아닌 성적 향락과 충동 충족의 양적 욕구에 빠지게 된다. 에로틱한 것으로부터 성적인 것으로 액센트가 옮겨지는 것이다.

실망의 체험을 하기 전까지는 성적 충족에 관심이 없었고 그것을 구태여 필요로 하지 않았지만 이제부터는 성적 충족을 위해 노력하지 않으면 안 된다고 생각하기에 이른다. 그러므로 되도록 서둘러 많은 성행위를 가짐으로써 성적 충족을 구하려 한다. 그러한 변화는 심리적 성적 성숙 과정의 이상적인 목적에서 반대로 더욱 멀어져 에로틱한 성의 만족을 체득할 수 없게 되고 만다. 실망의 체험은 남성을 단순한 성욕이 저속한 단계로 밀어붙여 발달 이전의 상태로 역행시키는 결과를 가져온다. 심리적 성적 성숙 과정의 이 장해는 실망의 체험에서 발생하기 때문에 그것을 '유한형(遺恨型)'이라 부른다.

어느 젊은 폭력범의 일기 가운데, 무엇이 '유한형'의 마음속에 일어나는가가 철저하게 묘사되어 있다. 그는 젊어서부터 성적인 방사(放肆)에 유혹된 사람이었고, 성적으로는 동성애의 대상이 되곤 하였다(성적 심박의 본질적인 무목적성은 심리적 성적 발달의 이 위상(位相)에서는 도착된 충동 목적 및 충동대상을 구하는 경우가 있음을 이해시킨다).

젊은이는 성 범죄적인 의미의 범죄자의 동류뿐 아니라 폭력범의 세계를 드나들었다. 그러던 어느 날 우연히 한 청년단체에 가입하기를 권고 받았다. 그것은 알피니스트적 정신으로 단결하고, 정치적 관심이 높은 단체였다. 거기서 그는 한 소녀를 사귀게 되고 그녀와 사랑에 빠졌다.

그때부터 그의 생활에는 변화가 왔고 특히 그의 성생활이 바뀌었다. 그는 처음부터 그 소녀를 사랑한 것도 아니고 성적인 대상으로도 생각지 않았었다. 그러나 그녀를 사랑한 뒤부터는 쾌락적이고 문란했던 성에 대한 관심이 에로틱한 사랑으로 급격한 액센트의 전향을 나타냈다. 그는 소녀와 성적인 관계도 가지지 않았고, 그것을 요구하지도 않았다. 성적으로는 왕성한 욕구를 가지고 있음에도 불구하고 그는 섹스가 아닌 에로틱한 사랑으로 만족했던 것이다.

그러나 그는 어느 날 그 소녀를 통하여 심한 실망을 경험하게 되었다. 그리하여 그는 다시 이전의 거친 성적 향락 벽에 빠져들어 사회적으로도 지탄받는 범죄를 저지르게 되었다. 그의 일기 속에는 그가 공상 속에서 소녀에게 호소하던 말이 기록되어 있었다.

"내가 대폿집에서 술을 마시고, 여자를 샀던 이전의 생활로 되돌아가는 것을 너는 바라고 있는가……"

둘째 유형은 심리적으로 성적 성숙 과정에서 볼 수 있는 것으로 인간은 원래부터 에로틱한 태도나 관계를 가지려 하지 않는다는 점이다. 이 타입은 처음부터 성적인 것에만 머물러 있어서 성적인 요구와(그것에 대해서 상대적으로 대립하는 협의의) 에로틱한 요구와 합치려는 생각을 전혀 하지 않는 것이다. 그러므로 성적으로 상대를 존경하고 사랑하는 것은 처음부터 포기한 상태다.

그런 사람은 진실한 사랑의 체험이 자기에게 주어진다는 것은 불가능한 일이라고 생각하고 산다. 결국 성욕과 에로틱과의 화합이라는 의미는 처음부터 체념하고 있는 것이다. 따라서 '유한형'에 비하여 이 타입을 '체념형(諦念型)'이라 한다. 왜냐하면 그는 스스로의 인격에 대하여 에로틱한 사랑의 능력이 있음을 믿지 않고 또 타인에게 그것이 있다는 것도 믿지 않기 때문이다. 현실은 오직 성욕뿐이며, 사랑 따위는 소설에나 있는 것으로 세상에서는 실현되지 않는 이상일 뿐이라고 생각하는 것이다.

셋째 유형은 '소극형(消極型)'이라 한다. 유한형이나 체념형은 최종적으로 '성욕'을 구하는 방법이 다른 것이 특징이지만 소극형은 더욱 이성과의 성적 접촉조차 요구하지 않으려는 것이다. '유한형'

이 적어도 처음에는 에로틱한 체험을 하고, 체념형이 적어도 성적인 체험을 하고 있는 데 비하여 이 '소극형'은 어떠한 성적인 것도 체험하지 않고 그것을 회피하는 것이다. 그는 에로틱에도 성적으로 능동적이 아니다. 그는 자기의 성 충동과 더불어 고립해 있으며 상대를 구하지 않고 '자위행위(masturbation)'로 만족하는 인간형이다.

그 경우 성욕은 '비상대적'인 양식으로 체험된다. '자위행위'는 어떤 상대에 대한 지향성이 결여된 것으로 그것은 질환이 아니고 질환의 원인도 아니다. 다만 애정생활에의 발달 장해 내지는 잘못된 태도의 표현에 불과한 것이다. 따라서 마스터베이션(오나니)에 대한 병적인 인식이나 심기적(心氣的)인 관념은 부당하다.

그러나 마스터베이션은 뒤에 수반되기 마련인 심리적인 숙취(宿醉)는 이 심기적인 관념과는 별도로 인간이 지향적인 체험에서 상태적인 그것으로 도피할 때 엄습하는 죄악감 안에 깊은 근거를 가지고 있다. 본래적인 자연스런 행동이 아닌, 이 양식에 대해서는 술 취함의 본질을 논할 때 이미 취급했다. 술 취함의 경우와 마찬가지로 오나니 뒤에도 필연적으로 인종의 숙취 기분이 계속되는 것은 주목할 만한 점이다. 왜냐하면 이 기분은 도덕적으로 또는 심기성의 가책을 나타낸다기보다, 오히려 실존적인 양심의 소리를 내포하고 있기 때문이다.

'소극형'에는 마스터베이션(오나니)에 빠지는 외에 이른바 '성의 고뇌'에 빠지는 젊은이들도 속해 있다. '성의 고뇌'는 항상 보다 일반적인 심리적 고뇌의 표현으로 평가된다. 그것은 성의 충동과 더불어 '홀로' 또한 그 때에만 충동을 고뇌로써 체험하는 인간의 고뇌로써 이해될 수 있다. 정상적인 발달의 경우처럼, 에로틱한 것이 우위를 차지하고 있는 한, 그것과 성욕의 상대적인 대립은 내적인 갈등으로서는 느껴지지 않는 것이다.

그러나 에로틱한 것에서 성적인 것에의 액센트의 이행(移行) 같은 것이 그릇된 발달 과정에서 생길 때 처음으로 '성의 고뇌'를 형성하는 갈등과 심리적 긴장이 일어나는 것이다. 하지만 '성의 고뇌'라는 말은 고뇌의 계기가 이미 충족되지 않은 성욕 안에 있는 것 같은 오해를 일으키기 쉽다. 실제로 금욕이라는 사실 자체는 결코 고뇌의 체험과 같은 뜻이 아니다.

이것도 원래는 젊은이가 성숙해 가는 과정에 대하여 말할 수 있는 것이며 성인에 대해서가 아니다. 젊은이가 성의 고뇌에 빠진다는 것은 성충동이 아직 에로틱한 노력에 속하지 않고, 인격적인 노력 안에 들어가 있지 않은 것을 나타내는 증거이다.

'성의 고뇌'라는 말은 흔히 성적 프로퍼갠더(propaganda)로 남용되는 일이 있다. 정신분석의 그릇된 판단이나 통속적인 해석은 마치 충족된 성 충동은 이미 (불안에 억압된 성충동은 아니고) 신경증이 되지 않을 수 없는 것처럼 말한다. 성인들은 젊은이들에게 성적 금욕의 유해성을 지적한다. 그 설교로 오히려 성적 신경증적인 기대불안을 만들어내어 유해한 영향을 끼치고 있는 실정이다. 그리고 청년을 원만히 성숙시켜, 성적인 행위가 사랑의 당연한 표현이라는 건전하고 완숙한 사람에 어울리는 에로틱에의 길을 가게 하는 대신 성교를 '어떤 대가를 치르고'라도 해야 한다고 생각하게 만든다. 사랑의 관계는 에로틱을 선행시켜야 하는데, 너무 빨리 성생활에 빠져들게 만들면 젊은이는 성적으로만 '살아가는' 꼴이 되어 성욕과 에로틱의 조화를 모르게 된다.

청년과 성의 고뇌 현상은 치료 가능한가? 먼저 성 문제를 생각해 보기로 한다. 청년과 '성의 고뇌'의 심리 치료 요법은 심리적 발생에 대한 통찰을 주기 때문에 중요하다. 젊은이를 청년 남녀가 혼성된 협동체나 모임에 가입시켜 주면 거기서 눈에 띄는 상대를 발견하여 연애 감정을 갖게 될 것이다. 그것은 에로틱한 의미의 사랑을 말하며 섹스와는 거리가 먼 것이다.

이렇게 하면 성의 고뇌는 쉽게 소멸된다. 그러한 청년의 경우 그들은 마스터베이션을 까맣게 '잊어버렸다'고 고백한 사실도 있다. 그들은 습관화되었던 자위행위를 버리고 자기가 택한 소녀와 같이 있기를 좋아하고 공상이나 꿈속에서도 성적인 충족을 여자와 육체 관계를 통하여 이루려 하지 않는 자제력이 생겼다. 결국 성적으로 거칠었던 젊은이가 참된 연애를 알게 되면서부터는 자연스럽게 에로틱한 사랑을 하는 정상인으로 돌아왔다.

자극에 의한 성적 해결을 하던 습관에서 에로틱한 것으로 급격하게 액센트의 변화가 일어난 젊은이에게서는 어느 정도의 길항관계(拮抗關契)에 있는 성적인 것과 에로틱한 것과의 급격한 우위(優位)의 교체(交替)가 일어난 것이다. 성욕과 에로틱과의 사이의 상관관계는 '성의 고뇌'에 빠진 젊은이와 카운슬링을 할 경우에 적절히 이용하지 않으면 안 된다.

이 상관관계와 성 충동을 충족시키지 못한 채 금욕을 계속하면서도 고뇌를 모르는 젊은이가 많이 발견된다. 청소년 지도자의 체험담이나 성 문제 전문가들이 가진 청년과의 토론에서 이런 현상은 공통적으로 나타난다고 밝혔다. 수천 명을 상대로 한 앙케트에서 얻은 회답 가운데 성적인 것에서 에로틱한 것으로 액센트 이행(移行)의 효과를 부정한 예는 하나도 없다.

젊은이에 비하여 성인의 사정은 다르다. 성인에게는 에로틱한 노력이 성적인 것과 동시에 병행된다. 그것은 심리적 성적 성숙 과정에 따라 행하여진 성욕과 에로틱과의 결합 정도에 의해 전자는 후자의 표현이 되기 때문이다. 성인도 성적인 금욕이 신경증적인 증후에 이르지 않을 수 있다. 성적으로 금욕하고 있는 성인에게서 신경증적인 징후가 나타나는 일이 있지만, 그것은 보통 성적 금욕의 직접 결과로 온다기보다는 금욕과 동격의 것이라고 보아야 할 것이다. 때때로 그러한 경우에는 금욕 자체가 다른 증후와 함께 그 근저에 있는 신경증의 한 증후로 보아야 할 때가 많다.

성적인 것에서 에로틱한 것으로의 액센트 이행에 의하여 그 '성의 고뇌'에서 해방된 젊은이들에게서도 성 충동은 바로(성욕과 에로틱과의 종합을 향하여 점차로 성숙해 가는 정도에 따라서) 자연적으로 다시 나타나 자기 욕구를 관철하려는 것을 본다. 즉 성적인 충동 충족은 다만 일과성(一過性)으로써 배경으로 물러난 상태로 연기되었을 뿐이기 때문에 다시 문제화되는 것이다.

그러나 이 연기된 것으로써 본질적인 문제는 달성된 것으로 보아도 무방하다. 왜냐하면 젊은이는(에로틱한 노력의 우위 아래) 에로틱한 관계를 쌓아올릴 만큼 이미 성숙했기 때문이며 성적인 관계는 그 틀 속에서만 논하기 때문이다. 이렇게 하여 사랑의 관계가 존재하는 것이며, 모든 성적인 관계는 그에 대해서 표현 수단으로써의 가치를 가져온다(그 이상의 것에 도달하려고 생각하면 안 된다). 그리고 그러한 경우의 젊은이의 책임감은 그 사이에 발달하며 자기 상대와 성적인 진지한 관계를 언제 가질 것인가를 결정하게 된다. 그러므로 사회는 이 문제의 결단을 안심하고 젊은이에게 맡기는 것이다. 진지한 성적 관계를 이루는 그 참모습은 심리적 정신적으로 성숙한 모습이며 사랑의 신체적인 표현이다.

의사가 젊은이와 성교 문제에 대하여 상담할 경우 어떤 태도를 취해야 할 것인가? 이에 대해 총괄적으로 생각해 보기로 한다. 청년이 성교나 성적 금욕에 관한 의사의 '지시'를 문제시한다면 다음과 같은 점을 고려해야 한다.

첫째, 신체적으로 성숙해 가는 관정에서의 문제를 전제로 한다면 권할 것도 막을 것도 없다. 이 점에 관한 대답은 다만 성 관계나 성적 금욕 모두 어떤 형태로든 신체적으로 유해한 작용을 하지 않는다는 것을 인식하게 하면 된다. 그러나 이 문제가 정신 위생적인 견지에서 제기된다면 사정은 다르다.

둘째, 만약 순수한 사랑의 관계없이 성교에 몰입할 경우, 즉 에로틱한 관계로 성적인 표현을 구하는 것이 아닌 경우는 단호하고 분명하게 부정적인 태도를 취하지 않으면 안 된다. 그런 경우는 육체적인 성은 성숙해 있어도 성 심리학적으로는 미숙한 상태이므로 젊은이 사이의 성행위는 금해야 하고 어떠한 경우에도 적극적인 권장은 용납할 수 없는 일이다. 만약 적극적으로 권장한다던가 방관하는 것은 정신 영역에서의 책임을 회피하는 것이 된다.

셋째, 젊은이들간의 성교 문제를 다룸에 있어 중요한 것은 신체적 의학적 및 정신 위생적 견지에서 본 성윤리학적인 태도이다. 이 경우 무모한 성교를 권장하는 의사는 없을 것이다. 왜냐하면 모든 조언에는 한계가 있기 때문이다. 조언자로서의 의사는 충고를 요구하는 사람에게 책임감을 가지고 임해야 하며 그 책임을 다하기 위하여 어떻게 해결할 것인가를 위한 교육을 충실히 받아야 한다.

에로틱한 감정을 가지고 상대를 참으로 사랑하는 젊은이가 상대와 성 관계를 가져야 할 것인가 말 것인가를 물어온다면 조언이 필요하지 않으며 그것은 문제 밖의 일이다. 왜냐하면 그것은 그 사람 자신이 인격적으로나 도덕적으로 책임질 문제이기 때문이다.

의사로서 한 가지 할 것이 있다면 그것은 충고를 요구하는 환자에게 그가 자유 의지로 금욕을 결의했을 경우에는 금욕을 두려워할 필요가 조금도 없다는 것에 주의를 환기시키는 일이다.

젊은이는 성숙한 후 책임성 있는 인간으로 교육되지 않으면 안 되며 개인적인 인간관계 뿐 아니라 사회적 경제적으로도 바른 인격을 갖추어야 한다. 특히 성 문제에 있어서는 우생학적인 면도 고려할 수 있고 일부 일처 제도의 의미를 알고 성 윤리의 질서를 지키는 인격자로 성숙해야 한다.

결혼은 기술한 바와 같이 제각기 독립한 영역에 속하며 심리적인 차원을 넘어선 중요한 사상(事象)이다. 임상심리학자는 심리적인 영역만을 취급해야 하기 때문에 일부 일처 관계에의 내적 능력만을 요구하고 권장할 수 있을 뿐 더 이상의 관여는 허락되지 않는다. 젊은이에 대해서는 에로틱한 감정이 지배하는 동안 청춘이 그에게 부과하는 여러 어려움을 지혜롭게 스스로 감당할 수 있도록 용기를 북돋우어 줄 필요가 있다.

젊은이는 사랑, 실연, 구애, 고독이 주는 허탈한 감정에 빠지는 등 감정의 변화에 시달린다. 그러므로 그에 대처할 용기를 갖지 않으면 안 된다. 성적인 것이 에로틱한 것에서 떠나려 하며, 전제적(專制的)이 되려고 하는 위험에 처한 경우 심리요법이나 성교육학은 경고의 소리를 외치지 않으면 안 된다.

샬롯 불러의 협력자(Charotte Buhler School)들이 대규모로 행한 통계적인 심리학적 연구가 밝힌 바에 의하면 나이 어린 소녀의 성관계 체험은 (이 경우 본래의 에로틱한 사랑의 관계를 기대할 수 없지만) 일반적인 상식 범위를 벗어나 정신석으로 매우 낮은 수준으로 저속화된다고 한다.

미숙한 상태에서 가진 성 체험은 인격 전체의 내부적 변화를 유도함으로써 성 충동을 쾌감이나 격렬한 애욕을 충족시키는 목적으로밖에 인식하지 못함으로 인간으로서 누려야 할 그 밖의 목적을 상실하게 만든다. 이렇게 잘못된 인격은 일반적으로 누릴 수 있는 문화적인 가치와 이상적인 결혼을 방해한다. 이상적으로 인생의 목적에 도달하고 결혼이 주는 행복을 누리고 유지하려면 정상적인 발달에 의하여 성숙하고 발전해야 가능하기 때문이다. 정상적인 발달이란 성욕과 에로틱과의 일치에 의한 일부 일처적인 관계에로 성숙해 가는 것을 의미한다.

인간의 존재 그 자체는 전체로서 이미 본질적으로 책임성 존재 위에 근거해 있는 것이다. 조언자로서의 의사도 항상 충고를 요구하는 환자에 대해 책임감을 가지고 있어야 한다.

성적인 문제에 관한 조언을 할 때는 책임이 더 무거운 것이다. 그 책임은 현재를 넘어서 미래 세대의 운명에까지 영향을 끼치기 때문에 성숙기의 성교육은 그러한 책임감을 의식하고 하지 않으면 안 된다. 그리고 성교육은 사춘기 교육학의 일반적인 지식 없이도 되지 않는다. 바른 성교육을 위해 다음과 같은 세 가지 유의점을 지적하고자 한다.

첫째, 젊은이들이 교육자에 대한 신뢰를 갖게 해야 한다. 부모, 교사, 청년지도자, 주치의, 그 밖의 조언자들은 젊은이들의 신뢰를 얻고 그것을 유지하지 않으면 안 된다. 이는 성적 계몽 문제에 부닥쳤을 때 특히 중요하다. 성에 대해 지도할 때는 집단적으로 하면 안 된다. 왜냐하면 어느 한 가지 성 문제를 다룰 때 어떤 사람에게는 너무 일러서 당황하게 만들고 다른 사람에게는 이미 지나서 늦은 것이어서 우스운 얘기가 되고 말기 때문이다. 그러므로 그것에 관해서는 개인적인 지도 방법이 이상적이다. 그러나 성 문제를 젊은이가 교육자에게 내놓고 말하게 하는 것은 매우 어려운 일이다. 바로 그 점 때문에 상담자에 대한 신뢰가 요구된다.

둘째, 젊은이는 자기 자신에 대하여 신뢰할 수 있어야 한다. 그것은 조화롭고 성숙한 인격에 이르는 험한 길에서 용기를 잃지 않게 하는 것이다.

셋째, 우리 자신이 젊은이에 대해 갖는 신뢰이다. 그것은 젊은이가 자기 신뢰를 바탕으로 지도자에 대한 신뢰를 하게 하는 데 소용되는 것이다. 그에 대한 우리의 신뢰에 의하여 우리는 그를 사고(思考)나 행동에 있어서의 의존심에서 벗어나게 하고, 그를 내적인 자유와 의식된 책임성 있는 길로 가게 하는 것이다.

제2절 특수 실존분석

이미 앞의 각 장에서 신경증적인 사례에 관하여 실존분석적인 관찰 양식이나 치료 양식을 반복하여 말했다. 그리고 그 경우 신경증 이론의 의미에서 체계적으로 취급한 일은 없었지만, 일요신경증이라든가 몇 개 형식의 성적 신경증을 취급하는 경우에 '로고데라피'로서의 '실존분석'의 응용 가능성을 언급하였다.

앞으로도 이전과 같이 체계적인 것은 아니지만 그것과 관련시키며, 신경증이나 정신병의 특수한 실존분석 문제를 구체적인 사례를 들어가며 설명하려 한다. 그리고 어느 범위까지 신경증에 대한 로고데라피가 실존분석의 형식으로 접근이 가능한가를 알아보고자 한다.

먼저 일반적인 심리학의 병인론(病因論)을 고찰하기로 한다. 이미 신경증적인 증후가 인간 존재에 본질적으로 다른 차원에서 다양하게 기인한다는 것을 지적하였다. 신경증은 인간에게 생리적인 결과로서, 혹은 심리적인 표현으로서, 사회적인 힘의 작용에 대처하는 내부적 수단으로서, 최후로는 실존의 한 양상으로서 나타나는데 최후의 계기인 실존분석적인 방법의 실마리가 주어지는 것이다. 신경증은 정신적 결단의 한 양식으로서 이해될 때에 비로소 실존분석이 호소하려는 자유가 주어지기 때문이다.

한편 이 자유는 인간에 있어서의 정신적인 것(로고데라피 내지 실존분석의 대상이지만)에서 생리학적인 것으로 단계를 내려감에 따라

점차 소멸해 간다. 신경증의 생리학적 기반의 내부에서 인간의 정신적 실존과 자유는 완전히 상실되는 것이다. 그러므로 생리학적인 기반으로서는 그 자체가 운명적이다. 협의의 심리요법도 그것을 거의 극복할 수 없고 형성하지도 못한다.

유일한 예외는 아우토게네 트레닝(J·H·슐츠)의 한계 내에만 존재하리라고 보며 일반적으로 적절한 치료는 약물 치료가 유일한 방법일 것이다.

문제가 되는 신경증의 생리학적 증상은 다양한 것이어서 구체적으로 설명하기는 힘들다. 어떤 때는 이 형태로 어떤 때는 다른 형태로 나타나기 때문에 어떤 경우든 주로 체질적인 기반(유전적 소질) 및 조건적 기반이 고려되지 않으면 안 된다. 체질적인 기반에 속하는 것으로는 이른바 신경병질과 정신병질이 있다. 신경병질은 신경증의 견지에서 보면, 주로 두 가지 유형, 즉 자율신경성의 불안정성과 내분비성 장애에 의하여 발생한다. 신경증 발생의 원인은 중독(重篤)한 신체적 질환 뒤에 유기체의 천연성(遷延性)의 정동성 반향(情動性의 反響) 등이다. 조건성의 계기는 극히 드물며 있다 해도 유인적(誘因的)인 의미밖에 없는 경유가 많은데 반해 임상적인 의미의 신경증의 체질적 생물학적인 기반 없이 일어나는 경우가 많다.

신경증적인 증후가 '표현' 및 '수단'으로 여겨지더라도 그것은 일차적인 직접적 '표현'이며, 이차적 목적에 대한 수단인 것이다. 신경증적인 징후의 목적성은 신경증의 발생을 설명하지 못하고 오히려 그 증후의 고착을 설명할 뿐이다. 따라서 이 목적성을 가지고는 왜 환자가 신경증이 되었는지는 설명되지 않으며, 다만 왜 환자가 그런 증후에서 벗어나지 못하는가를 설명할 수 있을 뿐이다. 이 점에서 개인심리학적인 견해와 대립된다.

개인 심리학에 의하면 신경증은 일차적으로 인간을 정상적인 생활에서 이탈시키는 역할을 한다. 실존분석은 신경증의 이 목적적 기능을 인정하지 않으나, 그럼에도 불구하고 인간을 그 생활 과제로 접근시키는 가운데 그 본래의 치료적 사명을 갖는다. 왜냐하면 환자가 그때는 그만큼 용이하게 신경증에서 자유로워지기 때문이다. 따라서 신경증에서의 자유에는 생명의 사명으로서의 자유와 생활 과제에 대한 결단이 선행한다.

로고데라피적인 계기를 소극적인(심리요법적인) 것에서 적극적인 것으로 결부시키는 만큼 치료 목적에는 확실하고도 빠르게 도달할 수 있는 것이다.

1 불안신경증의 심리

다음에는 선택된 예에 따라 몇 가지 불안신경증의 심리학적 구조와 신경증이 본래 심리적인 것이 아닌 어떤 것에 뿌리를 내리고 있는가를 몇몇 예로 고찰해 보고자 한다. 이 목적을 위해 적면공포(赤面恐怖)라는 구체적인 예에서 출발하자. 기질적(氣質的)인 기반은 이 신경증에서는 혈관의 자율신경의 조절 장애에 있다. 그러나 그 자체는 더 본래의 의미에서의 신경증을 이루고 있지는 않다. 좁은 의미에서의 병상발생적(病像發生的)인 계기로서 우선 심인적(心因的)인 것이 첨부되지 않으면 안 된다. 이 심리적인 것은 신경증의 발생론적인 면에서 보면, 대부분의 경우는 심리적인 '외상(外傷)'으로 나타나 있다.

이 적면공포의 경우 그것은 다음과 같은 체험에서 발생한다. 어느 날 환자인 젊은이는 추운 겨울바람을 쏘이며 걸어가다가 다방으로 들어갔다. 그로 인해 자율신경성의 신경병질로 얼굴이 붉어져 있었다. 그는 자연스럽게 친구들이 있는 좌석으로 걸어갔다. 친구들 중 한 사람이 다가오는 그를 보자 별 생각 없이 그의 얼굴이 붉어진 것을 지적하며 놀려주었다.

그 순간 본래의 신경증적 기반이 형성된 것이다. 왜냐하면 단순히 '신체적인 규정'의 의미밖에 없었던 무자극성의 자율신경성 신경증적 소질 뒤에는 기대불안이 따르기 때문이다. 이 사람은 다음부터는 유사한 상황에서는 이미 얼굴이 붉어지는 것을 두려워하며, 그런 경우에는 기온의 변화라든가 그밖에 유발하는 계기가 없어도 이미 직접 적면현상을 일으키지 않을 수 없는 것이다.

그 기대불안의 '기제(機制)'가 한빈 발동하기 시작하면, 그것은 그칠 수 없이 퍼져가며 불안 증상을 일으키며, 증상은 불안을 촉진시킨다. 그리하여 악순환이 치료가 될 때까지 계속된다.

이런 경우에 근본 치료를 하자면 약물 처치도 가능할 것이다(가면성(假面性)의 암시의 의미에서만은 아니다). 그러나 일반적인 최선의 방법은 본래의 심리요법의 형식으로 치료가 행하여질 때 완전하다. 심리요법에서는 특히 환자에게 기대불안에 대하여 '인간적'으로 잘 이해시켜, 그에게 그것은 무슨 '병적인 것'이라거나 어떤 형태의 '운명적인 것'이라고 생각하지 않도록 하는 것이 중요하다.

어떻게 기대불안이 증후를 형성했는가를 환자가 이해하고 통찰함에 따라 그는 그것을 과대평가하고 두려워하기를 그치게 되며 마침내 증후 자체가 없어져 악순환이 중지되지는 것이다. 일종의 전제적(專制的)인 병리적 사상(事象)으로서 증후에 경의(敬意)를 표하는 따위를 환자에게 그치게 한다면, 그것을 떨쳐버리지 못하는 환자의 주의를 증후에 집중시켜 고착되는 강직한 부자연스러움도 감퇴하게 할 수 있는 것이다. 왜냐하면 그 부자연스러움이야말로 증후 자체의 고정된 본래의 이유였기 때문이다.

또 다른 경우에는(기술한 병상발생적(病像發生的)인 계기에 관한 도식적인 전망에 따라) 내분비성의 조절장애가 불안신경증의 신체적 기반으로서 나타나는 일도 있다. 즉 광장공포(廣場恐怖)의 경우에는 자주 동시에 심한 갑상선 기능 앙진(甲狀線機能昻進)이 있음을 깨닫는다. 이 사실이 확실하면 그것은 용이하게 이해되리라고 생각된다. 갑상선의 기능 앙진에는 교감신경의 특별한 흥분성이 상응하고 있다. 한편, 불안의 정동(情動)에는 교감신경의 흥분이 상응한다. 고의로 '상응한다'는 표현을 한 것은, 이 경우 인과관계의 방향이 반드시 일차적으로는 정해지지 않기 때문이며, 그러면서도 그것을 정하는 것은 조금도 피로한 것이 아니라고 생각되었기 때문이다. 아무튼 갑상선 기능 앙진 내지 교감신경 긴장증의 경우에는 이미 어떤 '불안준비상태'(웩스베르크)가 주어진 것이다.

이 체질적인 기반 위에서 불안신경증이 만들어지는 것이다. 특히 광장공포에 관해서는 기대불안의 눈사태를 일으키는 것 같은 원인적인 계기로서의 '외상적(外傷的)' 체험도 이 경우 발견된다. 넓은 거리에서의 어떤 우연한 현기발작(眩氣發作)이 동기가 되는 경우도 있으며, 어떤 경우에는 무거운 신체질환의 회복기 및 그것으로 심해진 경악 체험의 자율신경적인 공명(共鳴)이라는 조건적인 계기가 일역(一役)을 맡는 일도 있다.

기대불안을 소멸시키는 것 외에 불안신경증의 모든 경우에 있어서는 환자의 절실한 입장에 서서 심리요법 내부에서 이 체험으로부터 출발하는 것이 중요하다. 즉 이 양식으로 불안은 아직 '분석(실존분석을 포함해서)'되기 전에 급격히 제거되는 일도 있다. 이 경우 중요한 것은 환자에게 불안에 대한 거리를 갖게 되는 것이다.

이에 대한 처치는 간단하게 증후를 객관화함으로써 이루어진다. 이상공포 환자에게는 다음과 같은 심리형을 만드는 것이 권장된다

'내가 두려워하는 것은 내가 아니고, 내 안에 어떤 것(신경증적인 증후가)이 두려워하는 것뿐이다.'

그리고 환자에게 '나는 불안을 가지고 있다는 표현의 언어적 의미를 정확하게 이해하고 있다'고 지시하지 않으면 안 된다. 그리고 '그의' 신경증적인 불안이라는 것은 다른 사람들도 다 '갖는' 평범한 것이라는 것, 사람들이 '갖는' 증후라는 것을 체험하도록 가르치는

것이다. 그리하여 그에게 '그의 안에' 있는 이 불안과는 벌써(종전처럼) 동일화하지 않음을 깨닫게 하면 그는 이제까지 불안에서 방황하던 의식에서 벗어나 자유롭게 되어 불안한 거조(擧措)를 보이지 않을 것이다.

그렇게 함으로써 환자가 불안을 가볍게 물리칠 수 있는 것이다. 증후에 대해서 거리를 갖는 것이나 증후를 객관화하는 것은 스스로를 불안감정의 '곁'이나 '위'에 두는 환자를 만든다. 이 경우 거리를 만드는 데는 유머가 대단히 유익하다. 알라스는 일찍이 다음처럼 말했다.

"승리를 포기하는 사람에게는 패배란 있을 수 없다고 말하는 사람보다 남의 위협을 덜 받고 불안에 떨 필요도 없는 것이다."

이 말을 응용하자면 신경증적인 불안의 돛(帆)에서 바람을 제거하지 않으면 안 되는 것이다. 예컨대 어떤 광장공포증 환자가 외출할 때 도로 위에서 '발작이 덮치지는 않을까' 하는 불안에 떨고 있다면, 시험삼아 그에게 집을 나가 길 바닥에서 발작으로 졸도하는 장면을 상상하도록 하는 것이다. 그리고 그 불안이 전혀 불합리함을 알게 하기 위해 그는 다음처럼 스스로 말하도록 한다.

"내가 큰길에서 급격한 발작으로 넘어진 일은 이미 이러이러한 정도로 자주 일어났다. 자, 오늘도 또 다시 그런 일이 일어날 것이다."

이렇게 말하고 광장으로 나가면 아무 일도 일어나지 않는다. 그 순간 그의 불안이 얼마나 실제의 불안이 아니고 극히 신경증적인 불안이었던가를 확실히 의식하게 되는 것이다. 그러면 그 일로 해서 더욱 광장공포증으로부터 거리를 둘 수가 있고 환자는 점차 스스로를 조금씩 증후의 '위에' 놓는 것을 배우게 된다. 그 앞에서 말한 유머를 구사하는 것은 유머가 인간에게 스스로를 '상황 위에' 놓는 것을 용이하게 하는 것같이, 그에게 스스로를 증후의 위에 놓는 것을 가능케 하는 것이다.

유머는 비극적인 기분에 대하여, 또는 불안신경증자의 생명불안에 대하여 필연적인 대립을 보이는 생활감정이며, '기분성(M. Heidegger)'이다. 또한 그것은 하이데거의 실존철학을 일방적으로 지배하고 있는 세계 불안이라는 '근본 기분'에 대한 대립을 표시하는 것이다.

이미 말한 것처럼 만약 환자를 교육하고 그가 불안에서 결론을 끄집어내는 습관을 그치도록 하자면 의식적인 '유머리스트' 양식으로도 할 수 있다. 아무리 역설적으로 들릴지라도 그를 불안과 '편안하게' 교섭할 수 있도록 유도하지 않으면 안된다. 즉 그는 어떤 일을 불안에도 불구하고 하도록 배우지 않으면 안 될 뿐 아니라 그가 불안을 갖는 일을 행하며 일종의 스포츠적인 명예심 가운데서 그가 불안을 체험하는 것을 통상으로 하는 상황을 구하는 것을 배우지 않으면 안 된다. 이렇게 해서 그는 마침내 불안(스포츠맨처럼) 극복을 배우게 된다.

불안은 '해치울 수 없었던 일'을 '메워주는' 것이 된다. 불안은 어떤 행동을 고의로 하지 않고 또는 '불안의 눈에는 위험한 상태'라고 생각되는 어떤 상황을 회피하려는 생물학적인 경고반응이라고 할 수도 있을 것이다. 그리고 환자가 '불안의 경지를 지나며' 행동하는 것을 배운다면 불안은 점차로 마치 그것이 불사용성 위축(不使用性 萎縮)에 빠진 것처럼 소멸해 가는 것이다.

이 "불안의 경지를 지나 그것을 무사하고 사는 것"은 좁은 의미의 심리요법의 소극적인 방법이며, 그것은 로고데라피 내지 실존분석에 의한 '목적을 향해서 사는' 적극적인 목적이 이루어지기 전에, 이미 이루어 낸 목적이다. 환자는 신경증적인 불안이 신경증적인 심박, 예컨대 강박충동과 같이 사물을 긍정하거나 부정할 아무런 근거도 갖고 있지 않음을 통찰하지 않으면 안 된다.

도대체 사람이 어떤 일을 '불안하게' 또는 '쾌감 없이' 해서는 안 된다고 어디에 씌어 있단 말인가 라고 스스로 묻지 않으면 안 된다. 그리고 또 전차의 일반 규칙에 불안감정을 가지고 전차를 타는 것은(큰짐을 가지고 타는 것과 같이) 금지되어 있다고 어디에 씌어 있는가.

어느 광장공포 환자는 집을 나올 때 현관 거울 앞에서 자기 모습을 향하여 모자를 벗어 들고, '그럼 오늘도 나의 노이로제와 함께 다녀오겠습니다' 라고 말하며 날마다 웃었다고 한다. 그렇게 하여 그는 증후에 대한 태도를 바꾸어 치료할 수 있었다고 한다.

기술한 바대로 자율 신경적 또는 내분비적인 조건 아래 있을 경우 신경병질이 아닌 다른 정신병질의 기반에 있는 경우가 있다. 그것은 체질적 소질적 계기로서 그 인간의 깊은 불안반응에의 '경성

(傾性)', 또는 신경증적인 이상 공포의 발생에 대한 배양기(培養基)를 이루는 것이다. 암(癌)으로 죽지 않으면 안 될 처지에서 공포로 괴로움을 당하고 있던 한 젊은이가 있었다. 그는 치료 효과를 볼 수 없는 운명적인 정신병질적 체질에도 불구하고 실존 분석적인 방법으로 치료의 효과를 보는 데 성공했다.

 이 경우 환자가 죽음이라는 문제에만 몰두하는 것은 실존분석으로 볼 때 현재의 '생활 양식'에 대한 무관심이었다는 것이 명백해진다. 그는 의무를 잊고 생활의 책임을 의식하지 못했다. 그만큼 죽음의 불안은 결국 양심과 생명의 가능성(그것을 실현하는 대신)을 고갈시켜버렸고 이제까지의 생활을 무의미하게 하는 죽음을 받아들이는 데 대한 불안이었다. 이 환자가 그의 고유한 가능성을 간과해 버린 무관심성에 대응하는 신경증적인 등가물(等價物)로서 나타난 것이 다른 것을 생각하지 않는 '오로지' 죽음에 대한 관심이었다.

 암이 주는 공포를 그는 '형이상학적'(쉘러)으로 대하고 스스로를 변호했던 것이다. 신경증적인 불안의 배후에는 실존적인 불안이 있는 것이다. 이 불안은 이상공포의 증후 가운데 특수화되어 있는 것으로 본원적인 죽음의 불안(양심의 불안)이 일정한 죽음에 이르는 질환에 집중하는 형식으로 실존적인 불안은 심기성(心氣性)의 이상공포 안에 응축(凝縮)되어 있는 것이다. 따라서 심기성의 신경증에 있어서 실존적인 불안이 개개의 기관(器官)에 분열 내지 오도되고 있음을 본다.

 생활에 대한 양심의 거리낌으로 두려워진 죽음은 억압되고 그 대신 개개의 기관의 질환이 두려워지게 되는 것이다. 다시 아마도 제각기의 기관 열등감정도 본래의 가치 가능성을 실현화하지 못했다고 하는 일차적인 비특수적인 감정의 특수화로 생각된다. 즉 이 감정은 그 때 비로소 이차적으로 개개의 기관 또는 일정한 기능 안에 기울어지게 되고 그러한 경우에 기관열등성(器官劣等性)이 미적인 열등성으로 체험되며, 심기증이 미적인 것 안에 이조(移調)되는 일도 일어날 수 있다. 그것은 미용상의 결점에서 두드러지게 나타난다.(시나로 형) 미용적인 노력은 오늘날 일반적으로 과대평가 되어 있기 때문에 미적인 심기증이 일반적으로 많이 보이는 것이다. 그 경우 어떤 형태로든 꺼림칙한 삶의 양심이 숨어 있어서 가치감정이 개인의 말초적인 영역, 즉 외모에 집중되는 경우도 있다.

실존적인 불안, 죽음 및 생명 전체에 대한 불안의 응축은 신경증적인 발생에서 자주 발견된다. 근원적인 불안 자체가 구체적인 내용을 구하여 '죽음' 또는 '생명'의 구체적인 대표, '한계상황'(K. Jaspers)의 대표, '상징적인 대표'(Erwin Straus)를 구하고 있는 것처럼 생각되는 것이다. 이 '대표적 기능'은 광장공포의 경우에는 '가로(街路)'라는 모양을 취하며, 임장공포(臨場恐怖)의 경우는 '무대'라는 모양을 취하여 나타난다. 자주 환자 자신이 그 증후나 고통을 스스로 진술하는 말은, 원래 비유적 상징이기는 하나, 신경증의 본래의 실존적 근거의 흔적을 나타낸다.

한 광장공포의 여성 환자는 그 불안감정을 다음과 같이 말했다. "마치 공중에 매달린 것 같은 감정입니다."

이것은 그녀가 가지고 있는 신경증 상황의 적절한 표현이었다. 그녀의 신경증은 본질적으로 그러한 정신적인 상태의 심리였던 것이다. 이 광장공포 환자가 가로에서 발작적으로 항상 엄습 당한다는 불안감정 및 현기증은 실존분석적으로 본다면 그녀의 실존적 상황의 (전정적(前庭的)인) 표현으로써 이해되는 것이다. 또한 임장공포로 괴로워하는 여배우가 전에 그 불안체험을 표현한 다음 말도 같은 것으로 이해된다.

"모든 것은 초차원적(超次元的)인 것입니다(모든 것은 나를 조바심나게 합니다). 나는 생명이 떠나간다는 불안을 갖는 답니다."

신경증적인 불안은 단순히 직접 전생명 불안의 심리적 표현일 뿐 아니라, 어떤 경우에는 목적에 대한 수단이기도 하다. 그러나 그러한 경우는 항상 이차적 목적 수단이 된다. 그 경우에 신경증적인 불안은 어느 가족의 성원에 대한 전제적인 경향에 소용되게 하며, 또는 타인이나 자기에 대한 자기 변호의 목적을 위한 '질환 시인'으로서 이용되며, 그것은 개인심리학이 나타내려고 시도하는 것이다.

이 이중의 의미로 '간접적'인 불안의 이용('이차적'인 이용과 '수단'으로서의 이용) 외에, 즉 신경증적인 불안의 이 '타협' 성격 외에 신경증적인 불안은 항상 일차적으로 간접적인 표현 성격을 가지고 있다. 프로이트가 '이차적인 질환 동기'로써 '질환 획득'을 말한 것은 타당하였다. 그러나 이차적인 질환 동기가 사실적으로 존재하는 경우에 있어서도 환자에게 그가 그 증후로 아내를 자기에게 매어놓으려 한다던가, 누이동생을 지배하려고 한다던가, 덮어놓고 꾸중하는 조로 말하는 것은 권장할 것이 못된다. 많은 개인심리학자에 의하여 자주 권장되는 방법으로 이루어지는 것은 보통 환자의 항의에 불과한 것이 많다.

또 환자에게 그의 증후는 그가 가족을 지배하려고 하는 무기에 지나지 못한다고 반복하여 설득함으로써 그가 비도덕적이라고 느끼지 않고, 그 비난을 자기에게 향하지 않게 하여 그 증후를 어떤 형태로 극복하기까지 일종의 압력을 가한다. 많은 심리요법적 처치는 어떤 의미로는 페어(fair)가 아닌 방법 덕분에 성공하는 일도 있다. 그러한 압력으로 증후를 '희생'하고 치유를 획득하는 대신 심리적으로 해이해진 환자가 그 증후를 사회적 환경이나 가족적 환경에 대한 그의 권력 의지의 목적을 위한 수단으로 이용하며, 또 남용했다는 것을 자인하게 될 때까지 기다리는 편이 훨씬 권장할 만하다고 생각된다. 왜냐하면 참된 치료 효과를 나타내는 것은 자기 인식이나 스스로 하는 고백에 있기 때문이다.

이미 제 1장에서 개인심리학이 신경증적 증후의 '간접적' 성격을 일방적이라고 본다고는 전형적인 오류를 범하고, 한편 정신분석이 신경증적 증후의 성격 안에서 성적 내용의 표현 형식만을 본다고 하는 것도 역시 일방적으로 한정하는 전형적인 오류를 범하고 있다는 것을 지적하였다.

광장공포의 여성 환자는 또 임신불안에 걸려 있었다. 정신분석가는 환자의 광장공포를 임신불안에서 집중적으로 분석할 것이다.

그러나 임신불안 자체는 환자의 일반적인 불안성, 불안준비상태의 많은 가능한 표현형식 가운데 하나를 표시하고 있을 뿐이며, 그러한 한에서는 말초적인 증후였음이 명백해진다. 그녀의 공포성의 일반적인 심리는 '무슨 일이 일어날지도 모른다'는 공포인 것이다. 이 심리가 성적인 영역에서도 적용되었다고 하는 것은 조금도 놀랄 것이 못 된다. 환자는 그 불안신경증이 나타나기 수년 전부터 성교가 있었고 좀 심하기는 했으나 심한 신경증적이 아닌 임신불안감을 가지고 있었던 것이다.

불안신경증의 사례에 대한 실존분석은 신경증을 결국 실존의 양상으로서 존재의 양식, 인간의 태도 결정과 정신적 결단의 양식으로 파악하였다. 그리고 동시에 이미 적절한 특수 요법으로서의 고로데라피의 출발점이 주어진 것이다. 갱년기의 불안신경증의 한 예를 들어보자. 이 신경증의 본질적이 근원은 신체성의 기반으로서의 내분비성의 평형장애에도 불구하고 그 정신적 실존적 층에서 발견되는 것이었다. 즉 그 근원은 실존적 위기로서의 생활의 위기의 체험 가운데, 정신적인 면에서 돌아다보았을 때 이제까지의 생활에 대하여 부정적인 결과밖에 나타내지 않았던 사람이 받은 위협에서 발견되는 것이다.

이 여성 환자는 아름다운 외모로 사교계에서 선망을 받고 있었다. 그러나 그 아름다움이 떠나는 것이 아닌가 하는 의심을 품기 시작할 나이가 되자 시들어 가는 아름다움에 대하여 어떻게 '극복' 할 수 있을까를 생각하게 되었다. 여성의 아름다움이 빛을 잃어갈 때, 그녀는 삶의 목적도 생명의 내용도 잃어버리게 될 자기를 인식한 것이다. 자기 존재가 무의미하게 느껴졌던 것이다.

"아침에 눈을 뜨고 나는 스스로 묻는답니다. 오늘이란 대체 무엇인가. 그러나 오늘은 아무 것도 아니지요……"

이렇게 자문자답한다고 했다. 그러다가 그녀는 불안에 휘말린 것이다. 그녀는 내용 있는 삶을 살지 못했기 때문에 그 생명 안에 불안을 끌어들이지 않으면 안 되었던 것이다. 따라서 이제야 말로 중요한 것은 삶의 내용을 찾아 생활의 의미를 찾아보자는 생각을 하게 된 것이다.

미적인 자랑이나 사회적인 능력의 피안에서 생명의 의미를 도덕적인 타당성 안에서 찾는 것이 필요하며, 그 불안에서 환자의 눈을 돌리게 하는 것이 중요하다. 실존분석에 따른 로고데라피의 이보다 궁극적이고 적극적인 목적은 협의의 심리요법의 소극적 목적 앞에 이루어진다는 것은 이미 설명했다. 적극적 목적의 도달은 경우에 따라서는 자연스럽게 환자를 그 신경증적인 불안에서 해방시킬 수 있다. 즉 환자의 실존적인 기반이 이 불안에서 해방되는 것이다.

삶의 의미를 다시 발견하게 되면 이미 품었던 불안에 의한 어떤 영향도 받지 않게 된다. 그것은 어떤 환자가 고백한 것처럼, 불안한 심리가 사라지자마자 실존적 불안으로서의 신경증적인 불안이 아무 의미가 없어져 버리기 때문이다. 이때 취해야 할 것은 모든 것을 새롭게 보는 구체적인 상황에서 그 삶이 일회적이라는 것과 독자적인 판단에 의하여 사명에 이르게 하는 일이다.

　이제야말로 그에게 '자기 존재의 가치를 확실히 인식하는 의지'를 갖게 하는 것이다. 그리고 그가 '이루어질 상(像)' 앞에 서 있다는 것과 그것을 이루지 못할 때는 륫케르트의 말대로 어떤 평안에도 만족하지 못하다는 것을 알게 하는 것이다.

　갱년기의 위험은 정신적으로 적극적인 삶의 자세로 바꾸어 주지 않으면 안 되는 것이다. 여기에 로고데라피의 사명이 있다. 이 경우 치료자는 물론 소크라테스적인 의미의 '조산부'의 역할을 하는 것이다. 그러나 환자에게 어떤 사명을 이쪽에서 억지로 주려고 하는 것은, 이미 말한 것처럼 기술적인 잘못이다. 반대로 실존분석은 기술한 바와 같이 자립적인 책임성으로 유도함을 그 임무로 한다.

　그럴 경우 여성은 대개 자기 삶의 사명을 인식하게 된다. 새롭게 찾은 생명과 충족한 체험에 헌신함으로써 한 새로운 인간이 재생될 뿐 아니라, 여러 가지 신경증적인 증후도 사라지는 것을 볼 수 있다. 갱년기의 증후가 아직 존속하고 있음에도 불구하고, 환자가 괴로워하고 있던 심장부의 불안감이나 심계앙진(心悸昂進)과 같은 기능적인 심장 감각은 모두 없어지는 것이다. 그리하여 이 '불안'이라는 주요한 신경증적 체험이 얼마나 정신적 불안의 표현이며, 이 인간의 충족되지 않는 모든 것의 표현이었던가가 명백해지는 것이다.

　"Inquietum est cor nostrum……; 우리 마음이 평안치 아니하도다"라고 어거스틴도 말하였다. 이 환자의 마음도 편안치 못하였던 것이다. 그 일회적이며 독자적인 사명 의식 속에, 그 생활 사명에 대한 책임과 의무 의식 가운데 안주하여 평화를 발견하지 못하는 한에서는.

② 강박신경증의 심리

다른 신경증과 마찬가지로 강박신경증도 체질적인 기반을 가지고 있다. 그 병인론에서의 체질적인 계기는 최근 발생론의 중심점에 놓이기도 한다. 원래 심인론이나 심리요법적인 입장을 취하고 있는 베스베르그(Wexberg) 등의 연구자들조차 강박신경증에 신체적 기반을 예상하고 있다.

그러나 뇌염 후유증의 징상이 보이면서도 동시에 강박신경증의 증후군에 유사한 것이 눈에 띄는 병상(病像)이 알려져 있다. 그런 때에 형상의 유사성과 본질의 동등성을 혼동하는 잘못을 범하는 경우가 있다. 같은 잘못은 긴장병을 닮은 병상을 드러내는 후뇌염의 현상 형식에 대해서도 범하게 될 것이다. 어떤 경우에는 체질적인 인자뿐 아니라, 마침내는 프로세스적인 인자까지도 강박신경증의 기초에 두는 사람도 있다.

그 경과가 완전히 진전하는 프로세스의 성격을 가지고 있는 듯한 사례, 또는 위상성(位相性) 성격을 가지고 있는 듯한 사례가 알려져 있는 것은 이 기반을 가정하는 근거를 강화하는 것처럼 보인다. 그러나 실제로 첫째의 경우는 숨겨진 분열병이, 둘째의 경우는 가면성의 우울병이 문제되었던 일이 있었다. 또 정신병적인 과정을 강박신경증적 증후의 신체적 소지로 보지 않는 사람들에게도 다른 의미의 운명적인 계기, 즉 체질적인 정신병질의 의미의 계기가 강조되어 있다.

강박성 정신병질의 표현으로서의 '강박성 증후군'이라는 것이 있고 그 가운데는 강박신경증의 유전 생물학적인 요소가 보이기도 한다. 또한 이 운명적인 성격을 강조하기 위해서 강박신경증 대신에 '강박병'이라는 말을 쓰자고 제안되기도 한다.

그러나 치료적으로 보자면 이 여러 가지 견해는 비교적 중요한 것이 아니라고 생각한다. 특히 심리요법은 강박신경증의 기반에서의 운명적인 계기가 아무리 강조되어도 그 임무는 없어지지 않으며, 그 기회는 빼앗기지 않는다. 왜냐하면 강박성의 정신병질은 현학적(衒學的)인 것, 특별한 정돈벽(整頓癖), 극단적인 청결벽 또는 소심함 등과 같은 어떤 종류의 성격학적 특성의 단순한 소질 이상의 어느 것도 보이지 않기 때문이다. 그러면서도 이 특성들은 문화적으로 의미가 풍부한 것이라고 볼 수도 있다.

그러한 성질 자체를 가졌다고 해서, 그 당사자도 사회도 그것으로 괴로워하는 것은 아니다. 그것은 본래의 강박신경증이 자랄 수 있는 소지에 불과한 것이며 강박신경증이 일어나지 않으면 안 될 기반은 아니다. 그러한 체질의 소지 위에 실제로 신경증이 이루어지는 때에는 또한 인간의 자유의 기반도 거기에 있는 것이다. 즉 그런 경우에서는 정신병질적인 소질에 대한 인간의 행동, 인간의 태도는 본질적으로 자유이며, 결코 운명적(소질처럼)인 것은 아니고, 또한 E·슈트라우스의 말을 빌린다면 '피조적'인 것도 아니다. 따라서 강박신경증의 일차적인 원인이 심리적인 것은 아니고 강박신경증이 심인적인 것이 아니라는 경우에는 단순히 소질만이 문제가 되어 있는 것이다. 본래의 의미에서의 질환이 조금도 문제가 되어 있는 것은 아니다.

이 소질은 그 자체가 어떤 순수한 형식인 것이어서 구체적인 강박신경증의 경우에는 분명히 심인성의 내용적인 규정이 거기에 첨가된다. 그렇다고 해서 구체적인 내용의 심인적 발견이 치료하는 것은 아니다. 반대로 증후의 모든 내용에 관여하는 그것이 얼마나 위험성을 내포하고 있는가를 너무도 잘 알려져 있다. 개개의 증후를 취급하는 것은 강박신경증의 경우에는 금기라고 생각된다.

예를 들면 분열병 환자에게 최면법적인 처치를 시도하면 그들에게서 피해감정을 유발할 수 있는 것처럼, 우울병 환자에게 가족에 대한 무기로서 정동(情動)을 이용하는 것을 책망하는 개인심리학적 처치가 환자의 자기 비난의 물레방아에 그저 물을 붓는 것을 의미할 따름인 것처럼, 강박신경증자의 증후에 뛰어들어 취급하는 것은 그의 의혹증을 북돋우는데 불과할 것이다.

증후를 이렇게 취급하는 것과, 이 증후에 대한 로고데라피의 일시적인 치료와는 구별되어야 한다. 로고데라피의 경우에는 개개의 증후 또는 질환 자체를 취급하는 것이 아니고, 취급되어야 할 것은 강박신경증자의 자아(自我)이며, 변화되어야 할 것은 강박신경증에 대한 태도이다. 이 태도는 처음으로 체질적인 기초장애로부터 임상적인 질환 증후를 형성하는 것으로 초기의 가벼운 단계에서는 쉽게 수정할 수 있다. 태도 자체가 아직 전형적으로 강박신경증적으로 굳어지지 않았을 때, 즉 태도 자체가 아직 기초장애로 침윤되지 않은 경우에는 태도 변경이 가능한 것이다.

인간은 그 때 강박신경증으로 발전하던가 그렇지 않으면 단순한 강박 성격에 머물던가 결단 앞에 서게 된다. 각 정신병질 인격자는 생애에서 한번은 이편으로는 무자극성의 소질과 다른 편으로는 본래의 정신병질이 심화되는 것과 사이에서 결단의 기로에 서는 것이다. 따라서 이 결단 이전에는 그를 정신병질자라고 불러서는 안 된다.

정신병질이 처음으로 만들어질 수 있는 것, 만들어지지 않을 수 없는 정신병질을 '정신이변질(精神易變質, Psycholablität)'이라고 부른다. 예컨대 세상에 대한 세계고(世界苦)로 괴로워하며 '창조'하는 과민한 예술가도 정신이변성을 앓고 있는 것이다. 세계에 대한 그의 고뇌가 질환에 대한 고뇌는 아니기 때문이다. 그의 고뇌는 '세계를 향하여'의 지향인데, 정신병질 인격자의 고뇌는 세계에 의하여 운명적으로 영향을 받고 있을 뿐이다. 심리적으로 불안정한 인간이 높은 천부(天賦)의 재질을 가지고 있으면, 세계에 대한 고뇌는('병질'이라고 하는 것으로 고뇌하는 대신) 문화적 예술적으로 천재적 업적까지 이룰 수도 있을 것이다. 고뇌는 이런 경우 자진하여 행한 업적이다.

협의의 심리요법에도, 강박신경증의 경우에는 환자의 신경증 전체에 대한 태도에 변화를 일으키는 사명이 주어진다. 이 일반적인 태도 변경은 불안신경증에서의 것과 유사한 양식으로 행하여진다. 이 경우에는 첫째로, '증후와의 거리'가 있지 않으면 안 된다. 어떤 이상공포증을 가진 환자가 그 이상공포를 그의 안에 있는 무엇으로서 체험하도록 유도되지 않으면 안 되는 것처럼, 강박신경증 환자도 강박 충동을 그가 가지고 있으나, 그 자신 객관적으로 아는 모든 충동에 대하여 자유롭게 입장을 취할 수 있으며, 충동이 제출하는 '동의'를 자유롭게 결단하여 채택하거나 부인할 수 있어야 한다.

이미 다른 곳에서 신경증적인 환자에 대하여 항상 반복하여 지적해야 하는 이 적절한 현상학적 사실을 지적하였다. 마찬가지로 다른 곳에서 환자의 강박적인 의혹증의 계속을 결단하는 형식 형성의 사실도 언급하여 왔다.

일종의 강박적인 도식벽(盜食癖)에 걸려 있는 한 여성 환자의 예를 들어본다면 병인론적(病因論的)인 점에서 정신분석가는 이 강박증을 성적 충동의 상징적 표현으로 볼 것이다. 그러나 이 증후는 충족되지 않는 것에 대한 일반적 표현인 것이다. 그러므로 달리 성적인 의미로 해석하지 않아도 좋은 것이다. 그것은 실존 분석적으로 이해될 수 있는 것임이 명백해졌다.

그녀는 수년 동안 정신분석치료를 받았으나 허사였음에도 불구하고 강박신경증적인 충동에 대해 그녀의 본원적인 자유를 고려하는 것만으로 심리요법적인 의미로 큰 효과를 볼 수 있었다. 그러나 그녀를 도운 것은 그녀의 의도, 앞서 말한 것 같은 바른 형식화였다.

"다시는 훔쳐먹는 일은 없다. ……그리고 이제는 이 얘기는 그만"이 형식의 최초 부분에서는, 말하자면 제삼자 안에 형식화됨으로써 "나는 훔쳐먹으려고 생각지는 않았으나, 그것을 안 할 수 없습니다. 나는 달리 할 수 없이 그렇게 하고 맙니다"라는 유혹적인 변명을 하지 않게 되었다는 점이다. 그리고 이 형식의 둘째 부분에서는 그것에 대한 이론이나 반증을 이끌어 나가는 실이 끊어지는 것이다. 환자는 강박충동이 다시 일어난다던가, 거기에 굴복하는 데 대한 반박 논의를 오직 의사와만 하도록 지시되는 것이다. 이 환자의 경우에서도 어떤 때, 그녀는 만약 그녀 앞에 초콜릿 한 조각이 떨어져 있어 그대로 두면 초콜릿이 아깝다는 생각이 들어 마음이 흔들리면 어떻게 하겠는가 물었다.

이 경우에도 그것에 대한 반증은 있으며, 환자는 다만 다음처럼 스스로 물으면 그것으로 충분하였다. "이십 페니쯤의 이 초콜릿이 아깝다고, 어림없지. 이 이십 페니로 극기(克己)와 의지의 자유와 바꾸어 버리다니 될 말인가."

이상공포를 취급하는 경우처럼, 강박신경증에 대한 치료적인 처치는 말하자면 환자를 완화시켜, 신경증에 대한 모든 태도를 고착화하는 데에서 해방시키지 않으면 안 되는 것이다. 주지하는 바와 같이, 그러한 환자의 강박관념에 대한 부자연스러운 무리한 싸움은, 도리어 '강박'을 높이는 데에만 소용되는 것이다. 환자가 그 강박관념에 많이 부딪힐수록 그만큼 더 강하게 되고 강하게 되지 않을 수 없을 것처럼 생각된다.

이런 경우 환자에게 제일 필요한 것은, E. 슈트라우스가 이미 지적하였듯이, 평정(平靜)과 유머이다. 이들 둘의 계기는 심리요법의 조치에서는 함께 응용된다. 불안신경증자에게 필요하다고 말한 것과 같은 유머가 섞인 자기 야유로서 강박신경증자도 그 강박적인 공포를 대하지 않으면 안 되는 것이다. 강박관념에 대해서도 그는 그것을 불합리에로 이끌어 그 돛(帆)으로부터 바람을 빼앗아 버리려고 시도하지 않으면 안 되는 것이다.

한 환자가 전차 차장이나 상인에게서 자기도 모르는 사이에 몇 푼쯤 속임을 당한 것이 아닌가 하여 끊임없이 의심을 품고 있었다. 그러나 이 환자는 얼마 안 가서 그러한 의심에서 벗어나 스스로 다음과 같이 말하는 법을 배웠다.

"뭐? 내가 저 사람에게 몇 푼이라도 속았다고? 아니야, 틀려. 내가 그에게서 수백 만원을 빼앗은 거야. 그를 속여줘야지. 그리고 더 많은 사람과 더 많은 돈을 편취해 주자"

환자가 그러한 생각을 철저하게 하는데 성공하자 그는 강박관념이 급격히 약화되었음을 깨달았다. 강박관념을 이겨냈다고 생각하는 사람은 본질적으로 자기는 강박관념을 두려워하지 않는 의식을 가지고 있다고 생각한다.

그러나 실제로 환자는 강박신경증적인 증후를 과대 평가하는 경향이 있으며 그 증후에서 정신병의 전조나 다른 증후를 확인할 수 있다. 어느 환자든 강박관념은 두려워하지 않을 수 없는 것이다. 그러므로 먼저 환자를 위협하는 정신병에 대한 공포를 제거하는 것이 중요하다. 환자가 강박신경증에 대해 지나치게 과대평가하고 신경 쓰는 것을 제거할 때 비로소 거기서 떠나 객관적인 의식을 갖게 된다. 이런 의미에서 강박관념을 하찮은 것으로 여길 수 있을 때 비로소 환자는 그것을 무시하고 자기의 길을 갈 수가 있는 것이다.

정신병 공포가 있는 사람에게는 그것에 정면으로 육박하는 과감한 의지를 심어주어야 한다. 강박신경증과 정신병적 질환과 길항관계(拮抗關係)가 명백한 벨츠나 슈팅겔(Pilcz and Stengel)의 업적을 환자에게 보이는 것을 두려워할 필요가 없다. 그렇게 하면 강박신경증자는 그 강박적인 공포에도 불구하고 정신병에 대하여 면역이 될 수 있다. 환자가 두려워하는 '정신병에로 강박신경증의 이행(移行)'은 강박 신경증의 과정에 관한 학적인 통계적 연구에 의하면 거의 없다고 지적되었다.

강박신경증 환자는 자기의 신경증이 정신병으로 이행될지도 모른다고 두려워할 뿐 아니라, 강박충동이, 자살충동이나 사람을 죽일지도 모른다는 의식에 빠질 때 그것을 극복하지 못하면 그 충동이 수행되는 것은 아닌가 하는 공포를 느낀다. 그러한 경우에는 강박충동에 대한 불리한 싸움을 하지 않기 위해서 우선 바로 이 공포를 정면 격파로 물리쳐지지 않으면 안 된다. 환자가 만약 그것과의 싸움을 하지 않는다면 이미 그것만으로도 강박충동 자체가 없어질 수 있으며 행위로 옮겨지는 일은 없을 것이다. 강박신경증에는 강박행동도 따른다. 그러나 그것은 강박신경증자가 갖는 정신병의 공포 대상이 되지 않으리만큼 의미가 없다.

정신병에 대한 공포를 환자에게서 제거하는 데 성공했다면 그것만으로도 심리적인 압박으로부터 해방된 것이다. 즉 강박 쪽에서의 압박을 일으키는 데에 자아 쪽에서의 대항하는 압박이 없어지기 때문이다. 심리요법이나 로고데라피보다 선행해야 할 것은 심리적 압박으로부터의 해방이다. 그런 의미에서 질환에 대한 환자의 태도 변화는 중요하다. 강박신경증 환자는 그 질환을 운명적인 것으로 받아들이려 한다. 그것은 정신병질적 체질적 중심에 불필요한 심인적(心因的) 고뇌의 침전을 피하려는 심리에서 온다.

환자는 심리요법이 현실에 영향을 미치지 못하는 최소한의 성격 소질에 대하여 그것을 인정할 줄 알아야 한다. 그를 '운명에의 사랑'(amor fati)에까지 교육하면 할수록 움직일 수 없는 운명적인 증후의 잔재는 그만큼 더 심하게 된다.

한 사례로서, 15년간이나 심한 강박신경증을 앓다가 치료를 받기 위하여 고향을 떠나 수개월간 대도시에 와 있는 한 환자가 있었다. 그는 정신 치료를 받았으나 기간이 짧은 탓이었는지 효험을 볼 수 없었다. 그래서 돌아가려 하였다. 이유는 가족과 일의 마무리 정리를 한 뒤 자살하기 위해서였다. 치료될 가망이 없다고 느낀 그의 고뇌와 절망은 그토록 심각했던 것이었다.

그러나 귀향 수일 전에 친구들의 간절한 권고로 다시 제 2의 의사를 찾아갔다. 의사는 시간의 여유가 없기 때문에 처음부터 증후를 분석하는 것을 포기하고 강박질환에 대한 환자의 태도를 수정하는 데에만 손을 쓰지 않으면 안 되었다. 의사는 환자에게 그 질환과의 화해를 시도하였다.

그 시도는 환자와 종교의 깊은 관계를 가지고 이루어졌다. 인간은 피조물로서 자기의 의지로 할 수 없는 것은 신에게 의지하는 길이 최선이라는 것과 어떤 질환 속에서도 '하나님이 바라는 것'이 무엇인지를 발견하고 자기의 질병을 원망만 할 것이 아니라 그것을 넘어서서 하나님이 바라는 생활을 해야 하는 절대적 소여(所與)를 알게 하는 것이었다. 그 결과 환자에게 내적인 태도 변화가 놀랍게 일어났다. 의사 자신도 놀랐다고 고백하였다.

그 후 두 번째 진찰치료를 시도했을 때는 이미 최근 10년이래 처음으로 강박관념에서 완전히 벗어나 자유로운 시간을 가질 수 있었다는 고백을 받았다. 그리고 그는 더 이상 외지에 머물 수 없다고 귀향한 후 편지로 보고해 온 바에 의하면 그는 날로 좋아져 완치되었다고 할 정도라는 것이다.

강박관념에 대한 강박신경증 환자의 무리하고도 부자연스러운 투병에 존재하는 그릇된 심리적 태도의 수정은 환자에게 동시에 두 가지 일을 밝혀주고 있다. 즉 그 하나는 그가 강박신경증적인

'착상(着想)'에 대해서는 책임이 없다는 것이며, 다른 하나는 이 착상에 대한 그의 행동에 대해서는 책임이 있다는 것이다. 왜냐하면 이 행동이야말로 환자가 고통스러운 착상과 내적으로 '서로 관여하고' 그것을 계속하며, 그것에 대한 공포에서 그것과 싸울 때에 참으로 환자를 괴롭히는 것이 되기 때문이다.

여기에서도 소극적인 심리요법의 요소에 적극적인 로고데라피의 요소가 첨가되지 않으면 안 되는 것이다. 이런 의미에서 환자는 결국 신경증의 외곽을 통하여 살며, 강박신경증인데도 '의미'에 찬 생활을 보내지 않으면 안 된다. 스스로 그 구체적인 생활의 사명을 향한다는 것이 강박관념에서 벗어나는 것을 용이하게 하는 것이다. 그리고 그것이 어느 정도까지 할 수 있는가는 다음 예로써 분명해진다.

수일 동안 대도시에 와 있는 어떤 강박신경증의 여성 환자는 고향으로 출발하기 전에 오히려 가벼운 기분으로 한 전문의사를 찾아갔다. 간략한 심리요법을 받을 틈도 이미 없기 때문에 전혀 일반적인 문진(問診)과 대화에만 한정했으나 그것은 일종의 세계관적인 토론으로 발전해 갔다. 그리고 이튿날 환자가 출발 직전에 다시 의사를 찾아와서 아주 서둘러서 그녀가 '나은 것'을 보고했을 때 의사의 놀라움은 적지 않았다. 어떻게 된 일이냐고 묻자 그녀는 이렇게 대답했다.

"내 병은 나에게 아무래도 좋다고 생각하기로 했습니다. 나는 모든 것을 삶의 의무로 여기기로 했답니다."

그녀는 어떤 형태로든 강박관념을 불필요한 파라솟처럼 갑판에서 바다로 내던져 버리는데 성공했던 것이다. 원래 환자 자신처럼 여기서 '치유'를 말할 수 있다고는 생각하지 않는다. 다만 신경증 증후에 대한 태도만은 변화한 것이며, 증후는 없어지지 않았을지라로 이상한 심적 사상(事象)에 대한 정신적인 태도의 변화는 행하여진 것이다. 그리고 이 변경은 의사와의 대화에 의하여 촉발된 것이다.

따라서 문제는 다른 일체의 것이 관여하지 않은 의사의 적절한 정신적 원조인 것이며, F. 쿵켈이 심리치료학에 의식적으로 대립시킨 정신치료학(Seelen Heilkunde)이 문제인 것이다. 마지막장에서는 이 경우, 의학적인 행위의 한계가 있는 것인가 없는 것인가를 검토하지 않으면 안 되리라 생각한다.

그러한 일반적인 로고데라피 외에 강박신경증에서 다시 특별한 로고데라피가 있다. 그것은 강박신경증자의 특별한 정신적 태도로 취급하는 것이며, 뒤에 말하는 것 같은 강박신경증자가 전형적으로 빠지기 쉬운 특유한 세계관의 수정에 특수한 실존분석이 소용되는 것이다.

강박신경증적인 체험에 치우치지 않는 현상학적 분석에서 출발해 보자. 강박신경증자가 의혹증으로 괴로움을 당할 때는 어떤 모습일까. 그가 가령 $2 \times 2 = 4$라고 계산했다. 구체적인 경우에서 증명되는 것은, 그는 그가 아직 의혹을 갖기 전에는 계산이 맞는 것을 잘 알고 있다. 그런데도 곧바로 의혹이 생기는 것이다. "그것이 바른 것을 알고 있는데도 나는 한번 더 하지 않을 수 없습니다"라고 환자는 말하는 것이다. 즉 감정적으로 그는 아직까지도 미완료의 잔재를 느끼고 있는 것이다. 정상적인 인간은 그 사고행위(思考行爲)의 결과를 항상 만족하고 그 이상의 것을 묻지 않는데 반해, 강박신경증자는 사고행위에 따르는 결과를 됐다고 하는 적절한 감정이 결여되어 있는 것이다. 정상적인 사람이 $2 \times 2 = 4$라고 할 때 체험하는 것은 명증성(明證性)이며, 강박신경증적인 사고는 정상적인 명증성이 결여되어 있다. 따라서 강박신경증자의 명증감정의 기능부전을 말할 수 있을 것이다.

정상인이 여러 가지 사고행위에 어떤 형태로 수반되는 비합리적인 잔재를, 가령 곤란한 계산작업이나 복잡한 사고행위에서조차 무시할 수 있는데 반해, 강박신경증자는 이 비합리적인 잔재에서 벗어날 수가 없으며, 그것을 넘어서 사고를 계속할 수가 없는 것이다. 강박신경증자의 명증감정의 기능부전에는 비합리적인 잔재에 대한 비관용(非寬容)이 대응하고 있다. 강박신경증자는 그것을 무시할 수 없는 것이다.

강박신경증자는 비합리적 잔재에 대하여 어떻게 반응하는 것일까. 항상 새로 고쳐 생각함으로써 그는 그것을 극복하려고 하지만 결코 전부를 제거할 수는 없다. 그리하여 그는 우선 같은 사고행위를 반복하여 비합리적 잔재를 근절하려고 하나, 항상 그것을 줄일 수 있을 뿐이다. 사고의 결과를 반복하여 검사함으로써 강박신경증자는 조금씩은 확실함을 느낄 수는 있을 것이다.

그러나 불확실성의 잔재는 남으며, 강박신경증자가 아무리 반복하여 이 잔재를 배제하려고 힘써도 또 다시 생겨난다. 그러한 노력을 그는 너무 오래 계속하기 때문에 마침내 그는 막연한 신뢰를 얻어 겨우 안심하고, 의혹에서 빠져 나오기는 하지만 지치고 만다.

인식의 측면에서 강박신경증적인 근본장애의 계기로서의 명증감정의 장애는 결단의 측면에서도 본능적 확실성의 장애가 되어 나타난다. 강박신경증자의 체험양식의 현상학적 분석은, 정상자를 일상적으로 이끌며, 평범한 결단은 의식시키지 않는 본능적 확실성이 그들에게서 동요되고 있음을 나타낸다. 정상적인 인간의 이 본능적 확실성은 그 책임성의 의식을 하찮은 것에 쓰게 하지 않고, 생애의 중대한 기로에서는 시간을 대비케 한다.

그것은 일상에서도 어떤 의미로는 비합리적인 모양으로 작용하는데, 그것은 양심으로서 작용하는 것이다. 그러나 강박신경증자는 그에게 집착되어 있는 명증감정과 본능적 확실성의 장애(thymopsychisch한)를 특별한 의식성과 특별한 양심에 의하여 보상하지 않을 수 없게 된다. 그의 과도한 양심성과 과도한 의식성은 과보상(過補償, noopsychisch한)을 나타낸다.(스트란스키(Stransky) 외 주지하는 바 Noopsyche-Thymopsyche라는 안티테제를 인용한다면) 인식 및 결단에 있어서의 감정적인 자기 확실성이 동요되고 있는 것은 강박신경증자에겐는 부자연스러운 자기 통제에 이르게 한다. 그것은 그의 안에 보상적으로, 인식 및 결단에 있어서의 절대성 확실성으로의 의욕을 낳게 하며, 절대적으로 확실한 인식과 무조건

도덕적인 결단으로의 의욕을 일으킨다.

정상적인 사람이 가까스로 직업 선택이나 결혼 상대자 선택의 경우에 하는 것과 같은 세심함과 주의 깊은 마음을 가지고 강박신경증자는 자기 문의 창을 닫고 편지를 우체통에 넣듯 한다. 지나친 의식성과 지나친 자기 관찰 그 자체가 이미 방해 작용을 하는 것은 주지하는 사실이다. 강박신경증자는 그의 인식행위나 의지행위에 수반되는 의식의 비대(肥大) 정도에 따라, 정상자가 생활하며, 생각하며 행하는 '유동적인 양식'이 결여되어 있는 것이다.

걸어가는 사람이(목적을 향해 눈길을 두는 대신에) 자신의 걸음걸이에만 주의를 기울인다면 휘청거리지 않을 수 없듯이 지나친 의식성에 치우치면 어떤 행위를 시작할 수는 있어도 방해받는 일 없이 그 일을 수행할 수는 없을 것이다.

강박신경증자의 지나친 의식성과 지나친 양심성은 특유한 두 가지 특징을 나타낸다. 그 근거로 인격의 정동적(情動的)인 심층에서 일어나는 명증감정과 본능적 확실성으로 메워진 원천을 발견하게 된다. 그리하여 강박신경증자에게서도 발견되는 명증감정과 본능적 확실성의 잔여(殘餘)에 대한 신뢰를 훈련으로 다시 환원시키는 것이다.

기술한 바와 같이 강박신경증자는 인식과 결단에 있어서 절대적인 확실성을 요구하며 100퍼센트의 완전성만을 인정하려 한다. 무엇에서든지 절대적인 것, 완전한 것을 바란다.

E. 슈트라우스는 강박신경증은 '전체로서의 세계'를 대상으로

한다고 지적하였다. 그것을 보충하고, 세계 전체의 중량 아래서 그는 아틀라스(Atlas)와도 같이 고뇌한다고 할 수 있다. 강박신경증은 인간이 인식의 제약성과 결단의 의문성으로 깊이 괴로워하게 만든다.

슈트라우스는 정상적인 인간이(강박신경증자와 반대로) 부분적인 것만을 보며, 또한 세계를 각 사람의 좁은 시야로서만 보고 있음을 지적하였다. 여기서도 다음과 같이 보충하고자 한다. 확실히 가치는 절대적이며, 객관적이라 할지라도 윤리성 자체는 구체적이며, 시야적(視野的)이라고. 도덕적인 규범원리는 개인적 구체적으로만 타당하나, 바로 그것 때문에 구속력(拘束力)이 있게 되는 것이다.

그러나 강박신경증자의 세계에서는 모든 구체성은 맹점에 빠지고 만다. 그런데도 스트라우스와 반대로 이 정신적인 맹점을 해명할 수 있다고 보는 것이다. 어느 정도까지 특수한 로고데라피가 강박신경증적인 '100퍼센트의 완전성의 세계관'을 세계관적인 논의와 내재비판 가운데서 정신적 방향으로 수정할 수 있는가를 검토해 보아야 한다.

스트라우스는 다시 강박신경증이 정상적인 사람에게 항상 있는 '잠정성' 안에 살 수 없다는 것을 지적하였다. 강박신경증자에게는 특수한 불인내(不忍耐)라는 것을 특유하게 첨부해 두고 싶다. 그에게 특유한 것은 사고에 있어서의 비합리적 잔재에 대한 비관용 뿐 아니라, 존재와 당위, 현실과 이상 사이에 있는 긴장에 대한 비관용(非寬用)이다. 이것은 A. 아들러(Adler)가 말한 '하나님을 닮으려는 노력'의 기반 위에 있는 것이며, 피조적인 불완전성을 고백하는 것과는 반대의 것이다. 이 불완전성을 고백하는 것은 말하자면 천국과 지옥 사이에 떠돌고 있는 자로서의 인간 자체가 놓여지는 존재와 당위 사이의 긴장 의식이 상응하고 있지만 말이다.

강박신경증자는 잠정성에서 살 수 없다는 스트라우스의 명제는 다시 강박신경증은 대략(大略)의 사고만으로 만족할 수 없다는 명제로 보충할 필요가 있다고 생각된다. 그가 잠정적인 것 대신 결정적인 것을 바라는 것처럼 그는 대략적인 것 대신 엄밀한 것을 바라는 것이다. 그리하여 100퍼센트 완전성에의 요구가 다만 실용적인 점뿐 아니라 인식적인 관점에서도 존재함을 볼 수 있다.

이 실존분석적인 관점에서의 강박신경증의 본질은 결국 파우스트적인 노력의 왜곡인 것이 명백해진다. 절대적인 것에의 의지를 가지면서 또한 여러 가지 영역에서의 100퍼센트의 완전을 위한 노력을 수행하면서 강박신경증자도 그 인간성에 있어서 '비극적'이며, 그 이상성(理想性)에 있어서 '비애에 찬' 방해를 받는 파우스트와 같이 존재하고 있는 것이다.

불안신경증은 세계에의 불안이 이상공포의 증후 안에 응축되어 있음을 알 수 있다. 강박신경증에 있어서도 유사한 것이 보인다. 즉 절대에의 요구를 완전히 충족시킬 수 없기 때문에 강박신경증자는 그것을 생활의 특수한 영역에 집중시키지 않을 수 없는 것이다. 100퍼센트의 완전성은 모두 실현될 수 없기 때문에 그것이 충족될 듯한 일정한 영역에 한정되고 압축되는 것이다.

강박신경증자가 절대적인 것으로 향한 그 의지를 거의 꿰뚫을 수 있는 영역은 가정 주부에게는 가정(家政)이기도 하고, 정신 노동자에게는 책상 정돈이기도 하며 사무원에게는 예정이나 기록을 대소간에 빠짐없이 장부에 적어 놓는 것다. 따라서 강박신경증자는 항상 존재의 일정 영역에 스스로 한정하며, 이 영역에서 그는 완벽한 요구를 충족시키려고 한다. 이상공포에 있어서 전체로서의 세계에 대한(보다 수동적인 타입의 인간의) 불안이 어떤 구체적인 내용을 품고 개개의 대상에 향하는 것과 꼭 같이, 강박신경증 증후에 있어서도 세계를 스스로의 사상(似像)으로 형성하려고 하는(보다 능동적인 타입의 인간의) 의지는 개개의 생활 영역에로 향해지는 것이다.

그러나 이 영역에 있어서 절대적인 요구가 충족된다고 하는 것도 강박신경증자에게는 의문이며, 허구적이며, 자연적 '피조성'의 희생에서 이루어지고 있다고 보아야 할 것이다. 그런 의미에서 그의 노력은 비인간적이라고 할 수 있다. 그는 '생성현실성(生成現實性, Werdewirklichkeit)' (스트라우스;Straus)에서 벗어나 강박신경증이 아닌 인간이 실존적 자유의 도약대로 하는(베르다) 현실을 경멸하며 생활의 사명과 해결을 허구적인 형태로 바라본다.

이 점에서 요한나 듀르크와 R·알라스(Allars)가 행한 강박신경증의 해석을 위한 견해는 적절한 것이다. 듀르크는 다음과 같이 쓰고 있다.

'어떤 강박신경증자는 이전에 나에게 하나님은 질서가 아니면 안 된다고 설명하였다. 그것은 안식을 주며, 독자성을 갖는 긴장에서 해방하여 주는 도달할 수 있는 현학적(衒學的) 전망을 의미하고 있었다. 나에게는 강박신경증적인 현학성의 이해는 이 점에서 비로소 가능하다고 생각된다.'

또한 알라스는 다음과 같이 말하고 있다.

'현학성이란 주위 세계의 사소한 것에까지 자기 개인의 법칙을 부과하는 의지와 같다. 그러나 이 의미도 질서에 대한 여러 강박신경증적인 의지와 마찬가지로 어떤 형태로든 더욱 인간적이라고 하는 좋은 의미로 불리는 것이다. 베르펠(Werfel)이 말한 것처럼 영원한 자의 의미는 질서에 의하여 채워지며 질서에 의해서만 인간은 하나님의 사상(似象)에 어울리기 때문이다.'

강박신경증은 신경증 일반의 내부에 있어서 자유와 제약의 갈등 문제를 나타내는 점에서는 전형적이다. E·스트라우스는 강박신경증의 심리에 관한 그의 저작에서 강박신경증의 성격을 많든 적든 어떤 피조적인 것, 불가피한 것이라고 하였다. 그러나 거기에 동의할 수는 없다. 명료한 강박신경증에 이르는 성격발전을 피할 수 없는 운명적인 것으로는 보지 않는 것이다. 오히려 일종의 심리적인 정형(整形)이 가능하다고 생각하는 것이다. 얼마나 그것이 필요한가는(강박신경증자에게 본질적으로 결여되어 있는 유머라든가 침착함이라든가 하는 성격 특성을 그에게 갖게 하는 심리적 교육의 의미에서) 이미 언급되었다.

스트라우스는 강박신경증을 실존적인 것에까지 소급하는 사람

가운데 한 사람으로 큰 공적을 이루었다. 그러나 그는 강박신경증을 정신병으로 보고 처치하는 방법을 발견하지 못했다. 강박신경증은 원래 정신병이 아니다. 그러므로 강박신경증에 대한 처치 문제는 자유로운 것이다.

심리 질환에 대한 인격적 정신적 처치 방안은 로고데라피가 손댈 분야이다. 이미 강박신경증의 일반적인 로고데라피(심리적 질환에 대한 인격의 태도 변경)와 강박신경증의 특수 실존분석(파우스트적 인간의 캐리커츄어(caricature)의 해석)을 나타내려고 시도하였다.

다음으로는 강박신경증의 특수한 로고데라피, 즉 '강박신경증적 세계관'의 수정이라는 것이 문제다.

강박신경증은 정신병이 아니고, '정신' 질환은 더욱 아니기 때문에 강박신경증 자체에 대한 정신적인 태도는 영향을 받지 않으며, 태도 변경이 자유롭다. 그래서 치료 방법을 자유로이 선택하고 이용할 필요가 있다. 강박신경증은 획일적 세계적 태도, 즉 기술한 바 '100퍼센트 완전성의 세계관'으로 고착된 개념을 로고데라피적인 방법으로 수정하는 것은 용이하며 효과가 크다.

의혹증의 경향이 강한 강박신경증자는 세계관적인 의식을 수정하기 위하여 방법을 시도하면 즉각적인 반응을 보일 만큼 감수력(感受力)을 가지고 있는 것으로 판단된다. 그러므로 강박신경증자의 세계관에 대한 로고데라피적인 수정 노력은 더욱 권장할 만하다.

스트라우스가 강박신경증적인 세계관에서 심리적인 증후만을 인정한 것은 강박신경증적인 세계관에 대해 사용되는 치료적인 도구로 세계관을 사용할 가능성을 말하는 것이다.

그 가능성을 강박신경증적인 세계관의 증세를 보이기 시작한 사춘기 후기에 든 남자아이의 예를 들어 설명하기로 한다. 이 소년은 성숙기에 경험한 충동으로 강박신경증적 세계관의 '발생' 조짐이 나타났다. 그러나 로고데라피에 의한 대항 처치가 가능하였다.

이 젊은이는 파우스트적인 인식 충동에 걸려 '나는 사물의 근본을 알아야 한다'라고 단정한 그는 '나는 모든 것을 증명하여야 한다. 직접 명증할 수 있는 모든 것을 증명하려고 한다. 내가 왜 살아 있는가 하는 것부터 확실히 알아야 한다.'라는 강박감을 가지고 있었다.

강박신경증자의 명증감정은 불완전한 것이나 정상적인 명증감정도 또한 다만 수행된다고 하는 현실성을 나타내고 있을 뿐이다. 그러한 것으로써 본질적인 지향성 파악을 면하는 것이다. 만약 인간이 인식적인 의도에서 명증감정에 오로지 집착하려고 하면 논리학적인 무한 소급에 매달리게 된다. 정신병리학적인 측면에서는 강박신경증자의 반복벽(反覆癖) 내지 전색증(詮索症)은 이 논리적인 오류에 상응된다.

이 전색벽을 내지비평에 의하여 극복할 것을 두려워해서는 안 된다. 이 남자의 경우에도 인식론적인 의론을 함으로써 환자의 의혹벽이 철저하게 논파되지 않으면 안 되었다.

극단적인 의혹의 궁극적인 물음은 '존재의 의미'로 돌아가는 것이다. 그러나 존재의 의미를 묻는 것은 '존재'가 '의미'에 앞서 있는 한에서는 무의미하다. 왜냐하면 '의미의 존재'는 '존재의 의미'를 묻는 경우에는 이미 전제가 되어 있기 때문이다. 존재는 아무리 구하여도 결코 그 배후로 도피할 수 없는 벽이다.

 그러나 이 환자는 직관적인 직접적인 소여(所與)를, 즉 존재를 증명하려고 한 것이다. 따라서 그러한 소여를 증명할 수는 없는 것이며, 또한 불필요함을 그에게 설명해주지 않으면 안 되었다. 즉 직관적인 소여로서 그것은 명증적인 것이다. 그런데도 자기는 의심한다고 하는 그의 이론은 참된 의미에서 대상이 없는 것이다. 왜냐하면 직관적으로 명증적인 직접 주어진 존재를 의심한다고 하는 논리적인 불가능성에 상응하는 것은, 그러한 회의는 공허한 넋두리에 불과하다는 의미에서 심리학적으로 비현실성이기 때문이다. 어떤 극단적인 회의론자라 할지라도, 현실에서는 그 행동 및 사고에서 현실의 제법칙과 사고 제법칙을 승인하는 사람들과 전혀 같은 행동을 하고 있는 것이다.

 아르투르 크론펠트(Arthur Kronfeld)는 심리요법에 관한 그의 저서에서(일반적인 철학적 견해이지만) 회의론은 자기 모순에 빠진다고 주장하고 있지만 그것은 옳지 않다고 생각한다. 왜냐하면 '나는 모든 것을 의심한다'는 명제는 '모든 것'이라는 의미를 이 명제 이외의 모든 것이라는 의미로 쓰고 있기 때문이다. 따라서 그 명제는 스스로에게 향한 것도 아니고 모순되지도 않는다. 소크라테스가 '나는 내가 아무 것도 모른다는 사실을 알고 있다'고 할 경우 그것은 '내가 아무 것도 모른다고 하는 것 이외에 나는 아무 것도 모른다는 것을 알고 있다'는 의미이다.

여러 인식론적인 회의와 같이 강박신경증적인 회의도 아르키메데스적(Archimedean)인 점을 발견하려고 노력하는 것이다. 즉 절대적인 심리에의 의욕과 논리적인 철저성을 가지고, 그 위에 세계관을 세울 수 있는 절대적으로 확실한 기반을 발견하려고 노력한다는 말이다.

이 경우 인간은 존재와 의식의 극단적 출발점을 밝히고 싶어한다. 그때 제 1철학의 이상은 인식론적으로 자기 자신을 시인하는 명제로 개념적인 사고를 모든 문제성에서, 또는 문제성에도 불구하고 이용하는 불가피한 필연성을 내용으로 하는 명제의 요구에 응할 수 있어야 한다.

그러한 합리주의적 수용은 자기 인식의 부정이며 자기 의지의 지양이다. 이런 의미에서 강박신경증 환자의 로고데라피적인 처치 방법을 이용하자면 첨예화(尖銳化)한 합리주의를 합리적인 방법으로 스스로 지양시키는 것이 중요하다. 이 경우의 합리적인 방법이란 회의자에게 만들어 주지 않으면 안 되는 "협조의 여지를 남기는 것"이다. 그러한 협조의 여지로서 다음의 명제가 요구된다.

'가장 우수하게 이성적이라는 것은 이성적이기를 바라지 않는 것이다'

환자에게는 모든 철학적인 전색(詮索)과 의혹에 대하여 괴테의 명제가 지적되지 않으면 안 된다. '활동적인 회의란 끊임없이 자기 자신을 극복하는 것에 힘쓰는 회의이다.' 그의 강박신경증적인 세계관의 특수한 로고데라피는 마침내 그에게 회의의 형식을 인정시키는 데 성공했다. 로고데라피가 그의 손에 쥐어준 정신적인 무기로, 그는 전형적으로 강박신경증적인 세계관에 얽매이는 데서 자유롭게 되고 합리적인 방법으로 존재의 비합리적인 성격을 인정하는 데에 도달했다. 그리하여 드디어 그는 최초의 문제 설정을 변경하는 데 성공했던 것이다.

사고에 있어서 극단적인 출발점의 문제가 본래는 이론적인 공준(公準)에 향해졌던 데 대하여, 이제는 그것이 변하여 그 해결이 본질적으로 모든 과학적 및 철학적 사고 이전에 있는 영역의 행동과 감정이 그 근원을 가지고 있는 영역 즉 실존적 영역에 구해진 것이다. 그리고 이 경우에는 오이켄(Euchen)이 '공준적 행위'라고 부른 것이 문제일 것이다.

강박신경증자에게 특유한 합리주의를 합리적인 수단으로 극복하고 제거하는 것은 실용적인 효과까지 일으킨다. 왜냐하면 강박신경증자는 그 100퍼센트의 완전성을 요구하는 세계관에 의하여 인식에서 절대적인 확실성을 구할 뿐 아니라, 결단에서도 그것을 요구하기 때문이다. 그의 극단적인 양심성은 그 극단적인 의식성과 마찬가지로 행동에서 핸디캡이 되는 것이다.

이 경우에는 그의 이론적 회의에 해당하는 것이 도덕적 회의이며, 사고의 논리적 타당에 대한 회의에 해당하는 것이 행동의 도덕적 타당성이다. 그러므로 강박신경증자에게는 결단이 불가능하게 된다. 어떤 강박신경증 여성 환자는 그녀가 해야 할 일에 대한 끊임없는 의혹으로 괴로워하고 있었다. 그리고 그 의혹은 차츰 증대하여 그녀는 아무 것도 할 수 없게 되어 버렸다. 그녀는 무슨 일을 조금도 결단할 수 없게 되었으며, 극히 평범한 경우에도 자기가 무엇을 해야 할지를 알 수 없게 되어버렸다.

그래서 그녀는 자기가 음악회에 갈 것인가, 공원에 갈 것인가, 아니면 집에 있을 것인가를 결정할 수 없었고, 그런 가운데 무엇인가 할 수 있는 시간을 모두 내적인 토론으로 낭비했다. 강박신경증자의 결단 불능성의 특색은 중요한 결단뿐 아니라, 가장 사소한 결정에서도 불가능한 것이다.

그러나 강박신경증의 극도의 양심성도 특수한 로고데라피로 과도한 합리주의와 마찬가지로 치료될 수 있는 것이다. 왜냐하면 "행동하는 자는 양심을 안 가지며 관조(觀照)하는 자만이 양심을 갖는다"는 괴테의 말은 타당한 주장이다. 이런 경우도 이 명제를 다음과 같이 보충하여 회의적인 강박신경증자에게 "협조의 여지를 줄" 수가 있다.

"철저히 행동하는 것은 양심이 없는 것으로 생각될지 모르나, 가장 양심이 없는 것은 아무 행동도 하지 않는 것이다."

아무 것도 결단하지 않는 인간은 그 무행동성으로 양심 없는 결단을 하는 것이 된다.

3 우울증의 심리

내인성(內因性)의 정신병도 로고데라피적인 처치의 대상이 될 수 있다. 원래 그런 경우에는 내인성의 인자(因子)가 취급되는 것은 아니고, 그것과 함께 작용하는 반응적 심인적 인자가 취급되는 것이다. 나는 이미 정신병 질환의 형식에 있어서 심리적 운명에 대한 인간의 자유로운 정신적 태도를 논했다. 이 경우에 병인론적인 계기에 대해서, 운명적인 질환 사상(事象)에 대하여 어떤 자유로운 형성의 결과로서 해석되는 병상형성적(病像形成的)인 계기를 지적하였다.

그때 약물적인 치료 외에 심인적인 인자에 대하여 심리요법적인 처치가 가능했을 뿐 아니라, 로고데라피적인 처치도 가능했던, 본래 내인성(內因性)의 억울 상태의 한 예를 들었다. 그것은 운명으로서의 질환에 대한 환자의 완전한 태도 전환을 불러일으키고, 동시에 사명으로서의 생활에 대한 태도 변경을 가져온다.

인간 내부의 정신병적 질환 사상(事象)에 대한 그의 정신적 태도의 로고데라피적인 변화(그것이 가능한 한에서는)에 앞서 이미 행하여진 '병상 형성' 안에 이미 어떤 대도가 포함되어 있음은 분명하다. 그런 상황에서 정신병 환자의 현재 행동은 운명적 '피조적' 이환(罹患)의 단순한 결과 이상의 정신적 표현이다. 이런 의미로 볼 때 정신병은 결국 인간에게 주어진 하나의 시련이며, 정신병 환자는 인간으로서 겪어야 할 명제이다.

정신병적인 것이 인간적인 것으로부터 받는 병상 형성은 인간적인 것에 대한 테스트이다. 정신병에 있어서 환자의 자유로운 태도 안에 존재할 수 있는 한 가닥의 자유는 환자에게 태도 가치의 실현화를 가능케 하는 것이다. 그가 자유를 누리는 한 그는 책임성을 갖는다.

로고데라피는 정신병자에게 주어진 자유를 지적하고 그 책임성 자체에 호소하며 정신병인 데도 불구하고 로고데라피로 환자에게 가치 실현의 가능성을 보여주는 것이다. 그밖에 중증 정신병 환자의 생명도 치료법 연구에 소용되며, 임상 강의에 소용되는 한 가치가 있으나 그것은 당장 고려하지 않는다.

정신병자에게 주어진 도덕적 의무에 대하여 의사는 생명 부정을 정정할 도덕적 권리가 있다. 생명 부정과 생명 포기의 의지는 우울증 환자가 가치에 대하여 맹목이라는 데에 근거한다.

다음으로 우울증을 실존분석적으로 이해하고, 실존의 양상으로 파악하는 시도를 보기로 한다. 우울증의 특수실존분석은 첫째로 그 전면에 나타나는 증후인 불안을 취급하는 것이다. 이 불안의 생리학적인 기반은 위상적(位相的)으로 경과하는 대사장애(大謝障碍) 안에서 찾을 수 있을 것이다. 그렇지 않다면 그것은 진성 우울증은 아니고, 일시적인 어떤 충격에서 온 반응적인 것이거나 심인성 우울증일 것이다.

자기 통제가 이미 소용없게 된 단계에서 신경증이 나타나는 것처럼(Von Hattingberg) 우울증도 심인이 없던가 심인이 겨우 유발적 인자로서 지엽적 역할을 하는 데 불과할 경우에 증세를 보이기 시작한다. 신체적으로 본다면 우울증은 생명적인 근거를 가지고 있으나 그것은 그 이상도 그 이하도 아니다. 왜냐하면 우울증자의 유기체가 가지고 있는 무자극성의 기반은 우울증적인 증후론을 설명하는 것이 아니기 때문이다. 그것은 우울병적인 불안을 설명하는 것도 아니다.

불안은 주로 죽음의 불안이며 양심의 불안이다. 그리고 우울증의 불안감정과 죄의식은 인간 존재의 양식으로서, 인간 실존의 양식으로 파악할 때 비로소 이해된다. 그러나 단순한 생명적인 기반으로서의 불안은 설명되지 않는 것이며 주지하는 바와 같이 이 생명의 기반 자체가 아직 설명되어 있지 않고 있다. 우울증적인 체험을 처음으로 가능케 하는 것은 어떤 병적인 것을 넘어선 것이다. 즉 인간적인 것이 처음으로 단순한 병적인 것에서, 즉 일차적이고 생명적인 근저에서 인간 존재 자체의 체험의 양식인 우울증적인 징후를 형성하는 것이다. 우울병의 단순한 병적 기반이 정신운동성의 또는 분비성의 억제와 같은 증후에 이르는데 비해서, 우울병적인 체험은 인간 안에서의 인간적인 것이 그의 안의 병적인 것과 관계된 결과로 일어나는 것이다. 그리하여 유기적인 기반에 근거한 일종의 억울상태를(불안성 충분과 함께) 동물에서도 상상할 수 있는 것이지만, 인간의 본래의 우울병의 특유한 죄의 감정이나 자기비난이나 자책감 등은 동물에서는 생각할 수 없는 것이다.

우울병자의 양심의 불안이라는 '증후'는 결코 신체적으로 일어난 질환으로서의 우울병의 산물은 아니고, 이미 정신적 인격으로서의 인간의 '업적'인 것이다. 양심의 불안은 생물학적인 것의 피안에서만 이해되는 것이며, 인간적인 것에서만 이해되는 것이다. 그것은 인간 자체의 불안으로서만 즉 실존적 불안으로서만 이해되는 것이다.

우울병의 생리학적 근거로서의 생명적인 기반이 만들어 내는 것은 기능 부전감뿐이다. 그러나 이 기능부전감이 어떤 생활 과제에 대한 불만족 감정으로 체험되는 것은 질환의 내인적인 것을 본질적으로 넘어선 것이다. 불안은 동물도 가질 수 있다. 그러나 양심의 불안이나 부담 감정은 인간만이 가지고 있으며, 그 당위에 대한 존재의 책임 안에 있는 자만이 가질 수 있는 것이다.

인간이 갖는 정신병 같은 것은 동물에게서는 생각할 수조차 없다. 따라서 인간은 실존적인 것과 정신질환에 관해 본질적으로 관여하지 않으면 안 된다. 즉 정신병의 기반에 있는 유기적으로 조건지어진 사상(事象)은, 그것이 정신병적인 체험이 되기 전에, 본래적으로 인간적인 것 안으로 이전된다. 그러므로 먼저 인간적인 주제가 되어 있지 않으면 안 된다.

우울병의 경우 신체적 심리적인 기능부전감은 인간에게 독자적인 양식으로 체험된다. 즉 자기 존재와 자기의 당위 사이의 긴장으로써 체험되는 것이다. 우울증 환자는 인격과 그 이상과 사이의 초차원적인 거리에서 자연적으로 체험한다. 인간은 생명을 기반으로 존재의 고유한 실존이 긴장되며 존재와 당위 사이의 거리는 우울병에서는 부전감의 체험으로 확대된다. 우울병자에게 존재와 당위 사이의 거리는 심연(深淵)과 같다. 그러나 이렇게 해서 생긴 심연 밑바닥에 침전된 책임성과 존재로서의 양심은 부정할 수 없는 것이다. 그리하여 우울병자의 양심의 불안은, 인간 고유의 체험 충족의 필연성과 충족의 가능성 사이에 고조된 긴장의 체험에서 온다고 본다.

직업이나 사명에 대해 충분히 대응할 수 없는 극단적인 기능부전감의 우울병적인 증상은 다양한 형태를 나타낸다. 발병 전에 전형적인 부르주아였던 인간이 우울병으로 인해 망상 상태의 빈곤 불안이 주는 기능부전감을 일으키면 돈벌이라는 것이 그의 과제가 된다.

쇼펜하우어는 '어떤 인간의 존재', '어떤 인간의 소유', '어떤 인간의 관점'을 판단하려면 그 사람이 우울병에 걸렸을 때 양심의 가책이나 죄책감을 어느 정도 느끼는가에 따라 알 수 있으며 병 전의 생활 중심(重心)을 어디에 두고 살았는가에 따라 '한 인간의 모습'이 나타난다고 했다. 병 전에 생명의 위협에 쫓기던 자는 죽음의 불안에서 우울병성의 부전감이 생명 유지라는 과제로 집중하며, 병 전에 죄 의식을 가지고 있던가, 담력이 약한 인간은 양심의 불안에서 도덕적으로 벗어나려는 과제에 집중하게 된다.

우울병자가 기초 장애로 인해 실존적 상태가 비인간적인 정도에까지 고조된다면 그는 생활 목표에 도달하기 어렵다. 그리하여 그는 삶의 목표나 종말, 미래에 대한 의욕을 잃게 된다. 어떤 우울병 환자는 "나는 과거를 향하여 살고 있습니다"라고 고백한 다음 "현재는 없어져 버렸습니다. ……나는 과거에 묻혀 존재할 뿐입니다."라고 말했다. 미래에 대한 감정의 상실과 함께 생명은 끝났으며 시간은 이제 다했다는 감정이 일어난 것이다.

또 어느 환자는 "나는 다른 눈으로 본 것입니다"라고 말했다. "나는 이제 오늘 만난 사람이라든가 어제의 그 사람이 하는 식으로는 보이지 않습니다. 그리고 어떤 사람이든 이제는 그가 죽는 날로 보입니다. 노인이건 아이이건 다 마찬가지입니다. 나는 그것을 벌써 예감하고, 나 자신도 이제는 현재를 살고 있는 게 아닙니다."라고 했다.

우울병에 걸린 인간의 기분은 '최후 심판의 날', '분노의 날'이라고 이름 붙일 수 있을 것이다. 크론펠트(Kronfeld)가 분열병에 있어서의 실존적 체험을 '앞당겨진 죽음'의 체험이라고 부른데 대하여, 메랑코리의 그것은 '영속되는 노여움의 날'의 체험이라고 부를 수 있으리라.

우울병자의 비애의 감정에 대응하는 것은 조울병자(躁鬱病者)의 환희의 감정이다. 그리고 우울병적인 불안의 체험에 대응하는 것은 우울병적인 오만(傲慢)의 체험이다. 우울병적인 인간이 당위에 대해서 충분한 능력을 가지고 있지 않은 채 체험하는 데 대해서 조울병적인 인간은 반대로 능력이 당위보다 우월하다고 생각하는 것이다. 그리하여 조울병적인 권력 감정은 우울병적인 죄악감에 대응한다. 우울병적인 불안이 특히 미래에 대한 불안(미래의 파국에 대한 불안)인데 비해 조울병적인 인간은 바로 미래 속에 살고 있는 것이다. 즉 그는 프로그램을 작성하고, 계획을 익히며 미래를 앞당기고 그 가능성을 현실의 것으로 보며, '미래'를 떠돈다.

우울병자는 독특한 기능부전증의 체험에서 자기 자신에 대해서도 가치적으로 맹목이 아닐 수 없다. 이 가치 맹목성은 뒤에 가서는 환경에도 미치게 된다. 우울병자의 가치에 대한 맹점이 처음에는 그의 자아에게만 한정하는 의미로, 말하자면 자기 중심적인데 반해서 그것은 차츰 원심적(遠心的)으로 넓혀져 자아 이외의 세계의 가치도 덮어버리게 된다.

스스로 자아 가치를 떨어뜨리는 한, 이 가치 붕괴는 자기 세계에 대해서도 체험되지 않을 수 없다. 우울병적인 열등감 속에서 이것이 체험되어 우울병자는 자기 자신을 무가치하게 여기며, 자신의 생명마저 무의미하다고 생각하여 종종 자살로 치닫는 경향을 보인다. 우울병자의 니힐리스틱한 망상관념에 있어서는 다시 가치와 함께 가치의 담당자인 사물 자체에도 어두운 그림자가 없어지고, 가치성의 주최도 부정되는 것이다.

이런 경우에 그 그림자는 먼저 자아에게 향해지며, 이인증(離人症)이 된다. "나는 전혀 인간이 아닙니다"라고 한 환자는 말했다. "나는 아무 것도 아닙니다. ……나는 이 세상에는 없는 것입니다" 그러나 그 후에는 더욱 니힐리즘 속으로 끌려 들어가 '비현실화(Derealisation)'가 되어 어떤 환자는 의사를 보고 "의사라는 것은 없는 것입니다. 절대로 그런 것은 없었습니다"라고 말한다.

코타르(Cotard)는 우울병 증후군을 기술했는데 거기서 '영원한 벌을 받는 관념' '비존재의 관념' 및 '죽음 불능의 관념'이 발견된다. 우울병적인 '영원한 벌을 받는 관념'은 용이하게 설명할 수 있는 것이며, 니힐리스틱한 이인증을 '비존재의 관념'에서 이해할 수가 있다. 그리고 '죽음 불능의 관념', 죽을 수 없다는 망상은 우울병의 어떤 형태에서 동떨어져 발견된다. 그러한 질환상을 '아하스베르스(영원한 유대인)적 우울병'이라고 부른다.

그러나 이 우울병형은 실존분석적으로 어떻게 해석할 것인가가 문제이다. 우울병자의 높아진 실존 긴장의 체험으로 심각해진 죄 감정은, 그가 이 죄를 이미 지울 수 없는 체험이 되리만큼 커질 수 있는 것이다. 그가 그 기능부전 체험에서 이미 그것에 대한 능력이 없다고 느끼고 있는 생활 과제 내지 사명은 영원히 산다 해도 충족시킬 수 없는 것으로 그에게 생각되는 것이다. 이렇게 진단함으로써만 다음과 같은 환자의 말을 이해할 수가 있다.

"나는 영원히 살지 않으면 안 됩니다. ……나의 죄를 보상하기 위해서 말입니다. 그것은 나에게는 연옥(煉獄)같이 생각됩니다." 생명의 사명 성격은 그러한 우울병자에게 있어서는 거대하게 높여지는 것이다. "나는 전세계를 짊어지지 않으면 안 됩니다"라고 어떤 환자는 말했다. "내 속에는 이제 양심만이 살아 있습니다. 나에게는 모든 것이 대단히 압박적입니다. 내 주위의 모든 세속적인 것은 소멸되어 버리고, 나는 다만 피안만을 바라봅니다. 나는 전세계를 만들어내지 않으면 안 되지만, 그것이 안 되는군요. 나는 지금 바다나 산이나 모든 것을 옮겨놓지 않으면 안 됩니다. 그러나 나에게는 돈이 없습니다. 나는 산을 헐어버릴 수 없고, 멸망한 민족을 불러일으킬 수 없습니다. 그러면 안 되는 것입니다. 이제 모든 것은 몰락하지 않으면 안 됩니다."

자기 자신뿐만 아니라 전세계에서도 가치를 빼앗는 것은 우울병자에게는 광범한 혐인증(嫌人症)을 일으키는 것이다. 그 자신이 그에게 혐오되어야 할 자일 뿐 아니라, 타인도 또한 그런 것이다. 그의 눈에는 이미 어떠한 가치도 존재하지 않는 것이다. 왜냐하면 존재하는 모든 것은 몰락해야 할 것이기 때문이다. 이 메피스트적인 명제는 우울병자의 세계관으로서의 파국 불안이라는 감정이 격정적 망상적 표현으로 나타날 경우의 세계 몰락감을 설명하고 있는 것이다. 우울병자는 생활 과제 내지 사명을(기능부전 체험에 의하여 그르치고) 초인간적으로 거대하게 생각지 않을 수 없으나, 이 초인간적인 크기야말로 그 초차원성이 다음과 같은 망상적 표현으로 나타나는 부담감을 실존분석적으로 이해시켜야 하는 것이다.

"모든 것은 소멸되지 않으며 안 되며, 나는 그것을 다시 일으켜 세우지 않으면 안 됩니다……. 그러나 나는 처음부터 그런 것은 할 수 없습니다. 그럼에도 불구하고 모든 것을 나는 하지 않으면 안 됩니다. 그렇다면 나는 지금 어디서 돈을 가져와야 합니까. 영원에서 영원으로? 나는 세상 처음부터 있었던 망아지나 소나 가죽을 만들 수는 없는 것입니다."

현훈(眩暈)에 가현 운동(假現運動)이 수반되는 것처럼, 불안에서
도(키에르케고르는 불안을 자유의 고소현훈(高所眩暈)으로서 이해할 것을
가르치고 있으나) 일종의 정신적 가현 운동이 일어나는 것이며, 그
것은 우울병의 경우에 존재와 당위 사이의 거리가 심연으로 체험
되는 때는 자아와 세계, 본질과 가치의 몰락 감정이 일어나지 않을
수 없는 것이다.

４ 정신분열증(schizophrenia)의 심리

분열증의 실존분석적인 이해를 가능케 하기 위한, 이하의 분열
병의 일반적 심리학적 소견에서, 임상적인 관찰로부터 출발하기로
한다.

나는 일련의 분열병 환자가 종종 반복하여 경험하는 특이한 체
험을 관찰할 기회가 있었다. 그 환자는 마치 영화 촬영을 당하고
있는 것 같은 감정을 갖는다고 했다. 그러나 그런 감정은 어떤 환
각적인 상황에서 오는 것이 아니라는 점이 주목할 만한 점이었다.

환자는 촬영기의 크랭크 음이나 영화 사진을 찍는 경우에 셔터
소리 등은 들리지 않는다고 한다. 또 시각적인 점에서도 그러한 체
험에서의 촬영기는 보이지 않고 카메라맨은 숨겨진 상태라는 것이
다. 그리고 환자의 주장이 이차적으로 합리화하는 망상의 의미로
해석되는 것 같은 망상 이념도 나타나지 않는다. 처음부터 확실히
실제로 망상적인 기반을 가지고 있는 사례도 많이 있다. 그러한 환

자는 자신이 뉴스 영화 속에 나온 것을 보았다는 주장을 하거나, 그들의 적이나 박해자가 몰래 카메라로 그렇게 촬영했다고 주장을 한다.

그런 망상적 기반을 가진 사례는 여기서는 아예 제외하려고 한다. 왜냐하면 거기서 촬영했다는 것은 직접 체험된 것이 아니라 과거로 돌아가 구성되어 있기 때문이다.

따라서 사례를 보다 좁게 제한하여 선택하는 경우에 순수하게 현상학적이며 기술적(記述的)으로 '촬영 망상'이라고 불러야 할 지경에 부닥친다. 이 촬영 망상은 야스퍼스(K. Jaspers)의 의미에 있어서의 참된 '지식의 환각'을 나타낸다. 또한 그것은 그룰레의 의미에서의 '일차적 망상양 감정(一次的 妄想樣 感情)'으로 칠 수도 있을 것이다. 어떤 환자는 아무런 증거도 없는데 왜 촬영되었다고 믿었느냐는 질문에 대해서 다음 같은 대답을 하였다.

"그것은 확실합니다. 이유는 모르지만."

또한 상술한 촬영 망상의 병상(病像)에서 유사한 상으로의 이행형(移行型)이 보이는 경우도 있다. 그러한 환자는 그들이 '녹음 당했다'고 호소하기도 한다. 이 경우에는 촬영 망상이 청각적인 형태를 취한 것이라고 생각된다. 자기가 '엿들었다'던가 '귀를 기울이고 엿봤다'고 주장하는 환자도 있다. 또 그 밖에도 자기가 어떤 모양으로 '요구되고 있다'고 하는 일정한 감정을 호소하는 경우나 자기의 일을 '누가 생각하고 있다'는 등, 거의 증명할 수 없는 것을 확신하는 사례도 이에 속한다.

그런데 이 모든 체험의 공통점은 인간이 자기를 대상이나 객체로서 체험하고 있다는 점이다. 즉 '촬영 망상'의 경우는 영사기 렌즈의 대상, 혹은 사진기의 대상이나 녹음기의 대상이며, 다시 다른 사람의 '엿듣는' 대상이며, '찾는', '생각하는' 대상이라는 등등. 따라서 이 체험 유형들을 총괄해 보면, 다른 사람의 극히 다양한 지향성 행위의 대상으로서 체험되는 것이다.

여기 모은 사례는 타자의 심리적 활동을 대상으로 체험된 것이며 최초의 경우에 체험된 촬영기는 심리적 활동의 기계적 확대를 나타내는 것과 같다. 즉 본다던가 듣는다던가 하는 지향성 행위의 '기술적' 연장을 나타냄과 같다(이 기계들은 분열병자에게는 일종의 신화적 지향성을 가지고 있음을 이해할 수 있다). 그리하여 상술한 분열증의 사례의 경우에서는 '순수한 대상 존재의 체험'이라 불리는 일차적 망상향 감정을 문제로 하지 않으면 안 된다. 그리고 이러한 기반에서 피해감정 주시망상(注視忘相), 또는 박해 망상이라고 불리는 모든 것을 순수한 대상 존재라는, 보다 보편적인 체험의 단순한 특수형식이라 해석할 수가 있는 것이다. 이 특수 형식에서는 분열병자는 자기를 타인의 주시하지 않는 박해 지향의 대상으로서 체험한다.

순수한 대상 존재라는 이러한 체험을 그 둘레가 분열병의 '일차적 증후'로 친 중심적인 자아 장애의 한 작은 면으로 보고자 한다. 지질학적인 단층이 심부 암층의 구조를 추측케 하듯 일차성 증후에서(증후론적 표층에서) 분열병적인 '기초 장애'의 본질이 추측되리라 생각한다. 사실 순수한 대상 존재라는 체험의 다양한 현상 형식을 분열병적 체험양식에서의 통일적인 법칙성으로 환원할 수가 있는 것이다. 분열병자는 자기 자신을 마치 그가(주체가) 객체로 변화하고 있는 것처럼 체험하는 것이다.

그는 심리적 행위를 마치 그것이 그 수동형(手動形)으로 바뀐 것처럼 체험하는 것이다. 즉 정상적인 인간이 스스로 자기가 사고하고, 주목하고, 관찰하고, 엿듣고, 찾으며, 자기 자신이 사진이나 영화를 찍는 등을 체험하고 있는데 반해 분열병자는 이 모든 행위나 지향, 이 심적 기능들을 마치 그것들이 수동형으로 바뀐 것처럼 체험하며 자기가 '주목당하는' 것으로 생각하는 것이다. 분열병에서는 심적 기능의 체험적인 수동화가 일어나는데 이것을 분열병자의 심리 공통원칙으로 본다.

어떻게, 체험된 수동화가 그것을 체험하는 환자에게 정상이라면 자동사(自動詞)를 쓸 경우, 무리하게 거기에 해당하는 타동사를 쓰도록 강요되는가를 보는 것은 흥미 있는 일이다. 가령 어떤 분열병 여성 환자는 그녀가 '눈뜬다'는 감정은 갖지 못하고 '일어난다'는 감정만 갖는다고 호소하였다. 또 분열병적 체험의 수동화 경향과 그것에 의한 언어적 표현에서 동사(動詞)를 무시하고(때때로 무리하게) 명사적 구성을 즐기는 전형적인 어법도 이해할 수 있는 것이다('Elektrisirerei', '전기요법을 받는' 따위). 즉 동사는 '활동어'로서 본질적으로 능동성 체험을 전제로 하여 표현하고 있기 때문일 것이다.

심적 능동성의 체험적인 수동화로서 분열병의 체험 양식을 해석하는 것은 베르체(Berze)의 분열병리론에 가까운 것이다. 주지하는 바와 같이 베르체는 분열병자에 있어서의 심적 능동성의 기능부전에 대하여 말하고 있다. 그리고 그 주요 증후로서 '그는 의식의 긴장 저하'를 들고 있다. 이 의식의 긴장 저하라는 것을 체험적 수동화라고 부른 것과 대조하여 분열병의 특수 실존분석의 의미에서 다음처럼 말할 수 있다. 즉 분열병에 있어서의 자아는 의식성으로서도 또 책임성으로서도 이환(罹患)되어 있는 것이라고.

그리하여 분열병자는 이 두 실존성에 관해서는 '피조적으로' 제한되어 있는 것이다. 자아존재는 의식성으로서는 '긴장이 저하하고' 책임성으로서는 마치 그것이 같이 쇠약한 '것처럼 체험하는' 것이다. 분열병 인간 자신도 때때로 자기가 전 인간 존재로서 협소화되어, 이미 본래 '존재해 있다'고 느끼지 못할 정도임을 체험하고 있는 것이다. 이런 뜻에서 크론펠트(Kronfelld)가 분열병을 '앞당겨진 죽음'(anticipated death)이라고 한 분열병 체험의 해석도 이해되는 것이다.

벨체가 분열병의 프로세스 증후와 결함증후의 구별을 가르친 이래, 분열병의 체험 양식의 모든 현상학적 심리학적 해석 및 그 실존분석적 해석이 다만 프로세스 증후에만 관계되어야 할 것임을 알고 있다. 나의 견해로는 분열병의 프로세스 증후와 결함증후 사이의 구별에 유사한 구별이 정상적인 인간의 두 가지 체험 양식 사이에, 즉 잠들 때의 체험과 꿈의 체험 사이에 있는 것처럼 생각되는 것이다. 따라서 구르트 슈나이더(C. Schneider)가 '입면시사고(入眠時思考)를 모델로 한' 그의 분열병 심리에 관한 연구에서 이 입면시사고를 모델로 택하고 꿈의 사고를(분열병자를 '깨어 있는 자 가운데 꿈꾸는 자'로서 이해하려고 한 C·G·융(Jung)과 같은) 택하지 않은 것은 정당하였다.

왜 정상적인 입면시 체험이 분열병적 체험 양식에 유사한가 하는 것은, 입면시에는 의식의 긴장 저하가, 또는 쟈네트(Janet)의 말을 빌린다면 심리적 저감(心理的 低減, abaissement mentale)이 일어나는 것을 고려한다면 이해할 수 있는 것이다. 또 이미 레바는 '사고의 반제품'(思考의 半製品)을 지적하고 마이야그로스(Mayer Gross)는 '공허한 사고의 껍질'에 대하여 말하고 있다. 이 모든 현상은 정상적인 입면시 사고에서도, 분열병적 장애를 받은 사고에서도 발견되는 것이다. 그리고 사고 심리학에서 출발한 칼 뷀라(Karl Bühler)와 학파에서 '사고 회식(思考回食)'이나 사고의 '백지 성격(性格 白紙)'에 대해서 말하고 있으나, 이 세 학자의 연구 성과에는 어떤 일치가 있음이 명백해지는 것이다.

꿈의 사고는 입면시 사고와는 다르게 꿈속에서 상징적 언어가 지배하는 한 존재하는 것이다. 즉 입면시에서의 의식의 수준은 의식성의 보다 낮은 단계를 향하여 이동하지만, 꿈이 시작된다는 것은 그것이 완료되어 낮은 의식 수준에 도달됐다는 것이다. 즉 꿈은 이미 이 낮은 수준에서 펼쳐지고 있는 것이다. 각성시에서 수면시로 이행하는데 있어서 기능 변화에 따라서 꿈꾸는 인간은 꿈의 원시적인 상징 언어에로 '퇴행(退行)' 되는 것이다.

그러나 분열병에 있어서의 프로세스 증후와 결합 증후 사이의 근본적인 구별을 일단 의식적으로 고려 밖에 두고, 어느 범위까지 상술한 증후(자아 장애 및 사고 장애) 이외의 다른 분열병 증후가 심리 과정의 일반적인 체험적 수동화라는 원리를 설명할 수 있는가를 조사해 보기로 한다.

그러나 여기서 어떤 범위까지 분열병자의 운동계(運動系)가 수동화의 틀 안에서 이루어지는가(긴방병이나 납굴증(蠟屈症)의 현상에는 이 설명 원리의 적용에 가까운 것이 있지만)라는 문제는 제외하고 분열성 환청의 심리학적 문제에 한정하려고 한다. 그리고 우선 사고화 음성의 현상에서 출발해 보자면, 수동화 원칙은 그 이해를 위한 열쇠처럼 생각된다. 즉 정상인의 경우에 이른바 '내적 언어'의 형식에서 사고에(다소나마 의식적으로) 필연적으로 수반되는 저 청각적인 요소가 분열병자에게는 수동적으로 체험되는 것이다. 따라서 그것은 분열병자에게는 마치 그것이 자기 것이 아니라 밖에서 오는 것처럼 체험되지 않을 수 없다. 그러므로 그것은 지각의 형태로 체험되는 것이다.

자기의 것, 내적인 것이 마치 타자의 것, 외부에서 오는 것으로 체험되며, 마치 그것이 지각인 것처럼 체험된다고 하는 것들이 바로 환각이다.

분열병 심리에 대한 설명 원리로서의 심적 기능의 체험적 수동화 원리는 치료적인 영역에서는 확실히 어떤 실제적 응용의 가능성을 가지고 있지 못하나 여기서도 경험적인 확인을 받는다. 어느 때, 심한 이감성 관계 망상(易感性 關係 妄想)을 가진 어느 한 젊은 이에게 심리요법적 처치를 하는데 성공한 일이 있다. 그는 주시 당한다는 것을 주시하지 않고, 그를 관찰하고 있다고 생각되는 사람을 관찰하지 않도록 훈련되었다. 그리고 환자가 그 환경을 이미 이전처럼 그의 편에서(관찰 당한다는 일에 대해서) 주목하지 않도록 배우자 실제로 얼마 안 가서 관찰 당하고 있다는 감정이 소멸되었다. 즉 스스로 관찰하는 일을 멈춤과 동시에 거기에 대응하는 수동적 체험, 즉 관찰 당한다고 하는 체험도 없어졌던 것이다.

심리요법적인 방법으로 이루어진 능동적 관찰의 중지와 함께 수동적으로 관찰 당하는 것도 소멸하였다는 것은 나의 견해로는 기초 장애가 관찰 체험의 수동형에의 변화에 유도되었다는 가정으로만 설명이 가능하다.

분열병의 특수 실존분석은 반드시 전형적인 사례에만 적용되는 것이 아니라, 분열병 권(圈)의 주변부에 있는(이 감성 관계 망상과 같은) 병상의 분석에서도 그 체험 양식의 해명에 소용될 수 있다. 이 목적을 위해서 분열성 정신병질 인격의 사례를 들어보고자 한다. 이것은 당시 이른바 정신 쇠약의 병상으로 총괄되어 있던 정신병질 인격의 사례이다.

이 환자의 체험은 '공허감(Sentinent de vide)'으로 기술되었다. 그 밖에 그들에게는 '현실감(Sentiment de réalité)'이 결여되어 있음이 지적되고 있다. 그러한 환자 한 사람은 그가 스스로를 '공명

판(共鳴板) 없는 바이올린'이라고 비유함으로써 그의 체험 양식을 표현하려고 시도하였다. 또 그는 '마치 자기가 자신의 그림자인 것처럼' 체험하는 것이었다. 그가 호소하는 환경에의 '공명'의 결여는 그의 속에 심한 이인증(離人症) 체험이 일어나고 있었다.

이미 하우그(Haug)는 그의 연구에서 이인증 체험이 과도한 자기 관찰로 일어나는 것을 지적하였다. 그에 대하여 설명하면 지식이란 어떤 것을 알고 있는 것뿐 아니라, 또한 이것을 알고 있다는 것 자체에 관한 지식이기도 하며, 다시 그것이 자아에서 나오고 있다는 지식이기도 하다. '내가 어떤 것을 알고 있다'는 것이며, 동시에 '내가 어떤 것을 알리고 있다'는 것이기도 하다.

지식 또는 사고라는 심적 행위는 말하자면 이차적 반사적인 행위를 하는 것이며, 그것은 일차적인 행위와 또 그 속에 일차적인 행위와 출발점으로 자아를 대상으로 갖는 것이며 주체를 대상으로 하는 것이다.

이것을 어떤 생물학적인 모델을 사용하여 보여주려고 한다. 일차적인 심적 행위를 생물학적으로 예를 들어 어떤 아메바의 위족(僞足)에 해당하는 것이라고 생각하자. 이 위족은 아메바의 세포핵에서 어떤 대상을 향하여 퍼져 있는 것이다. 그리고 이차적인 반사적인 행위는 제 2의 보다 작은 위족이라고 보면 그것은 최초의 펴진 위족을 향하여 후전(後轉)되는 것이다. 또 이 '반사적'인 위족은 그것이 '지나치게 퍼지면' 아메바 세포의 원형질(原形質)과의 신티디움적 연관을 상실한다는 것도 상상할 수 있다.

여기에서 지나치게 자기를 관찰하는 이인증 체험에 대한 생물학적인 모델을 볼 수 있다. '지향궁(指向弓)'이라고 불리는(지나친 자기 관찰에 의한) '지나친 긴장' 때문에, 심적 기능과 자아와의 관련이 장애받았다는 체험이 일어나지 않을 수 없는 것이다. 지나친 자기 관찰이라는 반사적인 행위는 일차적인 행위와 능동적인 자아와의 체험적인 연관을 잃는 것이다. 거기서 필연적으로 능동성 감정과 인격 감정의 상실이, 즉 이인증의 형태에서의 자아 장애가 결과하는 것이다.

어떤 심리적 생위에 수반되는 반사로 그 행위 자체가 주체와 객체와의 교량(橋梁)으로 주어져 있는 것이며, 다시 주체 자체가 여러 심적 활동의 담당자로서 주어지는 것이다. '어떤 것을 갖는다는' 데 있어서 나는 어떤 것 외에 갖는 것 자체와 나 '자신'을 갖는 것이다. 따라서 '자신'은 스스로 자기를 '갖는' 자아이며, 그 자신에게 의식된 자아인 것이다.

반사적인 행위의 '지향궁'이 이인증의 경우에는 너무 '지나치게 펴진' 결과가 절단되어버리는 것이라고 말하고, 이렇게 해서 무리한 사기 관찰에서 자아 감정의 장애가 일어나는 것을 이해하려고 시도하였다. 그리고 이제야말로 분열병에서의 의식의 '긴장 저하'가 분열성 정신병질 인격자에게 의식의 긴장 저하나 강박신경 증후를 나타내는 정신변질 인격자의 경우 지나친 자기 관찰로 의식의 긴장 저하와 자아 장애의 같은 결과에 이를 수 있으며, 이르지 않을 수 없음이 명백해진다.

분열병적인 자아 장애와 정신병질 인격적인 이인증과의 사이의 상이는 전자에 있어서는 (의식의 긴장 저하에 따라) 지향궁의 긴장이 너무 적은데 반해서, 후자의 경우에는 (의식의 긴장 과도에 따라) 지향궁이 너무 지나치게 긴장하여 '절단되어' 버렸다는데 있을 뿐이다.

기술한 바와 같이 인간이 수면 속에서 퇴행하는 보다 낮은 의식의 수준에서는 의식의 생리적인, 병리적이 아닌 저하가 일어나는 것이다. 이 긴장 저하가 반사에의 경향의 저하 속에서도 나타나는 것을 예기할 수 있다. 꿈에서는 사고·행위의 반사지(反射枝)가 다소 소실되어 있음을 가정할 수 있다. 이것은 '자유로이 발생하는 표상'의 직관적 요소가 반사적 수정을 받는 일 없이 환각적 활동을 할 수 있는 효과를 가지고 있는 것이다.

최후로 특수 실존분석의 결과를 강박신경증적, 우울병적 및 분열병적 체험 양식 사이의 본질적 상이에 관하여 개관하여 본다면 결국 다음과 같이 총괄할 수가 있다.

강박신경증자는 적용 기능의 부전과 지속적으로 지나친 의식성으로 고뇌하는 것이다. 또 분열병자는 '심적 농동성의 기능 부전'에 의한 '의식의 긴장 저하'로 고뇌한다. 일부는 실제 체험적으로 분열병에 있어서의 자아는 의식성으로서 제한될 뿐 아니라, 책임성 존재, 책임 있는 주체성으로서 제한된다. (순수한 객관적 존재의 체험 내지 수동화 원칙). 분열병에 있어서 전인간 존재 자체는 정신병적인 프로세스에 따라 이상화(異常化)하고 있다. 이것이 분열병자를 본질적으로 우울병자와 구별하는 방법이다.

　우울병자는 그 이상 체험(異常體驗)은 실존분석적으로는 그것이 인간적인 것으로부터 질환 과정의 형성으로서 해석되는데 따라서만, 완전히 인간 존재 양식으로서 이해될 수 있기 때문이다. 그에 대해 분열병과 실존분석이 가리키는 바에 따르면 이 인간 존재 자체가 이환되어 있는 것이며, 그 자체가 질환 과정에 따라 형성되는 것이다.

　통속적인 말이 우울병을 심정의 질환이라 하고 분열병을 본래의 정신병으로서 구별하는 것은 정당하다. 참된 '정신'질환으로서 분열병 그 차제는(강박신경증에 대해서) '피조적(Straus)인 사상(事象)이라고 부를 수 있다. 그에 대하여 강박신경증을 스트라우스와는 반대로 피조적이라고는 볼 수 없는 것이다.

　그럼에도 불구하고 인간 그 자체에서, 병을 앓고 있는 인간에서도 어떤 경우, 어떤 순간에도 최후까지 잔존해 있는 운명과 질환에 대한 한 가닥의 자유는 분열병자에게도 계속 존재해 가는 것이다.

제3장
심리적 고백에서 의학적 지도에로

제1장에서는 종래의 심리요법이(심리적인 처치의 영역으로 정신적인 것을 끌어들인다는 의미로) 근본적으로 보충되지 않으면 안 될 것을, 또한 어떠한 범위까지 보충할 필요가 있는가를 지적하려고 시도하였다. 그러한 보충의 가능성에 대해 취급하기로 한다.

파라켈수스는 "철학 없는 의사가 스스로 부르는 우스꽝스러움"이라고 했지만, 세계관적인 의욕에 '충만한' 의사가 세계관을 치료적 처치 안에 끌어들이는 권리가 있는지 어떤지 그리고 어떤 범위까지가 정당한지 이러한 문제를 취급하지 않으면 안 되는 것이다.

제1장에서 얻은 기반은 로고데라피였다. 로고데라피가 그 시야의 중심에 둔 인간의 '책임성'이라는 것을 전환점으로 하여 인간 존재의 분석으로서의 실존분석은 책임성 존재로 눈을 돌리게 되었다. 그리고 실존분석은 인간 존재의 사명과 성격 자체를 지적하는 것이다. 그것은 인간 존재를 가장 깊게 책임성 있는 존재로 체험시키는 것이다. 그래서 로고데라피는 어떤 내적인 사상(事象)을 끌어일으키는 것이며 치료적인 의의는 이미 말한 바와 같다.

로고테라피에서 실존분석으로 이르는 길에 대해서는 이미 말하였다. 어떤 일정한 점에서 로고테라피는 실존분석으로 나아간 것이었다. 그래서 이제야말로 임상심리학자가 이 점을 뛰어 넘을 것인가, 나아가도 좋을 것인가 하는 문제가 제기되는 것이다.

심리요법, 특히 정신분석이 구하고 있던 것은 '심리적 고백'이었다. 그리고 로고테라피와 실존분석이 구하는 것은 '의학적 지도'이다.

이 명제를 오해해서는 안 된다. 의학적 지도는 종교의 '대용물'도 아니고, 종래 의미의 심리요법의 대용도 아니다. 이미 말한 것처럼 종래 심리요법의 보충일 뿐이다. 형이상학적인 것 안에 둘러싸인 것을 알고 있는 종교적인 인간에게는 아무 할 말이 없으며, 줄 것도 없다. 문제는 종교적이 아닌 인간이 그를 깊이 움직이고 있는 어떤 세계관적 제 문제에 대한 답을 갈망하며 의사를 향할 때 일어나는 것이다.

'의학적 지도'라는 것이 종교적인 내용이 아니냐고 의문시한다면 분명히 그것을 부정할 수가 있다. 로고테라피나 실존분석에 있어서는 더욱 의사이며 의사이기를 바란다. 사제(司祭)와 시시비비를 논할 생각은 없다. 다만 의학적 범주 내에서 출발하여 의학적 행위의 가능성을 더 높이려는 것뿐이다. 그래서 그러한 가능성이 있는 것, 그리고 어떻게 그것이 실현될 수 있는가가 지적되지 않으면 안 된다.

'고백'이라는 것에 대한 심리요법상의 의의에 대하여는 여러 방면에서 되풀이하여 높이 평가되고 있다. 임상심리학적인 처치의 테두리 안에서 뿐 아니라, 더 넓은 어떤 카운슬링의 테두리 안에서도 단지 말로 표현하는 것 자체가 이미 중요한 치료 효과를 갖는 일이 종종 나타나고 있다. 전 장에서 불안신경증 및 강박신경증의 치료에 관하여 증후의 객관화와, 환자의 증후에 대한 거리화의 효과에 대해 말한 것은 표현에 해당하며, 심리적 고뇌의 고백 일반에 해당하는 것이다. 마음에 담긴 불만을 털어놓는 것은 기분을 풀어 주는 효과가 있다. '고백된' 고뇌는 '나뉘어진' 고백이다.

정신분석은 '고백 충동'에 대해서 말하며, 그것을 어떤 의미로는 증후로서 해석한다. 인간을 일방적으로 '쫓기는' 자로 보는 정신분석적인 견지에서 보자면, 그것은 고백 충동 안에서 증후를 찾아 볼 뿐이며, '증후에 대한 안티테제인 오스왈토 슈바르츠'의 이른바 '업적'을 보지 않는 것은 당연하다. 그러나 고백에의 심박(心迫)도 업적일 수 있다는, 신경증적 질환에 넣을 수는 있다는 것을 다음의 사례가 보여주고 있다.

어떤 여성 환자가 매독공포 때문에 정신과 의사에게 끌려왔다. 진단 결과 그녀는 일반적 심기성 신경증에 걸려 있었다. 그녀는 느끼고 있던 신경통 계통의 고통을 매독 감염으로 오해하고 있었던 것이다. 신경증적 심기증으로 매독공포는 느끼면서 성적 영역에서의 양심의 가책은 느끼지 못하고 있었다. 그녀는 강간을 당한 희생자였는데 윤리적인 면에서는(당연하다는 듯) 아무 죄책감도 가지고 있지 않았다.

그녀는 죄책감을 의식하지 못한 채 그 사실을 남편에게 고백해야 한다고 생각하고 있었으나 고백을 하지 못한 데는 그만한 이유가 있었다. 그녀는 사랑하는 남편을 고려하지 않을 수 없었다. 그녀의 남편은 극히 의심이 많은 사람이라 고백을 늦추고 있었던 것이다.

그러한 심리는 병적 증후가 아니다. 그러므로 통상적인 방법에 따른 심리요법 처치보다는 직접 대화나 도덕적인 논의 등 로고데라피를 필요로 하는 것이다. 이 고백 충동은 그녀가 앞으로 입을 다물어야 할 것을 깨닫는 순간에 해소된다. 그녀는 고백해야 한다는 것은 알았으나 자기는 본래 죄를 짓지 않았다는 이유로 죄의식을 못 느끼고 있었다. 그녀가 만약 고백했다면 의심 많은 남편을 더 오해하게 하여 진실을 왜곡시켰을 것이다. 그리하여 그녀는 양심이 평안함으로써만 안심할 수 있었다. 그리고 그녀는 양심을 평정하게 하는 데는 성적인 사건이 아니라 고백에의 도덕적 의무가 중요하다고 생각했던 것이다.

환자에 대하여 의사는 깊이 대화하기 전에 그녀가 사제(司祭)를 찾아가 고해했는가를 물었다. 그녀는 그 질문 자체를 부정하고 대답을 거절했다. 이런 경우는 순수한 도덕적 문제에 대한 대화가 중요하다. 때문에 이 환자가 종교적이었다면 고해는 의학적 지도와는 비교가 안될 만큼 그녀를 평정시킬 수 있다고 가정할 수 있다.

로고데라피에서 실존분석을 거쳐 의학적 지도에 이르자면 심리요법에 이미 연결된 정신 문제와 더 많이 어울리지지 않으면 안 된다. 로고데라피가 '정신적인 것에서 심리요법'이려고 하며, 정신적인 것을 의식하여 접촉하려 하면 그것은 가치 문제에 접촉되어 의학의 한계에 부딪히게 된다.

통상 심리요법, 즉 협의의 심리요법은 인간을 심리적 신체적 억제나 고뇌로부터 자유케 하며, 자아권(自我圈)을 신체적인 것에서 확대하는 것으로 만족한다. 그에 대하여 로고데라피와 실존분석은 인간을 보다 광범한 의미로 자유케 이끈다. 그것은 자기 발견에의 자유이며, 게오로그 짐멜이 '개적법칙(個的法則)'이라고 부른 것에의 자유이다. 실존분석은 인간에게 그 책임성을 스스로 받아들이는 능력을 길러주는 동시에 심리적인 영역을 신체적인 것에서 구별하는 선상(線上)에 있는 것이 아니고, 심리적인 영역에 이르는 선상에서 움직이는 것이다. 그 과정에서 필연적으로 한계를 일탈하는 문제의 어려움을 겪게 된다.

제1장에서 이 문제를 다룬 것은(심리주의의 위험에 대하여) 정신적인 것 그 자체의 고유한 법칙성을 지키려고 힘썼을 뿐이기 때문에 이제야말로 구체적이고 인격적으로 정신적인 것의 고유한 권리를 확보하는 일이 중요하게 된다. 즉 그 확보라는 점에서 무엇을 로고데라피나 실존분석, 의학적 지도에서 요구할 것인가가 문제이다.

이 문제를 칸트(I. Kant)가 형이상학에 관해 말한 역사적인 형식을 토대로 볼 때 다음과 같은 의문이 제기된다.

심리요법이 가치를 부여하는 심리요법으로서 가능한가? 또 어떻게 가능한가?

그러나 이 모든 것에 대하여 권리 문제(quaestio iuris)에 주목해야 하며, 사실 문제(quaestio facti)로 일탈할 것은 아니다. 왜냐하면 정신과의사(精神科醫師)뿐 아니라 모든 의사가 가치를 부여받고 있기 때문이다. 우선 모든 의학적 행위에는 건강 가치 내지 회복 가치가 전제된다. 또한 기술한 바와 같이 의학적 행위의 정신적 문제와 가치 문제는 안락사 문제, 자살자 구조 문제, 특히 위험한 수술의 제의 문제 등 인간 존재 전체가 문제인 경우에 나타난다. 그러나 처음부터 몰가치적이거나 윤리적인 면의 전제 없는 의학적 임상은 없는 것이다.

특히 심리요법은 종래부터 실제로는 로고데라피와 의학적 지도를 하여 온 것이며, 임상심리학자는 그 통일적인 행위에서 양자를 아울러 행하고 있다. 다만 심리주의에서 벗어나기 위해 제 1장에서 방법과 발견적 분리를 필요로 했던 것이다.

그러나 가치를 부여하는 원칙적인 정확성의 문제, 세계관적인 것, 정신적인 것, 정신 세계에의 진출이 '그 이름으로 행하여지는 법정(프린츠포른)' 문제가 있는 것이다. 인식 비관적인 식견을 가진 의사에게는 정신적 지도가 중요하며, 제기된 물음에 답을 주지 않으면 안 되는 것이 분명한 일이다.

히포크라테스는 의사가 동시에 철학자이면 신과 닮은 것이라고 했지만, 세계관을(필요할 경우에는) 의학적 행위 안으로 끌어들인다는 노력에서 결코 사제(司祭)와 같이 되려고 하는 것은 아니다. 그저 의사의 궁극적 가능을 모두 퍼 올리려고 할뿐이다. 그리고 이 일을 감히 시도하지 않으면 안 되는 것이며, 푸로메티우스적인 일을 시작한다고 해석하는 위험을 무릅써서라도 감행되지 않으면 안 되는 것이다. 왜냐하면 의사는 그 임상에서 항상 환자의 세계관적인 결단과 대결하고 있기 때문이다. 의사는 그것에서 눈을 가리고 치료할 수는 없는 것이나 항상 반복하여 태도를 강요당하고 있다.

그리고 의사 자신은 그러한 의미의 태도를 가질 권능이 있으며 또 그 사명이 있는 것일까. 그리고 그러한 태도의 결정을 피하는 일은 허락되지 않는 것일까. 그렇지 않으면 그것은 바람직한 것일까. 의사가 환자의 결단에 간섭하는 일은 허용될 것인가. 만약 그것을 하면 의사는 사적, 개인적인 정신권(圈)에 간섭하는 것이 되지 않을까. 그 때에 의사는 부주의로 또는 무사려로 그의 개인적인 세계관을 환자에게 강권하는 일이 되지 않을까.

히포크라테스는 "사람은 철학을 의학 안에 가지고 들어오고 의학을 철학 안에 가지고 들어오지 않으면 안 된다"고 했다. 그러나 의사가 의학적 행위에 속하지 않은 것을 의학적 행위 안에 끌어들이는 것이 아닐까 하고 묻지 않을 수 없다. 의사는 세계관적 문제를 환자와 논하는데 따라 세계관을 강권하는 것이 되지 않을까.

세계관적 문제를 말할 권능이 있다고 여겨져, 따라서 사람에게 세계관을 주는 것을 두려워할 필요가 없는 사제에게 있어서는 문제는 간단하다. 또한 의사이며 종교적인 사람이 같은 의미로 종교적인 환자와 세계관적 문제 또는 가치 문제를 말하는 것은 용이하다. 또한 국가에서 국가적인 관심사를 지키도록 위탁되어 있는 것 같은, 처음부터 어떤 가치에 결부되어 있는 의사의 경우도 문제는 간단하다.

그러나 다른 의사는, 특히 임상심리학자는 이 경우 딜레마 앞에 서게 된다. 즉 한쪽에서는, 그 앞에 심리요법의 내부에 있어서의 가치의 필요성이 있으며, 다른 쪽에서는 임상심리학자 측에서 하는 어떤 세계관을 강권하기를 피해야 할 필요성이 있는 것이다.

그런데 이 딜레마에는 하나의 해결책이 없지 않다. 그러나 그것은 다만 하나의 정해진 해결책이다. 인간 존재가 의식성 존재, 책임성 존재라는 출발점인 인간 존재의 인간학적 근본 사실을 돌이켜보면 실존분석은 인간을 그의 책임성 존재임을 의식하도록 하려고만 하는 것이다.

실존분석은 인간에게 이 존재에서의 책임성을 체험시키려고 하는 것이다. 인간이 그 존재를 가장 깊이 책임성 존재로서 이해하는 이 점에 이르기까지 인간을 인도하는 이상의 일을 가능하지도 않고 또 필요치도 않다.

책임이라는 것은 윤리적으로는 형식적인 개념이다. 그것은 아직 아무런 내용적인 규정을 가지고 있지 않다. 다시 책임이라는 것은 윤리적으로 중립적인 개념이다. 그리고 그런 한에 있어서는 윤리적인 한계가 있다. 왜냐하면 무엇에 대한 책임인가, 무엇으로서의 책임인가가 하는 데 대해서는, 이 개념에 대해서는 아무 말도 하지 않고 있기 때문이다.

이런 의미에서 실존분석도 인간이 무엇에 대해서 책임을 느껴야 하는가. 하나님에 대해서인가, 양친에 대해서인가, 사회에 대해서인가, 아니면 어떤 가치의 실현화에 대해서인가, 또는 어떤 개인적 사명의 충족에 대해서인가, 어떠한 구체적인 생명의 의미에 대해서인가 하는 물음에 대해서는 중립성을 지키고 있는 것이다. 그런데 대해서 실존분석의 임무는 인간이 자주적으로 의식된 자기의 책임성에서 사명으로 나아가며, 이제야말로 명백해진 일회적이며 독자적인 생명의 의의를 발견하도록 하는 것이다. 그것이 가능하게 되는가 안 되는가 인간은 존재의 의미에 관한 물음에 대해서 구체적이고 또한 창조적인 답변을 지지할 것이다. 왜냐하면 그는 그때에 책임에 대한 답이 환기(喚起)되는(듀르크) 데 도달했기 때문이다.

따라서 실존분석은 그러한 물음에 답하는데 있어서, 어떤 가치 척도나 가치 질서에 따라서 하도록 강제하는 것은 아니다. 실존분석으로서는 인간이라는 것은 가치를 부여하는 행위를 한다는 사실만으로 충분한 것이다. 가치의 선택(엘리아스베르크는 '친화력 있는 가치'라고 말하겠지만)은 본질적으로 환자의 문제이며 거기에 그치는 것이다.

실존분석은 환자 자신이 결단할 것을 정해 버려서는 안 되는 것이며, 그것은 다만 환자 나름의 것이다. 그리고 그 윤리적인 중립성에도 불구하고 책임성 의식은 윤리적인 구속력을 가지고 있는 것이다. 만약 그것이 인간 안에서 깨달아진다면 그것은 자발적이며 자동적으로 그 목적으로의 길을 찾아 발견하고 도달하는 것이다. 실존분석 및 모든 의학적 지도는 환자가 그 책임성을 철저하게 체험하도록 이끄는데 만족하고, 또한 만족하지 않으면 안 되는 것이다. 그것을 넘어서 구체적인 결단의 개인적인 권내까지 처치를 계속하는 것은 어떠한 경우에도 부적당한 일이라고 하지 않을 수 없다.

의사는 환자에게서 선택의 여지를 떼어버리고 자기 쪽으로 돌려서는 안 되며, 환자보다 앞서서 멋대로 결단하여 그것을 상대에게 내밀거나 해서도 안 되는 것이다. 그는 다만 환자 쪽의 결단을 가능하게 해주어야 할 것이며, 환자에게 결단의 능력을 강화하지 않으면 안 되는 것이다.

그러나 가치는 어떤 의미로도 비교할 수 없는 것이며, 결단은 항상 '선택'(M. Scheller)에 근거해서만 가능하기 때문에 상황에 따라서 어떤 인간을 도와주는 일이 필요하게 되는 것이다. 그러한 원조의 필요성과 가능성은 다음 사례를 보면 명백해진다.

어떤 젊은이가 충고를 받기 위해 정신과 의사를 찾아온 일이 있다. 그는 약혼자 이외에 또 한 여자 친구를 사귀고 있었는데 그 여자가 젊은이에게 한번만 성적 모험을 해보자고 유혹했던 것이다. 이 젊은이는 이렇게 결단할 것인가, 무엇을 할 것인가를 물어왔다. 그가 극히 사랑하고 존경하는 약혼자를 속여도 좋을까, 그렇지 않고 이 유혹을 끊고 약혼자에 대한 동정을 지킬 것인가 하는 문제였다. 의사는 처음부터 이 질문에 응할 것을 딱 잘라 거절했다.

그러나 당연한 일로서 환자에게 두 가지 경우에 결국 어떤 결과가 일어날 것인가를 그에게 밝혀 주었다. 즉 한쪽 경우에서 그 젊은이는 일회적인 향락에 대한 일회적인 기회를 가지며, 다른 쪽으로는 도덕적으로 가치가 높은 행위, 사랑을 위한 포기에의 일회적인 기회, 그 자신의 양심에 대한 '업적'에의 일회적인 기회를 가지고 있다는 것이다.

이 젊은이는 그 자신의 표현에 따르면 "좋은 기회를 놓치고 싶지 않다"는 것이며, 그런 뜻에서는 성적 향락의 기회로 미태(媚態)를 짓고 있었다. 그러나 그는 그에게 제공된 이 기회를 즐길 수 있는지는 의문이었다. 왜냐하면 그는 동시에 음위(陰痿) 때문에 의사를 찾아왔기 때문이다.

의사는 환자의 꺼림칙한 양심이 음위의 형태로 결착(決着)하려고 하는 것으로 가정할 수 있었다. 처음부터 의사는 그것을 자기 혼자 생각했던 것이며, 그에게 말한 것은 아니다. 그러나 그와는 달리 의사는 같은 거리에 같은 양만큼 미끼가 있는 두 구유(秣槽)의 복판에 서서(주지(周知)의 스콜라 이론에 따라) 어느 쪽으로도 선택하지 못하고 굶어죽지 않으면 안 되었던 잘 알려진 저 당나귀 얘기처럼 그의 상황을 환화하는 데 노력했다. 즉 의사는 두 결단을 다가오는 가능성의 공통분모를 구하려고 노력했던 것이다. 그것은 두 가능성이 가지고 있는 '한 번만의 기회'라는 것이며, 환자는 양쪽 모두 결단하려면 '어느 쪽을 잃어버리는' 것이다.

한쪽으로는 의문스러운 향락(아마 틀림없이 불능이라고 생각되는 향락)을 잃고, 다른 쪽으로는 약혼자에게 가지고 있었던 사랑과 감사의 깊은 마음을 아마도 이처럼 적절하게 표현하는 기회는 없을 텐데, 그것을 잃는 것이다. 만약 성의 모험을 포기한다면 그것은 분명히 사랑과 감사의 표현이 될 수 있는 것이었다.

이 젊은이는 양쪽의 경우에 '어느 쪽을 잃어버리는' 것을 배웠을 뿐 아니라 한쪽 경우는 비교적 적고 다른 쪽 경우에는 비교가 안되게 많은 것을 잃는 것을 배운 것이다. 그에게 가야 할 길을 가르쳐주지는 않았으나 환자는 그가 어느 길을 가야 할 것인가를 배운 것이었다. 그는 결단을 했는데 그야말로 의사의 사태 설명과 설득에 따라 한 것이다.

공통분모를 보여준다는 것은 가치의 선택이 문제가 아니라 '선(善)'의 비교가 문제인 경우에도 이익을 담당할 수 있다. 가령 뇌의 엠볼리(Emboli) 뒤에 반신 마비가 된 어느 젊은이가 좀처럼 좋아질 가망이 없는 몸의 상태에 대해서 의사에게 그 절망을 호소해 온 적이 있다.

의사는 환자의 특별한 청을 다음과 같이 도왔다. 즉 질환이라는 악에 대하여 생명의 의미를 주는 선이 충분히 있다는 것. 그것은 그의 행복한 결혼과 건강한 아기이다. 오른쪽 지체가 자유롭지 못하다는 것은 연금(年金)을 받는 그에게는 특히 중대하지도 않았다. 그는 반신 마비가 얼마쯤 직업적 권투선수 생활에는 결정적일지 모르나 자기와 같은 인간의 생명의 의미를 모두 저해하는 것은 아니라는 것을 시인하지 않을 수 없었다. 그리고 환자는 그러한 철학적인 거리, 스토아적인 냉정함, 현명한 명랑함에 다음과 같은 방법으로 도달했다.

　의사는 엠볼리로 일어난 언어 장애에 대해서 책 읽는 연습을 하도록 지시하였다. 환자가 독서연습으로 끝까지 다 읽은 책은 세네카의 「행복한 생활에 대하여」였다.

　그러나 경우나 상황에 따라서는 긴급한 생명에 관계되는 심리요법이 환자의 결단에 개입하지 않으면 위험할 경우도 있는 것을 간과해서는 안 된다. 의사는 심한 절망 속에 있는 인간을 관망만 할 수는 없고 위에 말한 원칙을 포기하지 않으면 안 될 경우도 있는 것이다.

　로고데라피나 의학적 지도의 영역에서도 자살의 위험이 있는 경우에는 그렇게 하지 않으면 안 된다. 그러나 그러한 예외의 경우도 환자의 가치문제에 대해 의사가 통상적으로 꺼리는 태도를 증명하는 것뿐이다. 원칙으로 상술한 한계는 일반적으로 존중되지 않으면 안 되는 것이다.

　그리하여 실존분석에 있어서의 로고데라피의 정신적 문제 및 가치 문제에 대하여 하나의 해결을 찾으려고 하며, 또 그와 동시에 의학적 지도의기초가 되게 하려고 시도하였다. 이제야말로 의식적으로 가치를 주는 심리요법에서 무엇을 구할 것인가를 안 것이다. 그러나 그러한 심리요법을 행하는 의사에게서 무엇을 구할 것인가. 의학적 지도는 또 심리요법 일반에서 무엇을 배울 수 있는 것일까. 그리고 가르칠 수 있는 것일까.

　모든 심리요법은 결국 어떤 의미에서는 예술이다. 그런 한에서 심리요법에는 어떤 비합리적인 요소가 있는 것도 사실이다. 심리요법에서는 의사의 예술가적인 직관 및 그의 인격성이 적지 않은 역할을 한다. 의사의 인격성이라는 이 비합리적인 계기에 대응하여 환자 쪽에 제2의 비합리적인 계기가 있는 것이다. 즉 그것은 환자의 개성이다. 이미 베아드는 어떤 한 의사가 신경쇠약의 두 가지 사례를 같은 양식으로 처치한다면 그는 확실히 한 사례는 잘못 처치하고 있는 것이라고 말했다.

따라서 '일정한' 바른 심리요법이 존재하는가는 의문이다. 오히려(어떤 의사의 어떤 환자에 대한) '어떤' 바른 심리요법이 있는 것일까. 그러나 그것이 요구되는 한, 그것은(두 가지의 비합리적인 계기에 상응해서) 두 가지 미지수를 갖는 방정식과도 같은 것이다.

'심리요법의' 효과가 얼마나 기묘한 우연에 달려 있는 경우가 있는가는 잘 알려져 있다. 어떤 한 경우는 심리요법적인 처치를 어떤 이유에서 딱 잘라 거부했더니, 그것이 환자를 증후에서 해방시킨 것이 되었다. 또 다른 어떤 정신병질 인격자의 경우에서 그는 이제까지 늘 부자연스럽고 무익하게 최고의 정신적 수준, 내적인 위대함, 인격적인 높이를 향하여 노력하고 있었는데 놀랍게도 한 가지 일이 그를 구원한 것이다. 그것은 자기가 슈레미르(샤미소의 소설에 나오는 자기 몸 그림자를 판 불행한 남자)이라는 것을 솔직히 시인하면 어떻겠느냐는 의사의 충고 때문이었다.

이러한 예들은 심리요법이 임기응변하는 게 좋을 뿐 아니라, 또한 그렇게 해야 할 것을 가리키는 것과 같다. 그러나 이것을 위해 심리요법은 올바른 직감을 필요로 한다.

의학적 지도에서 환자가 의사에게 무엇을 요구할 것인가를 묻는다면 의사는 환자에게 치료 목적을 위해서 무엇을 요구할 것인가. 그것에 대해 환자에게 아무리 많은 것을 요구해도 지나치지 않을 것이다. 환자는 의사의 도덕적인 노력을 격려하고, 그를 자극하여 그가 점점 자신에게서 많은 것을 요구하도록 하지 않으면 안 된다.

괴테가 한 말, "한 인간을 그가 하는 대로 받아들인다는 것은 좋은 방법이 아니다. 그가 하는 것을 당연시하고 방치하는 것은 잘못되게 인도하는 것과 같다"라는 말을 상기해야 할 것이다. 이 말을 모토로 하는 심리요법(정신적인 것으로 향해진 심리요법은 그렇게 하지 않으면 안 되는 것이지만)은 현실을 떠나 관념론에 근거를 두고 있는 것은 아니다. 그것은 오히려 지나칠 정도로 즉각적이고도 구체적이며 그것을 믿도록 하는 신앙의 변증법을 계산한 것이다. 환자의 에도스에 대한 사변(思辨)은 '고양된' 의식적인 사변이다.

의학적 지도로서의 실존분석에서 무엇을 요구하지 않으면 안 되며 실존분석에서 무엇을 기대할 수 있을까. 그것은 특수 요법이 아니다. 그리고 그것은 로고데라피로서 신경증의 원인을 취급하는 것도 아니고 정신병의 원인을 취급하는 것은 더욱 아니다. 또 그것은 무슨 인과적인 처치를 가리키는 것도 아니다. 거기에는 신경증이나 정신병의 '정신인(精神因, logogenese)'이 존재하지 않기 때문이다.

앞에서 여러 차례 반복하여 정신병뿐 아니라 신경증의 생리학적 기반을 지적했다. 이미 협의의 심리요법은 그것이 다루는 모든 것이 심인성이 아니라는 이유에서 특수요법이라고 할 수는 없는 것이다. 사마귀가 나는 것은 심인성이 아니지만 그것도 암시로써 제거될 수 있다. 반대로 소심한 사람은 불면증으로, 틀림없는 심인성(기대불안의 뜻)에 의한 것인 데도 단기간의 수면제 투여로 간단하고 빠르게 치유되는 일도 있다.

정신분석이 스스로를 특수 요법 또는 원인 요법이라고 믿고 있다. 그러나 정신분석이 병인으로 보는 '콤플렉스'나 '심적 외상'은 편재적(遍在的)인 것으로 병인일 수는 없다. 그런데도 정신분석은 많은 사람을 구했다. 그것은 비특수적인 요법임에 틀림없는 것이다.

'심인적 발생'이라는 것과 '심리요법에의 적응증'이라는 것이 일치하는 것은 아니다. 심리요법은 그것이 원인요법이 아닐지라도 적응요법일 수 있다. 바꾸어 말하면 심리요법은 그것이 특수요법이 아니라고 해도 적응요법일 수 있는 것이다. 그것은 로고테라피에 있어서도 사정은 마찬가지다. 로고테라피도 그것이 원인적 특수적이 아닐지라도 적응요법일 수 있다.

설사 병인이 심적인 층이나 생리적인 층에서 구해질지라도 인간의 층 구조의, 피라미드의 정점인 정신성에 손을 대는 것이 경우에 따라서는 권장되기 때문이다. 불안신경증에 있어서 로고테라피는 환자에게 정신적 근거를 주며, 불안을 대상이 없는 것으로 만든다는 의미에서는 신경증을 '불필요'로 할 수 있다. 또 강박신경증에 있어서 로고데라피는 강박신경증자에 대해서 그에게 가장 결여되어 있는 정신적 평정을 주며, 환자의 건강한 정신적 저항력을 동원함으로써 신경증을 '불가능'케 할 수 있는 것이다. 그리고 어떤 경우에는 로고데라피가 치료 목적에 도달하는 가장 경제적인 방법일 수도 있다. 그리고 경제적인 방법은 꼭 원인요법에 의한 방법만도 아닐 수 있다.

의학적 지도에 있어서 처음부터 신경증의 요법만 문제가 되는 것은 아니다. 의학적 지도는 일의적으로 모든 의사의 관심사인 것이다. 외과의나 정신의나 임상심리학자와 마찬가지로 로고데라피를 필요로 한다. 로고데라피의 목적은 외과의와는 다른 보다 심원한 것이다. 외과의가 어떤 지체(肢體) 절단수술을 하였을 때, 그는 마치고 나서 수술용 장갑을 벗어버리면 그것으로 의사로서의 의무를 마쳤다고 생각한다. 그러나 환자가 평생 불구자로서 살아나가려고 하지 않고 자살해 버렸다면 외과적 치료의 실제 효과는 얼마나 남아 있다고 할 수 있겠는가.

의사가 외과적인 고통이나 수술에 의한, 불구화에 대한 환자의 태도에 관하여 어떤 일을 해야 한다는 것은 의학적 행위의 범위 안에 속하는 것이 아닐까. 의사는 질환에 대한 환자의(말로는 표현되지 않더라도 세계관적인) 태도에 어떤 처치를 할 의무 또는 권리를 가지고 있는 것은 아닐까.

외과 의사가 의사로서 손을 빼는 데에서부터 정신의학적 지도는 시작되는 것이다. 외과의가 외과적 수술을 마쳤을 때 또는 수술 불가능한 경우에 당면하여 외과적 처치를 할 수 없을 때에 시작되는 것이다. 그것은 그저 어깨를 또닥거리거나 흔해빠진 격언을 외는 것으로 되는 것은 아니다. 중요한 것은 바른 때에 바른 말을 해 주는 것이며 이 바른 말은 호언장담 속에 있는 것이 아니며, 거창한 철학적 이론 속으로 '퇴환'할 필요도 없는 것이다. 그러나 그것은 감명을 주며, 상대의 가슴을 울리는 것이 아니면 안 된다.

노인성 탈저정(脫疽疔)으로 발을 절단한 저명한 법률가는 그가 한쪽 다리로 걸어보기 위해 처음 침대에서 따로 섰을 때, 울컥 울음이 복받쳐 나왔다. 그때 의사가 그에게 당신은 장거리 마라톤 선수가 될 작정이냐고 물었다. 왜냐하면 그런 경우에만 그의 절망을 이해할 수 있는 것이기 때문이다.

이 질문은 곧바로 눈물 속에서 마법처럼 미소를 짓게 하였다. 환자는 곧 생명의 의의는 걸음을 빨리 걷는 데 있지 않고, 인간의 생명은 다리가 없어졌다고 해서 가치 가능성도 없어지리만큼 잘못된 것은 아니라는 평범한 사실을 깨닫게 된 것이다.

또 다른 한 여성 환자는 골수결핵 때문에 다리 절단 수술을 받는 전야, 그 친구들에게 보낸 편지에 자살할 의도를 비쳤다. 이 편지는 곧 전송(轉送)되어 그녀가 입원하고 있는 외과병동의 어느 젊은 의사의 손에 들어왔다. 그 내용을 훑어본 지 수분 뒤에 의사는 곧 그녀에게 얘기하러 갔다. 그는 환자에게 합리적인 대화를 통해, 인간의 존재는 다리를 잃었다고 해서 삶의 의미나 내용이 모두 상실된다고 생각하면 그것은 극히 잘못된 것이라고 설명했다.

개미 나라에서 여섯 개의 다리로 뛰어다니며 일하는 개미에게서 발을 없애면 개미는 목적을 상실할 것이다. 그러나 인간의 경우에는 사정이 다르다. 소크라테스적인 방법으로 한 이 젊은 의사와의 대화는 효과를 올렸다. 다음 날 수술을 한 외과 의장(醫長)은 성공한 수술인데도, 그녀가 거의 수술대에 자신이 누울 정도였음을 이제까지 알지 못하고 있었던 것이다.

실존분석적인 로고데라피와 의학적 지도의 적응 영역의 윤곽을 그어 보려고 한다면 다음과 같은 질환증이 적절하다.

첫째로, 환자가 정신적인 고뇌로 압박을 받고 있을 경우에 적절하다. 특히 신경증적인 인간의 독특한 심리적 고뇌는 때에 따라 정신적인 권내에 이조(移調)된다. 로고데라피는 의식적으로 그것을 취급하는 것이다. 주로 이 경우에는 인간의 타입이 문제가 된다.

둘째로, 실존분석은 환자가 세계관적인 논의를 할 능력을 가지고 있는 인간일 경우, 즉 '정신적인 것으로부터의' 심리요법을 택할 수 있다고 기대되는 인간인 경우에 적절하다. 실존분석적인 방법은 그러한 인간에 있어서는 때때로 놀랍고도 훌륭한 이해력을 발견하는 것이다.

셋째로, 의학적 지도는 해당 환자의 생활에서 운명적인 것이 문제인 경우에 적절하다. 불구화라든가 불치의 질환이라든가, 장기의 병상 생활 등에 처해 있는 경우이다. 다시 그것은 그밖에 경우에 따라서는 참으로 바꿀 수 없는 상황 환경에서 원인하는, 참으로 불가변의 고뇌 가운데 있는 인간도 받아들이지 않으면 안 되리라.

우리는 여기서 이미 전장에서 말한 사회적 운명(실업의 심리적 고뇌 등)에 대한 의학적 지도의 가능성과 필연성을 상정하는 것이다.

의학적인 적응증이라는 점에서 본다면 이 셋째 영역은 J·H 슐츠가 그의 '닐바나(涅槃) 요법'에 대하여 말한 것과 대체로 일치하는 듯이 보인다. 그러나 닐바나 요법은 의학적 지도와 같이 환자를 도와 그의 고뇌를 정신적인 업적으로까지 끌어올려 태도 가치를 실현화하는 것이 아니라 환자가 현재 상황에서 벗어나 술 취함과 같은 환각에 빠지는 것을 돕는 것이다.

로고데라피 및 실존분석으로 발을 들여놓은 영역은 의학과 철학 사이의 경제 선상의 영역이다. 의학적 지도는 또한 의학과 종교 사이의 경계선상에서 움직이고 있는 것이다. 또 영역 사이의 경계선을 걷고 있는 자는 양쪽으로부터 불신의 눈길을 받을 경우가 있을 것을 짐작하고 있지 않으면 안 된다. 의학적 지도도 의심 많은 눈초리에 쫓길 것을 각오하여 그것을 감수하지 않으면 안 된다.

정신적 지도는 두 세계 중간에 있다. 그것이 바로 경계 영역이다. 경계 영역으로서 거기는 무인지대이다. 얼마나 풍성한 약속의 땅, 소망이 넘치는 대지인가.

프랭클실존분석과로고데라피

2002년 8월 25일 2판 1쇄 인쇄
2005년 7월 20일 2판 2쇄 발행
2010년 6월 15일 2판 3쇄 발행
2011년 11월 10일 2판 4쇄 발행

저자
빅토르 E 프랭클
역자
심 일 섭
발행자
심 혁 창
발행처 **도서출판 한글**
서울특별시 서대문구 북아현동221-7
☎ 02) 363-0301 / FAX 02) 362-8635
E-mail : simsazang@hanmail.net
등록 1980. 2. 20 제312-1980-000009

△ 파본은 교환해 드립니다
IN GOD WE TRUST

정가10,000원

*

ISBN 97889-7073--030-3-93230